静悟反思　革故鼎新

——南京审计大学金融学院
教育教学改革与创新实践

主编　石峃然　刘　妍

中国金融出版社

责任编辑：赵晨子
责任校对：李俊英
责任印制：陈晓川

图书在版编目（CIP）数据

静悟反思　革故鼎新：南京审计大学金融学院教育教学改革与创新实践/石岿然，刘妍主编．—北京：中国金融出版社，2023.8
ISBN 978-7-5220-2111-9

Ⅰ.①静…　Ⅱ.①石…②刘…　Ⅲ.①金融学—教学研究—高等学校　Ⅳ.①F830

中国国家版本馆 CIP 数据核字（2023）第 131938 号

静悟反思　革故鼎新：南京审计大学金融学院教育教学改革与创新实践
JINGWU FANSI　GEGU DINGXIN：NANJING SHENJI DAXUE JINRONG XUEYUAN JIAOYU JIAOXUE GAIGE YU CHUANGXIN SHIJIAN

出版发行　中国金融出版社
社址　北京市丰台区益泽路 2 号
市场开发部　（010）66024766，63805472，63439533（传真）
网 上 书 店　www.cfph.cn
（010）66024766，63372837（传真）
读者服务部　（010）66070833，62568380
邮编　100071
经销　新华书店
印刷　北京七彩京通数码快印有限公司
尺寸　169 毫米×239 毫米
印张　17.75
字数　295 千
版次　2023 年 8 月第 1 版
印次　2023 年 8 月第 1 次印刷
定价　76.00 元
ISBN 978-7-5220-2111-9
如出现印装错误本社负责调换　联系电话（010）63263947

研精致思、革故鼎新，共同推进高等教育的高质量发展

（序言）

教育是国之大计、党之大计。如何为党和国家培养德智体美劳全面发展的社会主义建设者和接班人是每个高等教育工作者需要思考的一个问题。然而，这一问题并没有标准答案，回答这一问题需因人而异、因材而变、因时而动，教育的特殊性和重要性也就决定了教育工作者需要不断地反思与创新。

当前，数字化革命成为这个时代的最大变局，并深刻影响了人类的生产方式、生活方式和价值理念，习近平总书记指出“数字经济发展速度之快、辐射范围之广、影响程度之深前所未有，正在成为重组全球要素资源、重塑全球经济结构、改变全球竞争格局的关键力量”。为应对新形势新挑战，把握数字化发展新机遇，我国相继出台了《网络强国战略实施纲要》《数字经济发展战略纲要》《“十四五”数字经济发展规划》以及《数字中国建设整体布局规划》等一系列战略规划。

教育作为人类进步和社会生活的重要组成部分，也必将被数字化革命的时代洪流裹挟前进。在形式上，数字革命通过将数字技术整合到教育领域的各个层面，从教育教学的各个维度和各个环节推动教育组织或主讲教师转变教学范式、组织架构、教学过程、评价方式等；对学习者而言，数字化转型解除了学习的时空限制，其学习过程将逐步由供给驱动向需求驱动转变，学习者的这种转变反过来又要求教育者必须提供更加能够满足个性化需求和支持终身学习的教育教学平台与资源。党的二十大报告指出“推进教育数字化，建设全民终身学习的学习型社会、学习型大国”。

《礼记·大学》曰：“苟日新，日日新，又日新”。应对这一历史变局，教育组织和教育工作者唯一能做的就是改革创新，通过不断的创新，探索数字化新时代下我国教育高质量发展的实践路径，成为这个时代的弄潮儿。但是，创新本身又不能脱离实际、不结合问题，例如，在教育数字化转型初期，

无论是学生，还是教师均表现出对数字化转型的不适应；另外，数字化资源建设同样显现出一系列问题，如果长期忽略这些问题，脱离学生与老师的实际需求，那么教育的数字化创新不仅不能促进教育的高质量发展，反而会成为教育高质量发展的“拖油瓶”。因此，教育的数字化转型不仅需要改革创新，还需要结合实际问题进行不断反思。

为应对这一趋势，南京审计大学金融学院及其教师不断摸索、积极创新，并总结反思形成了此本论文集《静悟反思　革故鼎新——南京审计大学金融学院教育教学改革与创新实践》。该论文集不仅为高等教育工作者做好了表率，其中的反思与创新对于其他同仁的创新实践同样大有裨益。全书共精选了29篇教改论文，不仅涵盖了金融学数字化转型的横纵向趋势分析、人才培养机制研究和课程教学创新实践，还围绕“培养什么人、怎样培养人、为谁培养人”的教育根本问题进行了课程思政建设的实践反思。

然而，关于教育的反思和创新是没有终点的，大教育家孔子曾说“吾日三省吾身”，对于教育同样如此，我们既要反思我们的教育是否将立德树人落到实处；也要思索如何顺应时代发展趋势、利用数字技术进行教育教学创新，推进高等教育的高质量发展；更要思考如何培养更加符合时代需求和国家战略需求的复合型、创新型人才。借此序，一方面，希望南京审计大学金融学院及其教师继续围绕高等教育的根本问题和新时代的新议题进行更加深入广泛地反思与创新，另一方面，也希望其他高等教育工作者一同加入进来，深入交流合作，共同探索我国高等教育高质量发展之道。

行而不辍，未来可期。是为序。

教育部金融类专业教学指导委员会委员
广东财经大学党委常委、副校长
邹新月
2023年5月

目　录

数字化转型背景下
高等教育教学改革的有关思考*

石岿然①

一、引言

当前，数字经济成为重组全球要素资源、重塑全球经济结构、改变竞争格局的关键力量，世界各国都把推进国家数字化作为实现创新发展、提高综合国力的重要动能，数字经济正在推动着生产方式、生活方式和治理方式发生深刻变革。习近平总书记在党的二十大报告中指出，“要坚持以推动高质量发展为主题”“加快建设‘数字中国’”。数字中国建设是一项横跨经济、政治、社会、生活、安全等多个领域的系统工程，构建开放、健康、安全的数字生态成为建设数字中国、实现高质量发展的应有之义。高等教育数字化作为其中的一个重要组成部分，是对数字经济和数字中国的战略应答（吴岩，2022），新时代的现代化教育必须建立在数字化教育的基础上。

回顾2012—2022年这十年，数字化的蓬勃发展助力高等教育质量实现提档升级，我国高等教育数字化转型取得了明显的成效：我国慕课数量和学习人数均位居世界第一；在线学习、翻转课堂等教学模式改革，持续推动信息技术与教育教学深度融合；2022年，教育部启动实施了教育数字化战略行动，建立了全球最大的国家高等教育智慧教育平台。当然，我们也应清醒地看到，高等教育教学的数字化转型涵盖众多板块，在一些领域教育数字化鸿沟依然存在，部分教师数字化胜任力有待提高，不少学生对教育教学数字化还不完全适应，这些问题在一定程度上影响了高等教育教学数字化转型的顺利实施。

现阶段，我国教育信息化正从1.0时代步入2.0时代、从“简单应用”走向“深度融合”。新冠疫情的冲击暴露了高等教育系统的脆弱性，催化出高等教

---

* 资助项目：国家社科基金项目（22BGL002）。

① 石岿然（1971— ），男，湖南湘潭人，教授，博士生导师，南京审计大学金融学院院长。

育数字化韧性建设需求（葛道凯，2023）。2022 年，教育部将教育数字化作为“一号工程”重点推进。2023 年开年，江苏省就推出《关于大力推进高校教学数字化工作的意见》（苏教高〔2023〕1 号）。在这样的背景下，本文试图对国外高等教育数字化转型的经验进行总结概括，从时间维度简要分析数字化转型经历的几个阶段，重点从教师端的数字化胜任力、学生端的数字化适应性探讨提升师生数字化水平的策略，最后对未来高等教育数字化转型进行展望。

二、国外高等教育数字化转型：基于地平线报告

过去的三年，随着新冠疫情的蔓延扩散，使得全球高等教育教学的变革受到了巨大冲击。疫情期间，美国高等教育信息化协会（EDUCAUSE）发布的《EDUCAUSE 地平线报告（教学版）》已成为各国政府了解高等教育教学发展趋势的重要参考。

（一）影响高等教育教学的五大领域趋势

近三年来，该报告从社会、经济、政治、技术、环境五个方面分析了全球高等教育教学的总体发展趋势，如表 1 所示。不难看出，2020—2022 年这五个方面均出现了以下明显的变化：一是社会趋势的内容发生改变，远程工作和学习的需求激增；二是疫情对经济的冲击使得高校的运维成本和人才培养目标受到较大影响；三是全球政治环境影响高等教育的发展方向；四是高等教育对信息技术的依赖与需求不断增加；五是教育工作者更加关注一些可持续发展的目标。

表 1　2020—2022 年全球高等教育教学的总体发展趋势

五大趋势	2020 年	2021 年	2022 年
社会趋势	人口变化	远程工作和学习	远程工作
	公平与公正实践	数字鸿沟扩大	混合和在线学习
经济趋势	高等教育成本	不确定的未来经济	财政赤字
	未来工作与技能	全新的劳动力需求	高等教育成本和价值
政治趋势	政治两极分化	在线全球化增加	政治不稳定性
	高等教育价值	民族主义兴起	政治意识形态
技术趋势	人工智能技术影响	增加学习技术的使用	大数据分析和学习
	全新数字学习环境	广泛采用混合学习模式	重新定义教学方式
环境趋势	教育的替代途径	可持续发展	关注可持续发展目标
	在线教育	工作差旅减少	全球健康与治理

（二）高等教育教学发展的技术趋势

与2020年报告及2021年报告不同的是，《2022年EDUCAUSE地平线报告（教学版）》（以下简称2022年报告）最核心的部分在于以问题为导向，重点探讨了影响高等教育数字化转型中的“技术趋势”。这六项技术分别是基于人工智能的学习分析、基于人工智能的学习工具、混合学习空间、混合/远程学习模式的主流化、微证书认证、混合/远程教学专业发展（刘晓峰等，2022；李艳等，2022），具体如表2所示。其中，人工智能、混合学习、微认证等几项关键技术和实践在不同年份被重复提及。值得重视的是，2022年报告明确指出，高等教育机构虽然已开始应用大数据系统，但尚未能对学习结果产生具有意义的根本性转变。

表2　2020—2022年影响未来高等教育教学的关键技术与实践

关键技术	2020年	2021年	2022年
六项技术	人工智能和机器学习	人工智能	人工智能学习分析
	自适应学习	混合课程模式	人工智能学习工具
	学生学习成就分析	学习分析	混合学习空间
	用户体验设计提升	微认证	主流混合/远程学习模式
	开放教育资源	开放教育资源	微认证
	扩展现实技术	高质量在线学习	教师混合/远程教学专业发展

（三）高等教育发展的可能场景及应对案例

2022年报告同时预测了高等教育发展的四个场景：一是增长场景，即高等教育蓬勃发展但若干关键问题仍有待解决；二是约束场景，即高等教育继续存在但其作用被削弱；三是崩塌场景，即高等教育受到某些外力的困扰最终受到重创；四是转型场景，即高等教育建立了新范式，并能在未来保持繁荣和发展。针对这些预测，2022年报告在最后结合不同国家的实践，介绍了应对新冠疫情的典型案例（见表3）。整体来说，各国更加注重从宏观的角度反思疫情为高等教育带来的变革，深度思考高等教育如何应对各类重大挑战。

表3　2022年报告的几个国家应对新冠疫情的典型做法

高校（国别）	面临问题	解决方案
美国研究型大学	疫情导致入学人数和国家预算减少，学校经费紧张；现有网络进一步发展；教师专业发展提升	学校之间合作开发开放教育资源；调动学生的参与性；设计奖励机制，提高教师熟练使用关键技术工具的实践能力

续表

高校（国别）	面临问题	解决方案
加拿大高校	疫情及其他因素导致学生人口结构、经济状况和物理空间不断变化；疫情促使劳动力市场变革	有效开发和讲授混合课程；通过远程研讨解决教师技术需求；开展教师培训；创建学习管理系统，提供实时访问
澳大利亚高校	疫情导致无法为身处国外的学生提供教育，大学面临财务困难	利用质性与定量相结合的混合研究方法探究高等教育中的教学问题；学习全球高等教育变革的经验和案例

三、高等教育数字化转型的几个阶段

高等教育的数字化转型不仅包括教学科研等方面的数字化，而且包括教育管理方面的数字化。事实上，高等院校采用数字技术由来已久。例如，在20世纪80年代和90年代，大学管理部门就开始实施应用学生登记、考试系统、人力资源和财务等管理系统。又如，学习管理系统（LMS）的教育解决方案，MOOC、课程网站和图书馆系统在2000年后逐步实施。相比较而言，在一些学科和领域的数字化转型较为缓慢。其主要原因在于，教育解决方案主要涉及高校管理部门和教师与学生之间的沟通，而学科的数字化侧重于以新的方式学习，换言之，是在更深层次上重新定义学科。由于解决方案是独立的，而且往往是分散的，因而学生和教师将其视为各种数字工具，而不是共享数字学习空间（Falloon，2020）。

自从互联网出现以来，人们开始熟悉数字空间，即通过PC、手机和游戏等设备处理虚拟对象。数字学习空间利用这些服务，新冠疫情加速了数字化学习空间的发展，使其更具目标导向性。从技术上讲，数字学习空间是一个地理位置不确定的环境，为学习和交流提供了综合的便利，这些解决方案需要技术集成，通常通过API实现，即确保这些交互安全并为其提供资源的机制。从教学上看，数字学习空间可视为学习空间的一个子空间，即学生在物理、混合和数字空间中学习，它们经常相互作用。数字学习空间不是一套工具，而是一个深度个性化的集成环境和基于问题的学习环境。其中，系统地使用数据进行探索、学习和反思是关键部分。在组织上，数字学习空间超越了大学的物理和机构边界，这个数字学习空间开辟了新的可能性，如与企业、政府和其他社区的更密切合作。

从时间维度来划分，数字学习空间的发展大致可以分为以下三个阶段。

（一）第一个阶段为初步融合的过程

2005年前后第一个LMS被引入，但只被部分采用，学生们一直不太喜欢。十年后推出了一种新的LMS，即Canvas，稍显成功。尽管这些技术很有前途，但它们的使用程度有限，在大多数大学，教育主要在物理空间进行，使用这些技术部分是为了尝试新的教学形式。随着不同学科开发出数字解决方案，如物理、化学和数学等学科在20世纪80年代开始将数据数字化，2010年前后计算机学科、统计学科、经济学科（包括金融学科）变得更加面向数据和算法。在人文学院，一些研究人员与国家图书馆合作，创建了广泛的数字公司，以实现有效搜索海量数据。

（二）第二个阶段是教育与学科的协调

随着2020年初新冠疫情的冲击，情况发生了巨大变化。在三年的时间里，线上教学成为主要的教学方式，各高校教学的重心是建好数字教室（Zoom和Teams）安全机制和在线支持。整个大学作为一个数字化组织运作，教师在家庭办公室，学生在校园宿舍或待在家中。在这一过程中，一个即兴创作和实验的过程开始了，老师和学生扮演了新的角色。这一发展可理解为两个流的整合，即在数字学习空间中遇到的教育流和数字学科流。也就是说，在线授课为这些课程建立基础教育和学科之间的协调有一些好处。在线学习门户已成为教学中与学科相关的数字化。例如，在金融学科中，在线学习形成了一个综合知识系统，大量的数字化材料成为教学和研究的重要来源。

（三）第三个阶段是共享数字空间的制度化

教学和数字课程将继续作为单独的过程，但它们将被整合到数字学习空间中。这个数字空间由许多元素组成，包括Zoom和画布、讨论论坛、练习、数据、视频剪辑和模拟。这些元素没有整合，这意味着学生必须整合它们。例如，数字金融使金融学类专业的数字实践制度化，由此可以将数字金融视为一个生态系统，学生、教师、金融机构、行政部门、中小企业和大学管理部门等利益相关者可以通过分享经验和合作创造知识，定期互动。数字金融提供了多种数字产品体验式学习，利用人工智能和机器学习等现代技术促进了新形式的学习，包括资料准备、现场访谈、数据录入、定性分析、定量分析、模型分析、债项分析、信用评级等环节，既丰富了教学内容，也拓展了实践领域，全面提高了学生创新意识和实践能力。

四、高等教育数字化转型：教师角度的分析

毋庸讳言，知识经济的新要求需要改变传统的教育模式，数字革命对教

育产生了重大影响。数字能力已经从单纯的工具演变为一个基本的教学要素，教育技术使用的演变主要取决于教学专业人员的倾向和技能。已有的实证研究表明，教师对硬件和软件的感知和熟练程度，以及技术使用和教学实践中的积极态度，对培养学生的数字技能至关重要（Núnez – Cana et al.，2022）。也有研究表明，技术能够减轻教师的工作负担，但也增加教师的认知负担；教师对技术资源的抵制可能是由于缺乏学习新教学方法的动机（韩锡斌等，2022）。因此，在这种新模式中，教育者的角色至关重要，作为传授知识过程的设计者，教师需要有能力通过“彻底”利用信息和通信技术资源进行教学，以促进数字化发展学生的能力。

（一）高校教师数字化胜任力框架

过去的20年间，高校教师的信息化能力受到广泛关注。各国都纷纷制定出教师数字化胜任力框架和标准，以此提升教师的数字化能力。2017年，联合国教科文组织更新了《教师ICT能力框架（第3版）》。2019年，《中国教育现代化2035》明确了教育信息化发展的顶层设计。不同国家和地区从不同层次和实践维度构建了相应的框架和标准，如表4所示。

表4　　不同国家和地区关于教师数字胜任力的描述

框架（年份）	关于教师数字胜任力的描述
欧盟《教师数字胜任力框架》（2017）	包含专业发展、数字资源、教与学、评估与反馈、赋能学习者、促进学习者数字胜任力六大领域22项基本能力
挪威《教师专业数字胜任力框架》（2017）	包括知识、技能和能力三个维度，以及学科与基本技能、社会中的学校、伦理、教学法和学科教学、学习中的领导力、互动和沟通、变革和发展七大领域
西班牙《教师通用数字胜任力框架》（2017）	包含信息与数字素养、交流与合作、数字内容创建、数字安全、问题解决五大领域21项能力
英国《教师数字教学框架》（2018）	包括教学规划、教学方法、学生就业能力、学科教学、评估、可访问性和包容性、自我发展七个关键领域
中国《教师数字素养》行业标准（2022）	给出了老师数字素养框架，规定了数字化意识、数字技术知识与技能、数字化应用、数字社会责任、专业发展五个维度的要求

通过对各国提出的教师数字胜任力框架的比较分析，可见各国在数字化转型背景下对教师数字胜任力的核心主张。同时，结合我国高等教育的实际情况，有学者认为教师数字能力应当包括以下三个方面：基本数字能力、数

字教学能力和数字学习能力（吴军其等，2021）。其中，基本数字能力是指在数字时代教师应具备的基本数字能力，由数字伦理、数字安全、数字思维和数字技能组成。数字教学能力凸显教师的数字教学应用技能，是指教师能够深入应用数字技术、创新教学模式、改进教学管理方式、提升科研水平、促进自身专业发展。数字学习能力是指数字时代教师所需要的创新思维和关键能力，主要包含研究意识与创新能力、问题意识与批判性思维、利用数字技术协作学习和自主学习等方面。

（二）数字化对教师的新要求

显然，与传统的高等教育教学方式相比，数字技术的发展对高等教育主体——教师提出了新的更高的要求，这既是新兴数字技术的要求，也是教育生态变革的需求，同时还是数字人才培养的诉求。从这个意义上看，发展教师的数字能力成了培养具有核心竞争力的数智公民的关键。首先，教师要有强烈的改革意识，充分认识到人才培养不是随着创新需求的发展而不断发展的动态过程，积极适应不断变化的数字技术教学要求，及时更新数字技术领域的相关知识，切实提升教学能力。其次，教师要有勇于探索的精神，利用丰富的数字化研究环境，不断在教学中应用最新、最前沿的研究成果，开展自主研究实现教育创新，感受到研究和创新的成就感，从而更加倾心于数字技术的应用。最后，教师要有国际视野、全球意识和开放心态，既要坚持人才培养的正确方向，又要充分了解国外高等教育改革的趋势和动态，在国际视野中把握人才培养规律和教学策略。

从目前的实际情况来看，高等教育教师数字化教学能力还不能完全适应时代的要求，体现在主动将数字技术融入教学的意识不强、通过数字技术实现教学创新的能力不足，以及未来与人工智能教师协同开展教学的能力不高等诸多方面，这在一定程度上阻碍了数字化转型的顺利进行。数字化转型是一项涉及理念、组织、数据、技术、机制等多个要素的系统工程，需要政府、高校、社会组织多方力量共同参与，需要在学科、环境、资源、文化等多个维度持续发力。作为教学的主导者，教师更需要不断创新教学理念，主动识变、求变、应变，提升将数字技术融入教学的能力，将挑战变为改革传统教学的机遇。

（三）面向数字化的教师未来实践场景

当前，以人工智能、大数据、云计算、区块链、物联网、5G 技术等为代表的新技术驱动人类社会快速进入以数字化应用为基础的智能时代，数字化转型是基础教育高质量发展的必然选择。高校教师应当主动适应这一变化，在教学实践中积极探索人工智能等新技术的应用，贯穿于学习空间、学习活动、学习指导及学习评估等各个环节。具体来说，就是要在教学实践中总结经验，成为具有数字化特征的适应未来需要的卓越教师。这里所说的数字化特征可概括为适应四类场景，具备四种能力，成为学生学习活动组织者、成长过程引导者、教育教学研究者、教学资源开发者。这里所说的四类场景是虚实融合的学习空间构建场景、丰富多样的学习活动设计场景、个性精准的学习指导干预场景、科学持续的学习评估决策场景（魏非和祝智庭，2022）。具备的四种能力是指数字化生存与适应能力、教育教学研究能力、终身学习能力、创新实践能力（见图1）。

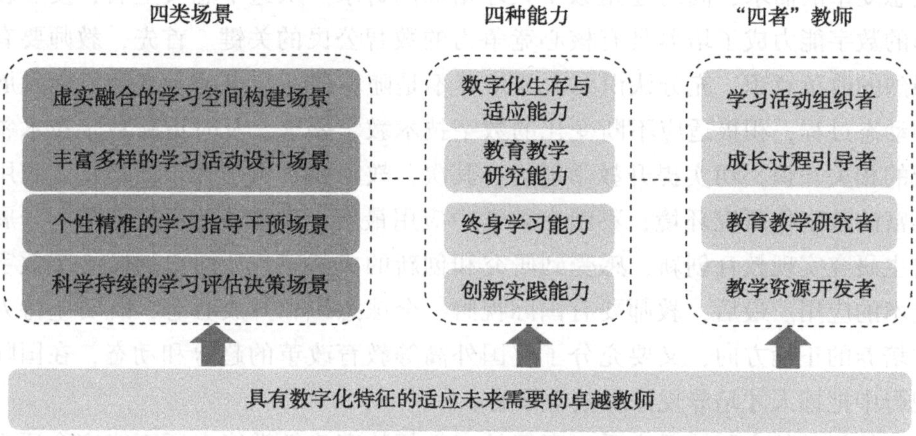

图1　具有数字化特征的卓越教师要素

五、学生数字化能力与素养

2018 年，联合国教科文组织发布《全球数字素养框架》。近年来，世界各国都把培养适应和胜任未来社会发展的数字人才提升到战略高度。高等教育教学数字化转型的最终目标是实现数字时代学生的学习与发展。数字技术的发展将促进高等教育领域全方位的数字化转型，形成线上线下融合、智能互联、人机共融、协同共治的教育新样态。当前以 5G、人工智能、大数据、物联网、元宇宙等为代表的新一代智能技术正在重构学生的学习方式和认知方式，因此需要创设数字化和自适应的学习情境，提供多样化的开放教育资源及个性化的学习支持服务，以适应数字时代学生的学习需求。

(一)数字化对学生提出的新要求

高等教育教学的数字化转型过程是将学习掌控权赋予学习者的过程，对学生在知识获取、知识整合、深度思考等方面提出了新要求。首先，数字技术发展要求学生具备一定的数字素养，具有甄别和提取有效信息的能力。其次，数字技术发展要求学生具备发现和解决问题的能力，进而形成数字化学习力、适应力与创造力。因为简单的模仿和复制不仅无益于学生进行持续性深度思考，而且削弱了学生的创新能力。所以，要不断培养和激发学生的数字化学习力、适应力与创造力。最后，数字技术发展要求学生提升自律能力，培养学生数字化学习行为与规范，增强网络安全和隐私保护意识，具备数字化环境下良好的道德伦理新知，未来特别要注重培养学生在数字空间中的理性精神、同理心、创造力和审辩思维，以抵御数字化社会的风险。

(二)学生数字化学习方面存在的不足

高等教育教学的数字化转型归根结底要落实到学生的行动和效果上，因此，学生数字化教学能力的持续提升是数字化转型的核心内容。为此，课题组进行了问卷调查，主要包括：在数字空间中，学习的范围可否被学生掌控；数据对学生隐私权的影响能否被限制等问题。通过组织对学生的座谈和问卷调查来看，学生在推进数字化学习方面存在以下不足：一是网络信息甄别能力不足，捕捉获取资源的能力不强。数字化学习能力包括查找知识、发现知识、运用知识等方面的综合能力，这些对学生应用信息技术的能力都提出了较高的要求，而实践中学生的信息素养整体水平不高。二是学生数字化学习过程中的自我管理能力不强。学生面对海量信息自律能力较差，学习效果普遍不好。尤其是受疫情的影响，导致学生的学习节奏和生活环境发生改变，学生的两极分化情况较过去更加严重，即自律能力强的学生能够实现高效高质学习，而自律能力弱的学生的学习收效甚微。三是对于新兴数字技术及场景不够适应。就智能新技术与教育教学融合形成的教育本质反应来讲，一般有两个方面的效果：一方面是利用新技术提高教学效果，另一方面是培养学生使用驾驭新技术的能力。定制学习、互动学习、协同学习、沉浸学习成为数字技术下学习方式的变革形式，这就要求学生关注知识形态的多元性，从实际情况来看，许多学生缺乏与新兴数字技术及场景的适应性。

(三)支持学生数字化转型的策略

为了支持高校学生数字素养的全面发展，需要从以下几方面发力。第一，针对学生应对碎片化学习和海量信息带来的盲目性和选择困境，教师需要认真梳理相关领域的学科知识，构建具有学科知识验证、融合和知识图谱导航的可视化学习引擎，解决网络上的知识割裂及海量信息问题，以帮助学生从信息碎片获取到知识体系的重构。第二，针对学生缺乏数字化学习的自我管理能力的困境，一方面，应从传统知识传授者转型为学生学术指导者、发展咨询者，指导学生探索虚实融合空间中体验式、探究式、合作式、互动式、混合式等新模式，使学生成为学习共同体中的受益者和贡献者；另一方面，作为管理部门，应积极借助数字技术为学生的自主发展提供支持，帮助学生规划未来学习和发展的路径。针对学生不适应新兴数字技术及场景的困境，要不断拓展教学时空，创设虚实融合的学习情境（如“教育元宇宙”等面向未来的教育新生态），将大数据、AI 助教等技术充分融入课程与教学过程，实现对学生全过程的精准分析以及对教学过程的精准调控。此外，要突破教育机构的边界，广泛获取其他高校、企业、社会机构等的开放教育资源，深层次挖掘学生的个性化需求。

六、未来高等教育数字化发展的思考和展望

推进高等教育教学的数字化转型将是一个长期的、渐进的发展过程，必然面临诸多挑战，我们应尊重数字化与智能化在高等教育领域的独特发展节奏和发展规律，全面推动高校教学理念重塑、教学模式重建、教学内容重组和教学评价重构。

高等教育政策制定者、高校研究者要打破已有惯性制约的思维局限，深刻认识高等教育体系从工业时代转型为数字时代的系统性变革本质，理解高等教育与社会、经济、政治、技术等其他系统的关系。尤其要正确处理好以下几个问题：一是既要借鉴国内外数字化教育教学先进经验，探索教育教学数字化转型升级新路径，又要坚持特色创新。二是既要理解教育数字化转型的阶段性，又要最大化地利用全社会的教育资源以实现专业、课程、师资、设施、服务等方面的资源共享。三是既要转变“单学科、封闭式”的科研组织范式以破解教学数字化转型带来的新问题，又要重视数据驱动的循证式研究范式，产生引领数字化教学实践的新思想、新理论和新方法。四是在数字化转型过程中既要努力确保应用于教育领域的数字技术，又要维护数字化社会的公平、公正和可持续发展。

对于教师而言，面对人工智能、新技术变革带来的重大战略机遇，必须积极应对，更新观念、重塑角色、提升素养、增强能力。具体做到五个融入：

一是将数字化能力素养融入培养标准，二是将数字技术融入教学环境，三是将学科交叉融入课程体系，四是将协同机制融入实践过程，五是将数据驱动融入教学评价。对于学生而言，面对数字技术带来的冲击以及人类学习将迈向泛在学习新生态，既要提升信息与数据素养、数字安全和数字伦理素养，也要强化在网络社会成长过程中“虚实分离状态”实现统一自我认同的意识和能力，凸显以学生为中心的数字意识、数据思维和数字治理。

总的来说，数字技术不断创新已经引发了高等教育人才培养理念、方式和治理体系的系统性变革。教育数字化转型呼唤既懂数字技术又具有对数字技术进行反思批判能力的“哲学工程师”，做教育数字化转型的“看门人”，成为教育数字化转型的驱动力和舵手。

参考文献

[1] 吴岩．中国式现代化与高等教育改革创新发展［J］．中国高教研究，2022（11）：21－29.

[2] 葛道凯．后疫情时代高等教育发展的挑战与应对［J］．中国高教研究，2023（2）：31－39.

[3] 刘晓峰，兰国帅，魏家财，等．教育数字化转型助推未来高等教育教学：宏观趋势、技术实践和未来场景——《2022 年 EDUCAUSE 地平线报告（教学版）》要点与思考［J］．苏州大学学报（教育科学版），2022（2）：115－128.

[4] 李艳，朱雨萌，翟雪松．疫情影响下技术赋能高等教育变革的趋势及启示——基于 2020—2022 年《地平线报告》的比较研究［J］．现代教育技术，2022（8）：14－25.

[5] 韩锡斌，陈香妤，刁均峰，等．高等教育教学数字化转型核心要素分析——基于学生和教师的视角［J］．中国电化教育，2022（7）：37－42.

[6] 吴军其，任飞翔，李猛．教师数字能力：内涵、演进路径与框架构建［J］．黑龙江高教研究，2021（9）：83－90.

[7] 魏非，祝智庭．面向教育数字化转型的教师信息化能力建设方略［J］．中国教育学刊，2022（9）：13－20.

[8] EDUCAUSE. 2022 EDUCAUSE Horizon Report（Teaching and Learning Edition）[EB/OL]．（2022－04－18）．（https：// library. educause. edu /resources/2022 /4 /2022－educause－horizon－report－teaching－and－learning－

edition)

[9] Falloon G. From digital literacy to digital competence: the teacher digital competency (TDC) framework [J]. Education Technology Research and Development, 2020, 68 (5): 2449 - 2472.

[10] Núnez - Cana M, de Obesso M, Perez - Rivero C A. New challenges in higher education: A study of the digital competence of educators in Covid times [J]. Technological Forecasting & Social Change, 2022, 174: 121270.

高等教育数字化转型的国际趋势

——以金融学类课程的互动教学为例

安 蕾

一、引言

随着互联网技术的快速发展，国家开始重视智慧社区、智慧城市、智慧校园等智慧环境的建设。教育信息化已成为教育改革的主流，特别是2020年新冠疫情之后的数字化转型被认为是不可避免的。MOOC、SPOOC等的“智能技术”、数字应用和教育资源的开发，使高等教育的性质正在发生重大变化。受制于信息和通信技术的广泛影响以及知识社会的需要，学生的学习偏好、教师的技术发展以及高等教育本身日益迫切需要重塑其结构、教学和课程实践（兰国帅等，2022）。许多高等教育机构正在制订具体的数字计划和战略，以应对大规模使用数字技术的环境变化（Price和Kirkwood，2014）。本研究旨在通过梳理全球高等教育数字化转型的趋势，在设计适应未来数字需求的金融学高等教育的教学模式以及利用技术提供的可能性方面提供建议。

二、文献回顾

关于高等教育数字化的文献涉及多方面的主题：高等教育数字化的框架、社会和经济方、学习平台、主要发展障碍等。

（一）数字模型与框架

教育环境中的技术发展已经经历了三次变革，目前正处在第四次变革时期：第一代——基本技术的使用：基于计算机的培训（CBT）和网站；第二代——信息系统：学习管理系统（LMS）和内容管理系统（CMS）；第三代——碎片化和多样化学习软件：社交媒体、电子组合软件和MOOC；第四代——分布式数字技术：适应性学习、分布式基础设施和能力模型。

毋庸置疑，数字化正在影响高等教育，并推动建立一个更加数字化的学习机构（Henderson等，2017）。一些文献讨论了数字化转型改变未来教育面貌的方式（见图1），即智能内容、差异化和个性化学习、全球和远程学习以及行政效率（Petkovics，2014；Maltese，2018）。

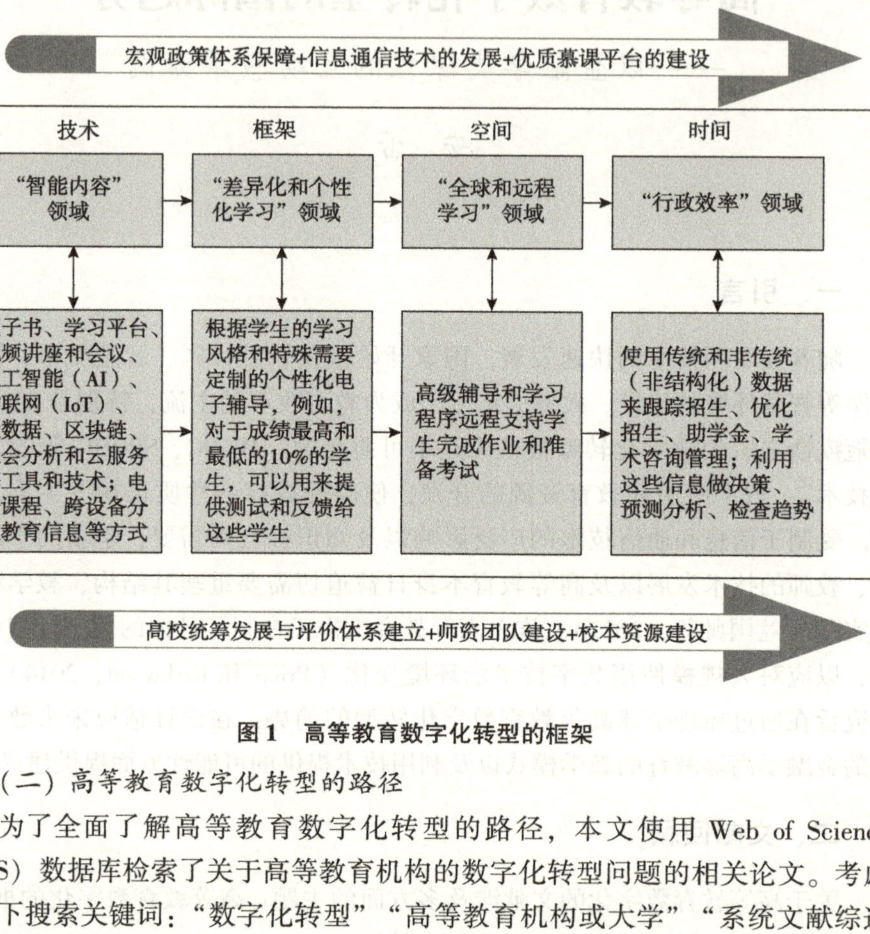

图1　高等教育数字化转型的框架

（二）高等教育数字化转型的路径

为了全面了解高等教育数字化转型的路径，本文使用Web of Science（WoS）数据库检索了关于高等教育机构的数字化转型问题的相关论文。考虑了以下搜索关键词：“数字化转型”“高等教育机构或大学”“系统文献综述或路径”。

随着时间的推移，高等教育机构关于数字转换的论文数量显著增加。自2016年以来，出版物数量每年增长200%。总体而言，68%的文章认为，要开启高等教育机构的数字化转型过程需要一个实施指南；42% 的文章提到建立一个能力中心，使人力资源与高等教育机构的数字化转型保持一致；37% 的文章提出，需要在高等教育机构中重构流程；26% 的文章指出根据数字化要求构建和运行系统的必要性；此外，26% 的文章认为变更管理方式是高等教育机构数字化转型成功的关键。综合以上文献，高等教育数字化转型的路径可概括为以下维度：

教学维度：首先，教与学的数字平台使用符合当代教育标准和数字技术的工具（Henriette 等，2015）；其次，在数字化条件下，教材已经以数字形式创建，成为网络教育的关键推动力（Sandhu，2018）；再次，创新教学方法，不仅仅是技术创新，而是学术、课程、组织和结构的创新，数字教育资源的使用被视为灵活和有动力的学习方式（肖广德和王者鹤，2022）；最后，从教学管理过程来看，利用技术为学习者提供灵活的即时培训，努力改善课程实施过程，提高教育质量（Tay 等，2017）。

课程维度：课程现代化意味着其符合当代教育的标准和方法，通过数字和通信技术扩大信息使用并找到传递内容的新途径（Bozhko 等，2016）。数字课程下，学生要求 24 小时不受限制地获取所有信息以及使用多种平台或数字课程的服务（Rodrigues，2017）。对劳动力市场需求的灵活响应是更新教育计划的主要目标（Azarenko，2018）。

治理维度：信息是一项非常有价值的资产，数字平台和学习平台是满足当代教育标准和方法的重要工具，因此它必须与高等教育机构的管理架构保持一致（张强和吴易林，2022）。教育组织需要在高等教育治理战略和管理模式的范围内与之保持一致。学者们设想了一个敏捷平台和灵活的架构，可以处理管理、教学和研究的日常和紧急任务（Thoring 等，2018）。随着数字技术的日益使用和一切事物的日益连通，在安全、合规和数据保护以及法规方面也面临着更大的挑战（Stolze 等，2018）。

流程维度：数字化转型促进教学管理流程的再造，以简化教育服务流程和操作复杂性（Kaminskyi 等，2018；Gama，2018；Grab，2019）。许多机构正在使用数字化转型战略来改进行政模式，以满足教师和学生对学习、教学、研究和管理方面的新需求（Faria 和 Nóvoa，2020）。

Deloitte（2019）提出了一个数字化转型成熟度的评估框架，使用了五个关键标准：是否有正确的数字愿景和战略，人才、技能和知识，流程、控制和数字技术，其具体衡量维度如表 1 所示。

表 1　　高等教育数字化转型成熟度的评估维度

学习和教学过程	研究过程
学习计划认可	研究计划
教学过程的准备与实现	研究准备
教学过程评估	研究行为
学生与教师流动性的实现	研究成果监测

续表

学习和教学过程	研究过程
行政流程	研究评估
学生行政服务	规划和治理过程
图书馆服务	组织管理服务
工作人员供应和发展服务	变革和业务流程管理
财务及会计服务	计划发展
市场营销、销售和分销服务	预算和基金规划
采购服务	绩效资产

（三）MOOC 研究

MOOC（Massive Open Online Courses）始于 2008 年，获得了广泛的受众和关注（Stracke 等，2019）。学术研究对 MOOC 的态度仍然存在着不同。怀疑论者预计高等教育不会因此发生重大变化，而乐观主义者则相反，认为包括 MOOC 在内的数字平台提供了三种可能性：弱化距离障碍、提高教学规模和个性化，从而彻底改变高等教育（齐岳等，2022；Liyanagunawardena 等，2015）。

基于 Web of Science 数据库，通过查询标题、摘要和关键词中包含"MOOC"的已发表文章，本文回顾了2008—2020 年有关 MOOC 设计、提供者和学习者的研究的演变，相关研究数量如图 2 所示。

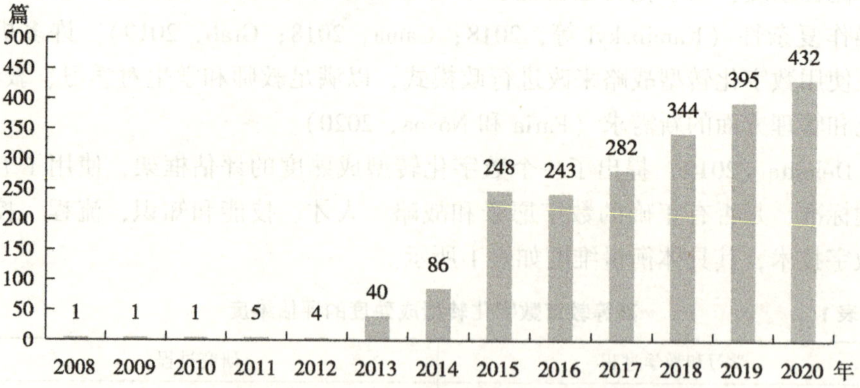

图 2　2008—2020 年与 MOOC 相关研究文章数量

总体而言，MOOC 研究仍然是一个趋势话题。然而，对 MOOC 的设计，特别是对 MOOC 的质量的进一步研究仍有巨大的需求。今后的研究方向应侧重于网络公开课对个人学习过程的影响，以及与学习设计和提供、使用和改进网络公开课的组织战略有关的体制发展。

（四）数字化的障碍

高等教育数字化转型的复杂性及可能遇到的障碍也受到相当多文献的关注。分析指出，这些障碍背后的一些关键原因是对数字工具和技术缺乏信任，对新的全球数字化环境缺乏认识，无法在增加新技术和能力的同时改进现有工作环境，以及接受现代技术和发展的教育领域的抑制文化（Hill 等，2015；Loebbecke 和 Picot，2015）。此外，缺乏数字化素养是数字化转型的另一个抑制因素。尽管数字化已经使各种创新的教学技术成为可能，例如，更丰富的远程学习、翻转课堂和混合教学模式，然而，实施技术变革的深刻转变仍然是一个先决条件（Henderson 等，2015；吴砥等，2022）。隐私和安全问题是数字转型面临的一大挑战。一些大学的硬件、安全和网络还没有准备好应对数字基础设施的扩展而可能出现的潜在安全威胁（Teo 等，2008）。

三、全球高等教育数字化转型的趋势

（一）教育通行证

在世界范围内的高等教育成本迅速增长的背景下，教育通行证被认为是解决这个问题的方法之一。博伊西州立大学已经试点推出了基于订阅的学费收费模式，即只需每月支付一定的费用，学生就可以选择自己想要参加的课程，并且可以获得长期的咨询和专业帮助。在两个在线本科生项目中，“教育护照”（Passport to Education）6 个学分的费用为每月 425 美元，9 个学分的费用为每月 525 美元，比全日制教育便宜 30%。佐治亚理工学院也考虑将教育护照模式引入实践，从而帮助学生降低教育成本，选择领域更加集中的课程。

（二）教育网络

网络组织作为一种在虚拟共存条件下组织社会结构的新方式，扩展到人类生活的所有领域和层次，包括高等教育领域。教育网络形成的基础是类似全球化教育项目的全球高等教育参与者的互动平台。这是变换高等教育空间形成的第一步，允许学生自由地从一个平台移动到另一个平台，而数字技术作为工具，可以提高平台的流动性和参与各种学习过程的可能性。例如，2016 年，来自不同国家的六所大学——代尔夫特理工大学（荷兰）、洛桑联邦理工学院（瑞士）、澳大利亚国立大学和昆士兰大学（澳大利亚）、不列颠哥伦比亚大学（加拿大）和波士顿大学（美国）——签署了一项协议，同意向在伙伴大学完成 MOOC 课程的学生提供贷款。

（三）混合学习

混合学习是一种结合了课堂学习和在线学习的新的教育形式。混合学习涉及学生对教育路线、时间、地点和学习速度的独立控制，以及学习经验、教师指导和网络资源的整合。混合学习有六种主要模式：课堂学习（教师驱动教学，并用数字工具辅助）；轮流学习（学生通过独立的在线学习和课堂时间表自行学习）；灵活学习（大部分课程通过数字平台提供，教师可提供面对面的咨询和支持）；实验室课程；自我融合（学生选择用在线课程作业辅助传统学习）；在线驱动（所有课程和教学都通过数字平台提供，必要时安排或提供面对面会议）。在线学习使用的数字化工具的范围很广泛：视频会议、虚拟现实技术、聊天机器人、数字应用程序和其他工具。不过，目前还没有证据表明，在传统课堂学习的学生和在混合在线课堂学习的学生在学习成绩方面存在统计学上的显著差异。

（四）微型学院

在知识与技能社会，以较少时间成本获得某个狭窄的专业领域的应用技能的需求增加，促使大学出现了新的短期教育形式，其中一种形式是微型学院。微型学院是一种集中形式的（后）高等教育，旨在帮助学生以最短时间掌握特定专业的知识和技能。这种教育形式可以切断教育过程中不必要的阶段和片段。此外，考虑到重复职业生涯重新安排的可能性越来越大，这也有助于终身学习。由于在向第四次工业革命和数字经济过渡期间劳动力市场发生了质量和数量上的变化，这一新趋势可以得到极大的发展，同时引进了高技术解决办法，其影响将在今后 10～15 年内更加明显。

在俄罗斯和其他一些国家，已经存在少数专业发展成为卫星学院并帮助学生获得了微学位。这种学习形式类似于专业再培训，但其特殊性在于，它大幅度减少了正常学习计划中的学习时数，同时保持课程组成的多样性。2018 年 6 月，麻省理工学院推出了一个针对供应链管理专业的混合模式的培训项目。该模式由 5 门课程组成，每门课程持续 13 周，每周 8～12 小时，包括部分在 edX 数字平台上以在线学习形式获得微学位的方案，以及一个学期在麻省理工学院校园的学习。

（五）教育中的区块链、VR 技术、人工智能和用于学习的聊天机器人

区块链（Blockchain）是一个分散的注册表，记录网络上完全不同节点执

行的交易历史。区块链作为一个记录所有交易的巨大分类账，其技术的一个关键特征是公共性，它不是存储在一个集中的地方，而是分布在所有用户之间。通过将所有交易公开，区块链大大降低了欺诈的可能性。区块链技术对高等教育的渗透主要涉及数字文凭和证书的开发，确认参与者获得的技能。区块链还扩展了其在文档和资源管理方面的应用，使注册、接收和核实的过程变得更为快速、方便，如学生信息、简历、工作银行、支付验证等组织和行政问题。

以前用于电脑游戏的虚拟现实（VR）技术，也正在成为大学教学系统的重要组成部分。研究表明，VR 允许可视化，让学生完全沉浸在学习过程中，减少错误，真正提高他们的技能和意识水平，特别是在错误代价极高的领域，如控制飞机、外科手术、扫雷等。

近年来，人工智能在教育中的应用也得到了重要发展。例如，自 2017 年以来，佐治亚理工学院试验将一位名为吉尔·沃森的虚拟助理教师引入教学活动，以回答学生的问题，帮助他们克服学习困难。但仍然存在一个严重的问题——例如，不关心学生的健康。2019 年，伦斯勒理工学院成立了一个实验室，其中安装了 360 度投影系统。这样一个沉浸式的环境，允许扩展学习环境的边界，仿佛把学生带到了中国。人工智能不仅能识别学生的语言，还能识别他们的手势和面部表情。学生在对话过程中积极参与，快速学习口语。

1950 年，英国科学家阿兰·图灵开发了用于确定是否与一台机器或一个人通信的测试方法。然后是人工智能语音合成程序。近年来，聊天机器人正逐渐开始用于学习。如最近 Google 开发的 ChatGPT。ChatGPT 是一种大型预训练语言模型，它的出现标志着自然语言理解技术迈上了新台阶，理解能力、语言组织能力、持续学习能力更强，生成内容的范围、有效性、准确度大幅提升。根据用户输入的问题“侃侃而答”，甚至可以辅助写论文、写代码、辅导作业等。人工智能在高等教育中应用的积极意义是多方面的。首先，在学习语言、经济话题或多个主题，它能够通过问学生问题和进行对话来保持学生的积极性。其次，它可以在更新和调整内容方面，为教育设计积累重要信息。最后，它可以作为日常实践活动的指南，帮助学生在完成培训后巩固在专业和其他活动中的技能。

（六）利用社交媒体的优势

数字时代正在改变通信和信息传播的方式。由于学生选择学习内容的决定在很大程度上受到社交媒体的影响，有效的社交媒体策略可以帮助大学在招生时更好地推销自己，也能吸引在读学生投入更多注意力。大学网站的及时升级、微博发布令人印象深刻的帖子，以及微信公众号的查询和评论是必要的，以保持相关信息的更新。为了实现数字化，高等教育机构必须拥有丰富的社交媒体渠道，通过创建社会媒体指挥中心或数字中心，授权所有部门在社交媒体上发出自己的声音（Davis 等，2012）。

然而，正确使用社交媒体渠道需要指导和支持。普遍认为，学生具备较好的处理数字技术的技能，而教师拥有非常好的知识，他们的信息技术技能至少是一般水平。然而，在使用数字技术进行教学实践方面存在缺陷，至少使用技术的经验很少。

（七）以游戏化的方式组织教学

远程教育面临的严峻挑战是缺乏组织有效控制学生集中注意力的能力，因为学生对教育过程本身参与程度低、动机薄弱。解决上述问题的一个重要方法是在远程教育过程中使用游戏化（Gamification）。教育的游戏化过程是指，通过程序和一定的知识来组成一个博弈机制，将学生的个体教育轨迹游戏化。教师可以创建一个复杂的游戏与分支场景，如解决一个测试或学习公式。在学生完成学习和任务之后，程序会自动表扬学生或分配一个徽章，根据学生的行为改变游戏的进程是可能的，学生认为自己已经达到了更高的水平，给了他学习某一科目的额外动机。值得注意的是，在对学生的成绩进行排名以确定最终评分时，有必要考虑到道德方面的因素：名单末尾的学生可能更缺乏动力，因为他们意识到自己缺乏知识。在这方面，似乎只展示高成绩的评分是有利的，例如，程序在屏幕上显示参赛者的问题答案以及前三名的获胜者，这会刺激和激励学生取得更多的胜利。此外，对游戏化的分析表明，以团队合作为目的的游戏能够激发学生的竞争情绪，竞争可以体现在基于工作结果和任务完成情况建立个人和团队评级的系统中，从而对信息的吸收起到积极的作用。

当然，有必要考虑到以游戏化的方式组织教学的方式仅适用于某些学生群体或学习特定科目，但不能否认现代数字教育所带来的机会和前景。

四、数字化转型背景下金融学类课程的互动教学模式

（一）金融微教学：内化与体验式教学模式

微教学或微型教学是一种将复杂的总体目标划分为几个易于掌握的单一

技能，针对每项技能设计详细的培训计划，在短时间内辅助使用现代多媒体，并通过反复培训加强认知和体验，从而快速有效地掌握技能的一种教学模式。如今，在许多国家，微教学已广泛应用于金融教学实践中。金融微教学是将微教与金融教育相结合，内化知识和体验学习的一种教学模式，可以找到加强金融职业技能培训的新途径，对金融微教学进行案例化探索。

金融微教学将教学目标分为多个特定目标的培训和复习过程。学生专注于在受控条件下学习和训练某些特定技能，并根据反馈进行改进。金融专业毕业生需要良好的分析和解决问题的能力，将微教学引入金融教育领域是有益尝试。表 2 以商业银行课程为例，介绍了微教学的教学方案。

第一，理论学习与分组。在开展微教学培训之前，学生应根据自身特点和培训内容要求，全面细致地进行知识储备。在微教学中，使用了集微教学、多媒体编辑、影视制作、多媒体存储、视频点播和数字直播为一体的数字网络系统，通过视听素材的应用，保证学生对技能培训的积极性。另一个重要的准备工作就是分训练小组，每组一般 7 ~ 9 人，具体的实践活动是分组进行的。第二，对教学活动的局部分解。根据课程结构和培训目标，将需要掌握的技能划分为单一的培训内容，使教学活动的各部分单独呈现、突出和放大，以实现培训目标。案例教学是学生高度参与、互动教学的教学模式，具有小班化、多媒体参与、及时反馈等特点，给学习者带来强烈的参与感和趣味感。第三，从多个角度记录学员的行为。利用现代视听多媒体设备，如多角度摄像机、即时录像机和同步视听设备，将该理论应用于教学活动。通过设置、放慢、回放突出学员的优缺点，达到强化教学的目的。在教学过程中，通过展示学员的语言表达、体型等各种信息，可以内化学员，及时在小范围内观察和评价对方，获得深刻的记忆和心理体验。第四，教师通过课后观看教学过程的视频来充分了解每个学员的情况，有针对性地指导。

表 2　　商业银行课程的微教学方案

内容	子项目	项目形式	项目成果	评分方式
商业银行基础知识	了解商业银行基本情况及经营特色，中美银行对比，明确我国商业银行的社会责任	分组调研	调研报告 PPT 展示	主讲教师评分 小组互评
	了解我国银行业整体发展状况，融入思政元素	产业教授讲座，分组讨论	PPT 展示	主讲教师评分 小组互评
商业银行业务经营	学习商业银行存款、贷款、表外业务办理，实践教学与思政结合	软件模拟，分组调研	实验报告 调研报告	软件评分 主讲教师评分

续表

内容	子项目	项目形式	项目成果	评分方式
商业银行业务经营	分析商业银行投资业务	分组调研	调研报告 PPT 展示	产业教师评分 小组互评
	商业银行各项业务发展趋势，中外商业银行对比，加强政治认同和家国情怀教育	产业教授讲座，分组讨论	PPT 展示	主讲教师评分 小组互评
商业银行绩效评价	设计商业银行绩效评价方案	方案设计	PPT 展示	主讲教师评分 小组互评
商业银行管理综合演练	针对银行风险管理案例，与银行从业职业道德教育结合进行分析	案例分析，实践调研	PPT 展示 调研报告	产业教师评分 小组互评
	结合疫情和全球经济形势，制定商业银行经营与营销策略	产业教授指导，沙盘演练，实践调研	策略与综述	产业教师评分 小组互评

（二）基于智慧课堂的金融学互动教学模式

基于智慧课堂环境下的教学模式，是数字化教学的新方向。智慧课堂的“智慧”涉及教学情境的优化呈现、学习资源的便捷获取、课堂教学的深度互动、情境感知与测试、教室布局、电气化管理等。它们可以概括为五个维度：显示、可管理、可访问、实时交互和测试（“SMART”）。整个模式基于认知灵活性理论，结合智慧课堂教学环境，引入 ARS 系统和多媒体电路系统技术，并结合下一页预览的 PPT 功能，主要突出及时反馈和动态调节功能。老师主要提出问题、引导、调整和评价，学生进行自主学习、协作学习、探究学习和自我评估。ARS 是支持智能教室的多媒体技术模块之一，帮助教师和学生互动，大大提高学生在学习过程中的主动性和创新思维。该系统还有助于避免断开连接，减少紧张感，帮助教师掌握学生的情况并实时调整教学，避免课堂教学事故。

将智能课堂创新引入金融课程教学，主要包括以下教学过程：第一，云存储和智能推送。智慧课堂通过数据挖掘分析存储学生的学习需求，并根据学生的学习进度推送相关资源。第二，教师通过前期的需求分析提出问题、创造情境，为学生提供学习任务和学习场景。第三，智慧课堂打造个人学习空间，提供个人学习模式，包括自助型、探索型、创客型。第四，智慧课堂可以根据学生学习特点的分析，对学生进行智能分组，帮助学生相互配合、交流、评价。成员可以通过即时思维导图和其他解决问题的工具与老师和其他学习者进行在线交流和学习。教师通过 ARS 智能教室提出问题，并与学生同步讨论；学生通过 QQ 和微信与老师实时互动，获得最有效的学习建议。同时，应组织 3~4 次课堂反馈，以便教师及时调整接下来的教学内容和题目。第五，每个小组分享学习成果并相互评估、总结。课后，教师反馈评估、智能系统根据学习者的学习条件给出定量结果，帮助教师诊断和评估学生的学习状况。如果正确率高于 80%，教师可以直接进行评论和分析。如果正确率低于 30%，教师需要重新讲解关键和困难的知识。如果正确率是中等的，可以进行小组讨论或课堂讨论。第六，课后扩展。智慧课堂可以总结学生的学习情况，推动扩展资源，帮助学生学习课后扩展。

五、结论

在高等教育变得更加广泛、关注个人的需求和能力的当下，数字化转型为学习的组织、学生和教师之间的互动、文凭的颁发等提供了新的机会。同样重要的是，在类似 ChatGPT 等人工智能问世的条件下，高等教育面临一些新的发展趋势。这些趋势深刻改变着教与学的模式，当然，负面影响包括社会交往技巧、同理心缺乏等将是未来几代人面临的一个重大问题。各个大学和各个学科要实施技术变革的深刻转变，从而建立自己的长效发展轨迹。

参考文献

[1] 兰国帅，魏家财，黄春雨，等．国际高等教育数字化转型和中国实施路径 [J]．开放教育研究，2022，28 (3)：25 -38. DOI：10. 13966/j. cnki. kfjyyj. 2022. 03. 003.

[2] 齐岳，张雨，谢晨瑶，等．财务金融专业在线教学模式研究——以投资组合理论与管理课程为例 [J]．金融教育研究，2022，35 (6)：72 -80，28.

[3] 吴砥，李环，尉小荣．教育数字化转型：国际背景、发展需求与推进路径 [J]．中国远程教育，2022，570 (7)：21 -27，58，79. DOI：10. 13541/j. cnki. chinade. 2022. 07. 009.

[4] 肖广德，王者鹤．高等教育数字化转型的关键领域、内容结构及实践路径 [J]．中国高教研究，2022，351 (11)：45 -52. DOI：10. 16298/j. cnki. 1004 -3667. 2022. 11. 06.

[5] 张强，吴易林．以评促“转”：OECD 高等教育数字化转型的顶层架

构与实践举措 [J]. 中国高教研究, 2022, 347 (7): 23 - 30. DOI: 10. 16298/j. cnki. 1004 - 3667. 2022. 07. 05.

[6] Azarenko, N. Y.; Mikheenko, O. V.; Chepikova, E. M.; Kazakov, O. D., Quality Management, Transport and Information Security, Information Technologies [J]. (IT&QM&IS), Saint Petersburg, Russia, 24 - 28 September 2018; pp. 764 - 768.

[7] Conole, G., Designing effective MOOCs [J]. Educational Media International, 2015, 52 (4): 239 - 252.

[8] Gama, J. A. P. Intelligent educational dual architecture for University digital transformation [J]. In Proceedings of the 2018 IEEE Frontiers in Education Conference (FIE), San Jose, CA, USA, 3 - 6 October 2018; pp. 1 - 9.

[9] Grab, B.; Olaru., M.; Gavril., R. Self - managed as a key to unlocking digital transformation in business management [J]. Qual Success, 2019, 20: 280 - 286.

[10] Henderson, M., Selwyn, N., Finger, G. and Aston, R., Students' everyday engagement with digital technology in university: exploring patterns of use and "usefulness" [J]. Journal of Higher Education Policy and Management, 2015, 37 (3): 308 - 319.

[11] Kaminskyi, O. Y.; Yereshko, J.; Kyrychenko, S. O., Digital transformation of University Education in Ukraine: Trajectories of Development in the conditions of new technological and economic order. Inf. Technol [J]. Learn. Tools, 2018, 64: 128 - 137.

[12] Liyanagunawardena, T., Adams, A., & Williams, S., MOOCs: A systematic study of the published literature 2008 - 2012 [J]. The International Review of Research in Open and Distributed Learning, 2013, 14 (3): 202 - 227.

[13] Lowenthal, P., Hodges, C., In Search of Quality: Using Quality Matters to Analyze the Quality of Massive, Open, Online Courses (MOOCs) [J]. The International Review of Research in Open and Distributed Learning, 2015, 16 (5): 83 - 101.

[14] Stolze, A.; Sailer, K.; Gillig, H., Entrepreneurial mindset as a driver for digital transformation—A novel educational approach from university - industry interactions [J]. In Proceedings of the European Conference on Innovation and En-

trepreneurship, ECIE, Aveiro, Portugal, 20 - 21 September 2018; pp. 806 - 813.

[15] Petkovics, I. P. Tumbas, P. Matkovic, Z. Baracskai, Cloud Computing Support to University Business Processes in External Collaboration [J]. Acta Polytechnica Hungarica, 2014, 11 (3): 181 - 200.

[16] Price, L. and Kirkwood, A., Using technology for teaching and learning in higher education: a critical review of the role of evidence in informing practice [J]. Higher Education Research & Development, 2014, 33 (3): 549 - 564.

[17] Salmon, G., Learning innovation: a framework for transformation [J]. European Journal of Open, Distance and E - learning, 2014, 17 (2): 220 - 236.

[18] Stracke, C. M., Quality Frameworks and Learning Design for Open Education [J]. The International Review of Research in Open and Distributed Learning, 2019, 20 (2): 180 - 203.

[19] Teo, T., Lee, C. B. and Chai, C. S., Understanding pre - service teachers' computer attitudes: applying and extending the technology acceptance model [J]. Journal of Computer Assisted Learning, 2008, 24 (2): 128 - 143.

[20] Thoring, A.; Rudolph, D.; Vogl, R., The digital transformation of teaching in higher education from an academic's point of view: An explorative study [J]. In Proceedings of the applications of evolutionary computation, Las Vegas, NV, USA, 15 - 20 July 2018: 294 - 309.

[21] Tay, H. L.; Low, S. W. K. Digitalization of learning resources in a HEI - A lean management perspective [J]. Int. J. Prod. Perform. Manag, 2017, 66: 680 - 694.

数智时代投资学专业人才培养机制研究

严伟祥

数字技术与教育的融合呈现快速增长趋势，传统专业如何适应新形势、新时代的发展，已成为高等教育面临的重要课题。南京审计大学投资学专业始建于2008年，在江苏省“十二五”重点专业建设项目、江苏省一期品牌专业（金融学）和国家级一流本科专业建设点的支持下，取得了比较好的建设成果和社会影响力。为了适应教育数字化发展的需要，投资学专业积极应变和主动求变，进行了一系列的改革，构建了科学合理的人才培养机制。

一、制订适应数智时代发展的投资学人才培养方案

（一）人才培养方案制订的背景

面对世界百年未有之大变局，高等教育要超前识变、积极应变、主动求变，深刻把握多样化、学习化、个性化、现代化等发展趋势。金融行业是国家经济运行的“血液”，面对信息科技技术的大发展、国家经济结构的大转型、人民对美好生活的大追求，新时代的金融、投资专业人才培养的紧迫感、使命感要求高等教育主动谋变，以适应时代的发展。

2021年，中国人民银行正式发布《金融科技发展规划（2022—2025）》，确定了六方面重点任务，包括加强金融科技战略部署、强化金融科技合理应用、赋能金融服务提质增效、增强金融风险技防能力、加大金融审慎监管力度、夯实金融科技基础支撑。同时，要求建立健全我国金融科技发展的“四梁八柱”，进一步增强金融业科技应用能力，实现金融与科技深度融合、协调发展，明显增强人民群众对数字化、网络化、智能化金融产品和服务的满意度，使我国金融科技发展居于国际领先水平。

这一行业发展顶层规划，对于投资学专业人才培养高校来说，具有明确的指导意义。在此大背景下，急需修订投资学专业人才培养方案，使得毕业人才能够满足金融科技发展的趋势，符合国家和社会的需要。

（二）人才培养方案制订的依据

为深入贯彻落实习近平总书记关于教育的重要论述和全国教育大会、新

时代全国高等学校本科教育工作会议精神，全面落实《教育部关于加快建设高水平本科教育 全面提高人才培养能力的意见》(教高〔2018〕2号)、《教育部关于深化本科教育教学改革 全面提高人才培养质量的意见》(教高〔2019〕6号)、教育部《高等学校课程思政建设指导纲要》(教高〔2020〕3号)、中共中央办公厅、国务院办公厅《关于全面加强和改进新时代学校体育工作的意见》和《关于全面加强和改进新时代学校美育工作的意见》、教育部关于《大中小学劳动教育指导纲要（试行）》（教材〔2020〕4号）文件精神。

秉持学校“特色、质量、国际化”的办学理念，紧扣学校“培养品格与学养并蓄、知识与能力并重、国际与本土并举的复合式、应用型、创新创业性人才”的目标定位，通过专业调研，依据专业人才的社会需求和岗位需求，优化专业人才培养方案，推进新文科建设，积极应对现代信息技术发展和全球产业变革，构建德、智、体、美、劳全面发展的人才培养体系，培养立大志、明大德、成大才、担大任的新时代经济建设高质量人才。

(三）投资学专业人才培养方案制订过程

遵循“宽口径、厚基础、重应用”构建复合型投资人才培养模式，以通识教育为基础，强调以价值和能力为导向，通过业界调研、师生座谈、系部研讨等方式，与企业、全院师生共同制订投资学专业人才培养方案，如图1所示。

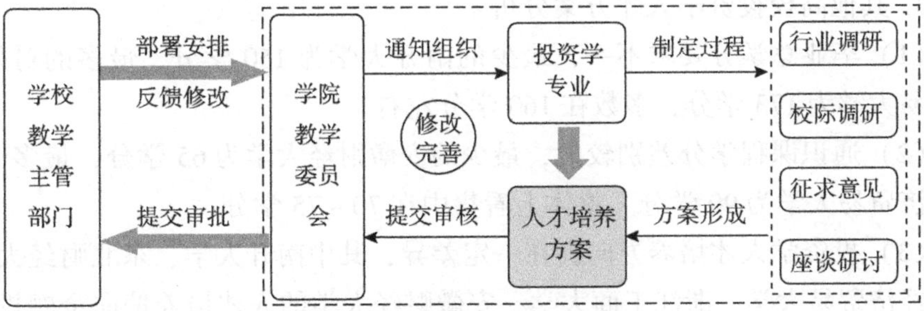

图1 投资学专业人才培养方案制订流程

1. 专业调研

2021年1~6月，投资学专业教师通过网络或实地调研，先后到江苏省地方金融监管局、华泰证券、中信证券江苏省分公司、弘业期货股份有限公司、南京银行、中国民生银行南京分行、苏宁金融研究院、南京财经大学、南京师范大学等企事业单位和兄弟院校深入调研，听取了其专业人才的培养意见及建议。借助网络搜集中央财经大学、中南财经政法大学、南开大学、西南财经大学、上海财经大学等高校投资学人才培养方案进行分析。同时深入我校书院、班级，全面深入了解学生对专业课程设置、学期安排的意见及建议。

2. 企事业单位调研结果分析

企事业单位对我校投资学人才培养方案提出的主要意见包括：

（1）专业教育课程里，专业课和专业基础课设置已较为全面，在开课学期上是否考虑往前前置，专业基础课第 2 学期即可开始，给学生学习的紧迫感，否则从第 4、第 5 学期开始学习，学生的学习能力和学习动力会有所下降。

（2）课程中虽已设置风险类课程，但大多局限于公式计算、国外经济理论，与中国市场实际相差甚远，特别是近年来国内外经济金融形势复杂多变，课本上的风险防范知识已经几乎无法指导实践工作。建议增加权威学者经济形势分析讲座、国家安全金融知识讲堂、金融市场现状分析、真实经济犯罪案例剖析等更加贴合中国市场实际，并且紧跟政策趋势的课程，为学生真正踏入工作环境打好风险防范预防针。

（3）紧跟金融科技发展节奏，多开设金融科技、智能投顾、计算机语言编程课程，同时加强实践训练。

（4）培养学生创新思维，鼓励学生参加金融类、计算机类等学科竞赛。

（5）锻炼学生具备爱岗敬业、组织协调和团队精神。

3. 其他高校投资学人才方案分析

（1）毕业总学分要求不一，最少的南开大学为 150 学分，最多的对外经济贸易大学为 173 学分，多数在 160 学分左右。

（2）通识课程学分差别较大，最少的安徽财经大学为 65 学分，最多的对外经济贸易大学为 90 学分。整体上看集中在 70 ~ 75 学分。

（3）投资学人才培养方向存在一定差异，其中南开大学、东北财经大学、对外经济贸易大学、浙江工商大学、安徽财经大学的人才培养偏向金融投资，中央财经大学、上海财经大学、西南财经大学、中南财经政法大学的人才培养方向兼有实物投资与金融投资。

（4）10 所大学在人才培养方案中都强调计算能力、编程能力，开设了诸如 Matlab、Python 等计算机应用课程。

4. 课程结构分析

2018 年人才培养方案在课程设置上没有考虑到金融行业发展的变化，尤其是行业对金融科技知识和人才的需求，另外我国资本市场层次也发生了一定的变化，因此，旧版的人才培养方案已经制约了新时代人才的培养，这主要体现在：（1）缺少金融科技类的理论课程；（2）缺少支持金融科技的计算机语言类课程；（3）缺少人工智能在投资领域的应用实践；（4）对证券估值方面的计算能力课程设置较少；（5）没有做到“投资＋审计”方面的融合。

基于以上五点问题，新版人才培养方案必须通过数字科技类课程设置和调整来达到新时代国家经济建设对人才的需求目的。

二、投资学专业建设存在的问题

（一）专业建设主体薄弱，忽视吸收行业力量

投资学专业主要为银行、证券、基金、期货等金融机构培养人才，仅仅依靠教师推动专业建设和人才培养，主体力量不但薄弱，而且培养出来的学生可能难以满足实际行业的需要。因此，专业规划负责人、全体教师、专业学生和金融机构共筑投资专业建设共同体，上下齐心，内外协力，推动投资学专业高质量发展。

（二）教学资源单一，信息化程度不高

针对投资学专业教学资源主要为教材和课堂，没有充分利用“互联网＋”技术，不能满足学生泛在、碎片化学习的需要。投资学专业以教育部《教育信息化2.0行动计划》为纲领，积极打造线上线下混合式教学资源、数字式教材、虚拟仿真实验平台，形成立体式、全天候教学资源，满足本校和其他高校学生学习需求。

（三）教师团队力量不强，教学特色不鲜明

针对投资学专业教师团队意识不强、教学特色不鲜明、教学效果提高不够明显的问题，以建设多元教学资源为契机，分工协作，相互交流和切磋，提高团队合作效率。以赛促教，提高教师自身教学能力，完成高质量教学。

（四）专业建设要素融合度较低

专业建设要素涉及面广、形式多样、融合有效性较低，导致专业建设效果很难达到理想目标。需要将专业思政和课程思政、教师和学生、线上与线下教学、传统与创新、本土化与国际化深度融合，达到高质量人才培养目标。

三、推进满足数智时代发展的投资学专业建设

专业建设离不开教学资源和人才队伍，通过调研分析，今后投资学专业把建设高质量教学资源和高质量教师作为两个重要抓手，凝智聚力，共同打

造一流投资学专业。

（一）全力推进立体式投资学专业教学资源建设

1. 适应信息化发展，大力推进线上教学资源建设

现代科技为教学现代化提供了坚实基础，为适应信息化教学发展，投资学专业较早地投入并利用互联网，促进教学资源建设，先后获得证券投资学MOOC建设立项、投资学省级在线开放课程建设立项、金融市场虚拟仿真实验教学省级优质在线实验项目建设立项、公司金融校级在线开放课程建设、证券投资与量化交易校级虚拟仿真实验平台建设立项。形成从理论教学到实践教学线上化，提供全天候学习环境。

2. 坚守传统教学，丰富线下教材资源建设

课堂教学离不开传统教材，因此，组织投资学专业教师加快教材编写、案例库建设和习题库建设。2019年《证券投资学》教材获“十三五”江苏省重点教材建设立项，先后完成投资银行学、金融风险管理案例库、证券投资学课程思政案例库建设，精心组织教师推进《证券投资学》习题库建设。通过多举措、全方位丰富线下教学资源。

3. 理论联系实际，推动实践教学资源建设

结合理论教学，积极开展实践教学资源建设，先后建成证券投资分析、基金理财规划、公司金融估值实践实验课，开发华泰证券、弘业期货、中信证券江苏分公司等校外实践教学基地，形成支撑专业教学需要的实验平台以及校外实践基地网络。

4. 开拓创新，开发新型课程资源建设

近几年，以互联网金融、大数据、人工智能、区块链为代表的金融科技快速发展，给传统金融带来了深刻的冲击。投资学专业与大连商品交易所、苏宁金融研究院和弘业期货股份公司合作开发金融科技与金融监管、金融科技与互联网金融、期货期权投资理论与实务分析等新型课程资源，帮助学生熟悉金融行业前沿理论与实务应用。

经过近几年的建设，投资学专业理论教学资源与实践教学资源相得益彰，线上教学和线下教学互补互动，一个立体式、全天候的教学资源正在形成，为学生提供了泛在式、混合式学习机会。

（二）着力加强投资学专业师资队伍建设

1. 加强教师思想政治教育

教师是专业建设的主体，是“立德树人”实施的第一责任人，因此教师

的思想政治教育、师德师风、专业素养是投资学专业第一关心要点。将党支部建在专业上，引领全体党员教师开展“两学一做”“不忘初心、牢记使命”等主题教育，全力提高党员教师的思想政治素质，始终忠于党的教育事业。

2. 加强教学团队建设

投资学专业重点遴选教学质量高、结构合理的教学团队，建立有效的团队合作机制，推动教学内容和方法的改革和研究，促进教学研讨和教学经验交流，依托团队开发教学资源，实现资源共享，聚集优势力量，形成有一定影响力的教学研究队伍。至今，投资学专业已经打造出证券投资学和公司金融两支教学团队。

3. 促进教学业务水平整体提高

通过“磨炼内功”“以赛促教”等方式，提高投资学专业教师的教学功力、教学质量和教学效果。组织教师参加省级微课竞赛、校级微课竞赛、多媒体课件竞赛、南审好课堂评比、优秀本科毕业论文评比等活动，一批教师脱颖而出，带动整体教学水平不断上升。组织教师申报省级和校级教学改革课题并获批，通过以课题带动教学改革，促进教学质量和教学效果提高。

4. 注重青年博士培养

针对近两年引进的大批青年教师，推动教学工作的老中青相结合，发扬传、帮、带的作用，定期开展教学技能大赛；定期组织青年教师学术沙龙，搭建学习交流平台，快速提升青年教师教学能力和科研水平，形成优秀的后备骨干教师。

（三）共促投资学专业建设要素融合

1. 课程思政与专业建设深度融合

课程思政是一项系统性、整体性的工作。在投资学专业建设过程中，通过顶层设计、统筹规划，将专业必修课程和选修课程全部进行“课程思政”改造。首先将课程思政融入教学大纲，针对不同的教学要点提出思政元素。其次，专业教师要加强课程设计。教师要对学情进行调研分析，在尊重学生需求、尊重专业特质、尊重学生成长规律、尊重课程标准的基础上，加强课程思政设计，既要有针对性，也要有逻辑性，保证前后教育目标的一致。专业课教师要将专业知识与思政元素、思政案例同向同行协同育人，价值引领、能力培养和知识传授三方面要保持协调一致，形成合力，落实“立德树人”根本任务，为我国高质量发展培养思想过硬、专业过硬、创新能力强的新时代人才。

2. 专业建设主体——教师与学生深度融合

只有专业建设主体深入融合，才能有效推动专业高质量发展。首先，专业教师与学生在理论课堂上深度融合，通过传授专业知识形成纽带。其次，在专业竞赛、实践活动、论文设计等方面，形成指导团队、研究团队，加深融合。例如，投资学专业教师常年指导专业社团“证券投资俱乐部”举办模拟股市大赛，可以为学生提供证券投资模拟实战机会，通过“以赛促学”，促进学生掌握和消化理论知识，提升动手能力。再次，通过邮件、即时通信工具等方法，形成全天候的互动。最后，通过定期与学生、书院的沟通与交流，加深导师与学生的融合。

3. 线上教学与线下教学深度融合

充分发挥线上线下混合教学模式的优势，将在线开放课程投资学与线下专业主干课投资学（证券投资学）深度融合，推动课前知识准备、课中授业释惑、课后巩固知识三维度学习，其中课前与课后部分可以通过在线开放学习平台完成，课中以讲课授业为主，提高教师和学生在教学和学习过程中的效率。投资学在线开放课程于2017年获得省级在线开放课程立项，现已经开设6学期线上教学，累计近3万名学生参加学习。“证券投资与量化交易虚拟仿真实验”实践教学平台于2020年6月投入使用，使用人数已超过1500人，打通了线上线下理论知识学习，线上实验训练。

4. 传统与创新深度融合

在教学过程中，持续保持传统教学方法的同时，积极推动课程教学改革，如翻转课堂法、线上线下混合法、转化师生角色，激发学生学习积极性、探究性，形成主动性和个性化学习，促进提高教学质量。积极鼓励教师申报各类教学改革课题，累计共主持5项课题，形成“以改促教”，将创新教学方法、创新教学思想融入实际教学过程中，提高教学质量。同时将课题项目实施的教学模式改革进行总结，发表研究性论文，推广成功经验。

5. 本土化与国际化深度融合

首先，本土教材与海外教材深度融合。投资学专业曾使用海外经典教材，如博迪版《投资学》、罗斯版《公司理财》，为了让学生能够快速理解专业理论与实际应用，我们融合中国实际情况进行授课。此外我们编写的教材也吸收海外教材经典内容，形成特色教材。其次，本土教师与海归博士深度融合。近年来，投资学专业引进3名海归博士，以及派遣多名教师进行海外访学，为了加快海归博士以及访学教师快速融入国内教学环境，通过加强本土教师与海归博士教学交流、科研合作，促进融合。最后，投资学专业课程与 CFA 职业教育深度融合。以通过 CFA 国际联盟认证，成为 CFA 大学联盟（UAP）高校成员为契机，通过投资学专业课程群与 CFA 教育两者融合，互相取长补短，增进投资学专业人才培养的同时，提升 CFA 考试通过率，加快 CFA 职业教育。

四、构建数智时代投资学人才培养保障措施

投资学专业将紧扣新时代主题，围绕新文科建设目标，以全国开展一流专业和一流课程“双万”计划建设为契机，从新使命、新知识、新方法切入，突出新导向、新融合、新培养特征，紧密结合学校审计优势，努力将其建设成为国内具有影响力的特色专业。

（一）构建共同体，落实新主体，推进一流专业建设

1. 科学规划专业

投资学专业建设和投资学专业人才的培养必须满足国家和社会的发展需要。为此，我们成立投资学专业发展规划领导小组，领导小组由金融学院领导、投资学系主任、教授和博士组成，系主任具体负责。首先，及时将国家在金融市场与资本市场发展目标和规划体现到专业建设中，培养国家需要的专业人才。其次，落实教育部和省教育厅有关本科人才培养要求，重塑投资学专业人才培养目标。再次，对标国内投资学专业建设突出的高校，通过实地交流调研，借鉴经验。最后，结合我校实际情况，聚焦社会发展需要，坚持“立德树人”为根本，科学规划投资学专业重点建设方向，落实以人为本、全面回归，满足高级人才培养需要。提出以培养学生为中心，紧跟时代脉搏，全力打造信息化教学资源，加强师资团队力量，融合教学主体、融合教学环境、融合教学方法，培养品格与学养并蓄、知识与能力并举、本土与国际并进的复合型创新人才。

2. 教师全心投入

通过积累与引进，投资学专业教师已达 18 名。在专业建设过程中，团队合作与个人突破相结合。例如，张维教授负责的投资学省级在线开放课程建设、严伟祥负责的证券投资与量化交易虚拟仿真实验项目，都与众多教师全心投入分不开。在教学方面，专业教师纷纷积极磨炼教学功力，提升教学质量，先后获得省级、校级相关教学奖励。同时，积极开设金融科技、人工智能、区块链在投资方面的前瞻性课程和讲座，引领学生积极探索新知。在学

生指导培养方面，积极与四大书院联动，全心全力做好各类竞赛、专业知识、社团指导活动。

3. 学生积极参与

在专业教师的指导下，投资学专业学生也积极参与专业建设。一是挑选优秀学生参与教学资源建设的维护，学生积极参与调查，提出优化教学资源建议。二是通过证券投资俱乐部举办各类活动，扩大专业的影响力。

4. 企业大力支持

投资学专业积极拓展校企合作，通过合作建立实习基地，引入金融机构实务专家进校开展投资知识讲座，提高投资学专业与业界对接。至今，投资学专业与华泰证券、弘业期货、中信证券江苏分公司等一批金融机构建立合作关系，在专业建设过程中，获得金融机构物力、人力和财力的多维支持。

（二）承担新使命，突出新导向，打造一流教学资源

本专业以新姿态承担新时代赋予的新使命，强调实践问题导向，搭建投资与审计专业互通交流平台。首先，引导教师树立崇高理想，将立德树人理念融入专业教育全过程，实现所有专业课程涵盖思政内容，实现专业教学与思政教学同向同行。其次，在继承江苏“十二五”重点专业、校品牌专业建设成果基础上，进一步加强教学管理手段创新。最后，将对标国家一流专业“双万”计划标准，科学合理规划专业发展，形成重点教材、在线开放课程、虚拟仿真实验平台、线上线下混合式“金课”等相互支撑的一流教学资源，做强专业特色，推广专业建设经验。

（三）针对新知识，推进新融合，优化基层教学团队

投资领域新的实践要求具备新的知识，因而应释放本专业活力，结合学校审计资源优势填补单一专业微观教研领域的不足，促进投资审计知识在更高和更深层次上的重组，并从整体上推动知识创新。此外，围绕专业发展和教学改革，通过“引进来、走出去”，加快学科带头人培养；通过“传帮带”，推动学科团队与梯队建设；锚定投资审计科研方向，组建稳定学科团队，实现科研反哺教学。

（四）探究新方法，强化新培养，提升系统育人质量

本专业研究方法应从单一走向多元，充分利用信息技术带来的方法革新。在专业人才培养上将以社会实践为核心，并实现与理论教学集成与融合发展。深化以探究式、参与式等自主学习为导向的教学方法创新，提升专业教学团队信息化教学能力；开展完全学分制度改革试点，探索书院制人才培养模式；

健全教学全程监控和持续改进机制，严格过程管理；持续推进产学研基地建设，开展战略咨询和“智库”服务。

五、结语

面对世界百年未有之大变局，投资学专业将全面贯彻党的教育方针，落实教育部新时代教育改革新方向新要求，坚持立德树人，把握教育数字化发展重大机遇，立足江苏，面向全国，培养政治思想素质过硬、熟练掌握经济管理和金融投资理论，具有证券投资决策、投资策略设计和量化投资能力的国际化视野的复合型创新人才，力争将投资学专业建成国内一流本科专业，成为我国多层次资本市场建设人才培养的中坚力量。

参考文献

[1] 吴岩. 积势蓄势谋势，识变应变求变——全面推进新文科建设 [J]. 新文科教育研究，2021，1 (1)：5－11，141.

[2] 张中华. 经济结构转型升级与投资学专业的发展 [J]. 新文科教育研究，2021 (3)：94－103.

[3] 刘志东. 新文科背景下投资学课程内容体系与课程建设探讨 [J]. 中国大学教学，2021 (5)：54－59.

[4] 严伟祥，张维. 投资专业人才培养模式创新研究——基于金融科技语境 [J]. 重庆科技学院学报（社会科学版），2019 (1)：110－112.

信用管理学科数字化转型和人才培养研究

肖振宇　朱远芯　王禹榕

一、引言

随着信息技术的发展和互联网的普及，数字化已经成为各行各业的发展趋势，信用管理学科也不例外。数字化转型是指将传统的信用管理工作，通过信息技术手段进行升级和改造，以提高工作效率和质量。数字化转型给信用管理带来了机遇和挑战，这就需要我们对数字化时代信用管理学科的人才培养和转型进行深入研究和探讨。因此，本文旨在探讨数字化时代信用管理学科的数字化转型和人才培养问题。

二、信用管理学科的数字化转型现状

（一）数字化转型的背景和意义

数字化转型是指利用数字技术和数据技术，对传统业务、流程和模式进行深度变革和升级，以实现企业、组织和行业的高效运营、创新发展和价值创造。在当前信息技术飞速发展的时代，数字化转型已成为各行各业追求高质量发展的必然选择。

数字化转型对于信用管理学科来说，具有重要的背景和意义。首先，随着信息技术的快速发展，信用管理领域的数据量也在不断增加，数字化转型可以帮助信用管理领域更好地应对这些数据，实现更高效的数据管理和分析。其次，数字化转型可以促进信用管理领域的业务流程优化和智能化决策，提高工作效率和决策水平。此外，数字化转型也可以为信用管理领域提供更多的创新机会，为信用管理行业的发展注入新的活力。

数字化转型对于信用管理学科人才培养也具有重要意义。数字化时代信用管理学科的人才应具备数字技术和数据技术的应用能力，具有信息化管理和智能化决策的能力，能够应对数字化时代信用管理领域的新挑战。因此，数字化转型也是数字化时代信用管理学科人才培养的重要内容和方向。

综上所述，数字化转型是信用管理学科发展的必然趋势，数字化时代信用管理学科的人才培养也必须重视数字化转型的相关要求。只有通过数字化转型，信用管理学科才能更好地适应时代发展的要求，更好地服务于社会和经济发展的需要。

(二) 数字化转型的现状和问题

在信用管理学科中，数字化转型已经开始发挥作用，数字技术和数据技术的应用不断扩大，为信用管理带来了新的机遇和挑战。以下是数字化转型在信用管理学科中的应用现状和存在的问题：

1. 应用现状

(1) 数据分析和挖掘：数字化转型为信用管理提供了强有力的支持。通过对大数据的分析和挖掘，可以快速获取客户的信用情况，对客户的信用风险进行预测和控制，提高信用管理的准确性和效率。

(2) 在线信用评估：数字化转型为信用评估提供了新的方式。通过建立在线信用评估模型，可以实现对客户的信用评估和监测，为信用管理提供更全面和准确的数据支持。

(3) 信息共享和协同：数字化转型可以帮助信用管理部门实现信息共享和协同。通过建立信用信息平台，可以将信用管理部门的信息整合在一起，实现信息共享和协同，提高信用管理的效率和准确性。

(4) 人工智能技术应用：数字化转型可以应用人工智能技术进行信用管理。例如，利用人工智能技术进行风险预测和控制，建立智能化的信用管理系统，提高信用管理的准确性和效率。

2. 存在问题

(1) 数据隐私和信息安全：数字化转型在信用管理中的应用需要涉及大量的客户数据，因此数据隐私和信息安全是一个非常重要的问题。需要建立有效的数据隐私和信息安全机制，保障客户数据的安全和隐私。

(2) 人才缺乏：数字化转型需要具备数字技术和数据技术应用能力、信息化管理和智能化决策能力的人才，而这种人才非常紧缺，对信用管理部门的数字化转型带来了一定的困难。

(3) 系统集成和技术更新：数字化转型需要对系统进行集成和升级，同时需要不断跟进技术的更新和变化，这对信用管理部门的技术实力和管理能力提出了更高的要求。

(4) 组织和文化方面的障碍：数字化转型需要克服组织和文化方面的障

碍，如组织结构僵化、人员意识和习惯问题等，这些都是数字化转型面临的重要问题。

数字化转型为信用管理学科带来了新的机遇和挑战，但同时也存在一些问题需要克服。信用管理部门需要不断加强数字化转型的能力和实践，建立完善的数字化转型战略，同时也需要积极培养数字化人才，提高数字化管理能力。

为解决数据隐私和信息安全问题，信用管理部门需要建立完善的数据隐私和信息安全机制，例如，采用数据加密和数据备份技术，确保客户数据的安全和隐私。同时，信用管理部门也需要加强对员工数据安全意识和培训，提高员工信息安全意识和技能。

对于人才缺乏的问题，信用管理部门可以采取多种措施，例如，通过招聘、培训、外包等方式获取所需的数字化人才，同时也可以采用内部培训和知识分享等方式提高员工数字化素养。

在系统集成和技术更新方面，信用管理部门需要加强技术研发和创新，跟进技术的更新和变化，保持系统的高效和先进。同时，也需要加强系统的维护和管理，确保系统的稳定和安全。

在克服组织和文化障碍方面，信用管理部门需要通过改革组织结构、提高人员素质、优化流程等多种方式加强组织创新和文化变革，实现数字化转型的顺利进行。

综上所述，数字化转型在信用管理学科中的应用现状和存在的问题是一个复杂的问题。信用管理部门需要不断创新和探索，建立数字化转型的有效机制和策略，加强数字化人才培养和管理，以推动数字化转型向更高水平发展。

（三）数字化转型的趋势

数字化转型是一个不断发展的过程，随着技术的不断进步和应用，信用管理学科的数字化转型也将不断升级和发展。下面将介绍数字化转型在信用管理学科的发展趋势，包括大数据、人工智能、区块链等。

1. 大数据技术的应用

随着信息技术的不断进步，信用管理学科在数据采集、存储、分析等方面拥有了更多的机会。大数据技术的应用可以有效地帮助信用管理部门进行客户信用评估、风险控制和市场预测等方面的工作。通过大数据技术，信用管理部门可以更准确地把握客户行为模式，预测市场趋势，提高业务决策的准确性。

2. 人工智能技术的应用

人工智能技术的应用也是信用管理数字化转型的重要趋势之一。通过人工智能技术，信用管理部门可以更快速、更准确地处理大量的客户数据，提高数据分析的效率和精度。同时，人工智能技术还可以帮助信用管理部门识别不良客户，进行信用评估和风险控制。

3. 区块链技术的应用

区块链技术是数字化转型的重要趋势之一，可以在信用管理领域中实现更高的安全性、透明度和效率。通过区块链技术，信用管理部门可以实现客户数据的分布式存储和管理，防止数据篡改和丢失。同时，区块链技术还可以实现信用信息的共享和流通，提高信用管理部门的业务效率和质量。

综上所述，大数据、人工智能、区块链等技术在信用管理数字化转型中的应用将会越来越广泛。信用管理部门需要积极跟进技术的发展和应用，不断加强数字化能力，提高数字化转型的效率和质量。

三、数字化时代信用管理学科的人才培养

（一）人才培养的重要性

人才是实现数字化转型的关键要素之一，也是信用管理学科发展的重要支撑。在数字化时代，信用管理学科人才培养面临着许多挑战。信用管理学科是一个复杂的领域，需要不同层次、不同专业的人才协同工作。数字化时代的信用管理学科更加依赖技术人才的支持，需要具备较强的技术水平、创新意识和实践能力。同时，数字化时代的信用管理学科也需要具备全面发展的人才，如经济学、法学、管理学等方面的综合人才。

然而，数字化时代信用管理学科人才培养面临许多挑战，主要表现在以下几个方面：

1. 技术水平的提升

数字化时代的信用管理学科需要具备较强的技术水平，如数据挖掘、大数据分析、人工智能等技术的应用。这就要求培养出的人才需要具备一定的科技素养和技能，能够熟练地运用各种数字化技术来解决实际问题。

2. 实践能力的培养

数字化时代的信用管理学科需要重视实践能力的培养，需要加强实践教学和实践环节的设置，让学生更好地了解实际问题和解决实际问题的方法。

同时，也需要加强与企业的合作，深化产学研合作，提高人才培养的针对性和实用性。

3. 综合素质的提高

数字化时代的信用管理学科需要具备全面发展的人才，如经济学、法学、管理学等方面的综合人才。因此，培养方案需要更加注重学生综合素质的提高，让学生具备全面的知识储备和能力。

4. 面向未来的培养方案

数字化时代的信用管理学科需要面向未来的人才培养方案，需要及时跟进技术的发展和应用，建设高水平师资队伍，提供全方位、高水平的人才培养方案。同时，还需要为学生提供不同类型、不同层次的培养方案，满足不同学生的需求。

5. 人才评价的标准

数字化时代的信用管理学科需要建立完善的人才评价体系，为企业提供优质的人才资源。但是，当前的人才评价标准还比较单一，需要加强对实际工作能力和实践经验的评价，为企业提供更为全面和准确的人才评价。

总之，数字化时代的信用管理学科人才培养面临着诸多挑战，需要采取有效措施，加强实践教学和产学研合作，提高人才培养的针对性和实用性，为数字化转型提供优质的人才支持。

（二）人才培养策略

数字化时代信用管理学科的人才培养策略需要根据数字化转型的背景和发展趋势，有针对性地制订相应的课程设置、实践教学和多元化培养方案，以满足行业对人才的需求。具体的策略包括以下几个方面：

第一，加强数字化技术的教学，包括数据挖掘、大数据分析、人工智能等课程的设置。同时，还需要注重经济学、法学、管理学等综合课程的设置，培养全面发展的人才。此外，还可以设置与企业合作的课程，让学生了解企业实际运营和管理的情况，提高实践能力。

第二，加强实践教学的设置，提供实践环节和实践课程，让学生更好地了解实际问题和解决实际问题的方法。同时，还需要加强产学研合作，让学生参与到企业实际项目中，深化实践能力和技能。

第三，加强多元化培养，开设跨学科课程。在数字化时代，信用管理不再是一个孤立的学科，它与金融、经济、法律等学科的交叉融合，也使得跨学科人才受到越来越多的重视。因此，应该加强跨学科的合作和交流，开设跨学科的课程和项目，为学生提供更为广泛的知识背景和职业发展选择。例如，开设金融科技、区块链等相关课程，帮助学生掌握最新技术和趋势；开设数据分析、人工智能等课程，培养学生的数据思维和技术能力。

除了以上三点，还可以采取其他措施，如加强实践教学，提高学生的实际能力；建立行业合作基地，为学生提供实习和就业机会；加强师资队伍建设，提高教师的教学水平和专业素养等。总之，数字化时代信用管理学科的人才培养需要紧跟时代的步伐，不断更新教育理念和教学模式，以适应未来信用管理行业的发展需要。

（三）人才培养成效评估

数字化时代信用管理学科的人才培养成效评估是评价人才培养质量的关键指标。评估方法的设计应该符合数字化时代的要求，注重人才的创新能力、实践能力和综合素质。以下是一些可能的评估方法：

第一，毕业生就业情况。该指标是衡量人才培养质量的重要指标之一。可以通过对毕业生就业的调查问卷、面谈等方式了解毕业生在信用管理领域的就业情况、就业满意度以及薪资水平等信息。同时，也可以关注毕业生的工作能力和成长，以此判断培养质量的优劣。

第二，学术成果。学术成果是衡量人才培养质量的另一个重要指标。可以考虑通过毕业生在学术研究领域的表现来评估学术成果，如毕业生发表的论文数量、论文质量、参与的科研项目等。同时也可以观察学生是否能够独立完成课程设计、论文写作等研究性任务。

第三，社会贡献。数字化时代信用管理学科的人才培养应该关注社会贡献。可以通过毕业生在社会上的贡献来评估人才培养成效，如毕业生在行业内担任的职务、在公益事业中的贡献、在社会企业中的业绩等。

第四，教学评估。教学评估是评估人才培养质量的重要途径之一。可以通过学生评价教师和课程来了解课程质量、教学效果、教师的教学能力等信息。同时，也可以通过教师的教学设计、授课效果、教学反馈等信息来评估教师的教学质量。

总之，数字化时代信用管理学科的人才培养应该注重学生的综合素质和实践能力，评估方法应该考虑到多种因素，包括毕业生就业情况、学术成果、社会贡献等。同时，评估方法应该与数字化时代相适应，采用数据化、智能化的手段来进行评估，以提高评估的准确性和效率。

四、数字化时代信用管理学科的发展方向

（一）从理论层面推进数字化转型

在推进信用管理学科的数字化转型过程中，理论创新和学科交叉也是至关重要的。下面分别介绍这两个方面。

1. 理论创新

数字化转型是一个复杂的过程，需要有新的理论和思路来指导和支持，因此，推进信用管理学科数字化转型需要进行理论创新。

数字化时代需要信用管理学科的从业人员具备良好的数字化素养，可以适应并驾驭新兴的技术和工具。因此，信用管理学科需要加强数字化素养的培养，包括基础的计算机应用、数据分析和人工智能等方面。

数字化时代下，信用管理学科的理论体系需要进行更新和完善。需要从数字化的角度出发，深入探讨数字化信用管理的基本原理和规律，形成新的理论框架。

数字化时代下，信用管理学科需要积极推广数字化信用管理的实践经验，探索新的数字化信用管理模式和方法。可以结合大数据、人工智能等技术，开展信用评估、风险管理、反欺诈等方面的实践。

2. 学科交叉

数字化转型不仅需要信用管理学科的专业知识，还需要涵盖多个学科的综合能力。因此，信用管理学科需要加强与其他学科的交叉，以实现数字化转型。

首先，信用管理学科需要与计算机科学交叉，探索数字化信用管理的相关技术和方法。可以结合计算机科学的技术，开展数据分析、机器学习、人工智能等方面的应用研究。

其次，信用管理学科需要与金融学交叉，探索数字化时代下信用管理与金融的关系。可以研究数字化时代下的信用评估、风险管理、金融科技等方面的问题，为实现数字化转型提供理论和实践支持。

最后，信用管理学科需要与法学交叉，探索数字化时代下信用管理与法律的关系。可以研究数字化时代下的信用监管、隐私保护等方面的问题，为实现数字化转型提供法律支持。

（二）从实践层面推进数字化转型

本文主要介绍如何从实践层面推进数字化转型，包括信息化管理、智能

化决策等方面。在实践层面推进信用管理学科数字化转型需要从多个方面入手，以下是几个关键的方面：

1. 信息化管理：信息化管理是数字化转型的基础，可以通过引入信息技术对信用管理流程进行优化，提高管理效率和精度。具体包括建立数字化档案，实现信用评价过程的自动化、实时化，采用大数据分析等手段进行风险评估和预警等。

2. 智能化决策：随着人工智能的发展，越来越多的信用管理领域开始采用智能化决策技术。这些技术可以通过对海量数据进行分析，快速准确地做出信用评价和决策，提高决策的效率和准确性。

3. 科技创新：在数字化转型中，科技创新是推进发展的关键。可以通过引入前沿技术如区块链、物联网等，构建新的信用管理生态系统，增强信用管理的安全性、可信性和普及度。

4. 多元化发展：除了以上提到的几个方面外，还可以通过多元化的发展方式，提高信用管理的数字化水平。这包括与其他领域的学科进行跨界合作，建立跨学科的协同机制，推进知识、资源共享等。

总之，从实践层面推进信用管理学科数字化转型需要依托于前沿的技术和创新模式，通过数据的优化和智能化决策等方式，提高信用管理的效率和准确性。

（三）从教学层面推进数字化转型

本文主要介绍如何从教学层面推进数字化转型，包括教材编写、教学模式创新等方面。数字化转型已经成为当今社会的趋势，对于信用管理学科而言，也需要从教学层面上进行相应的调整和转型，以更好地适应数字化时代的发展。本部分将介绍如何从教学层面推进信用管理学科数字化转型。

首先，教材编写方面，应当结合数字化时代的特点，增加相关内容和案例，引入一些新技术和工具的应用，比如大数据、人工智能、区块链等，让学生更好地了解数字化时代信用管理的相关理论和实践。同时，可以考虑将在线教育、移动学习等数字化教学方式融入教学中，提高教学的互动性和趣味性。

其次，教学模式方面，可以采用“案例教学 + 实践教学”的方式，让学生通过实践，深入了解数字化时代信用管理的相关工具和技术，增强实际操作能力和解决问题的能力。同时，可以开设一些选修课程，让学生有更多的机会深入学习和实践数字化时代的信用管理知识。

再次，还可以鼓励学生参加相关的比赛、项目实践等活动，提高学生的实践能力和创新意识。同时，可以邀请一些业内专家和企业代表到课堂上进行讲解，让学生了解实际工作中数字化时代信用管理的应用和挑战，增强学生的实际应用能力。

最后，应当建立一套完善的评估机制，评估数字化时代信用管理教学的效果和质量，从而进一步提高教学水平和教学质量。

总之，从教学层面推进信用管理学科的数字化转型需要多方面的努力，包括教材编写、教学模式创新、实践教学等方面的改进，同时还需要建立一套完善的评估机制，以不断提高教学水平和质量，更好地适应数字化时代的发展趋势。

五、结论

本文通过对数字化时代信用管理学科的数字化转型和人才培养问题进行深入探讨和分析，从理论、实践和教学三个层面，提出了相应的解决策略。数字化转型是信用管理学科未来发展的重要趋势，必须重视数字化时代信用管理学科的人才培养和数字化转型，加强教育教学改革，提高人才培养质量，以满足数字化时代信用管理学科的需求。

参考文献

[1] 周芹．“互联网＋”时代企业信用管理问题及对策 [J]．全国流通经济，2019，2230（34）：73－74.

[2] 罗鹏，李鼎．信用科技赋能国有企业数字化管理创新与实践 [J]．企业管理，2021（S1）：378－379.

[3] 任亚伟．新常态下社会信用体系建设的瓶颈——信用管理人才的匮乏 [J]．现代经济信息，2016（2）：136.

[4] 张杰，刘久彪．基于项目研究的信用管理人才培养模式探讨 [J]．教育教学论坛，2019，399（5）：199－200.

[5] 高雪平．“互联网＋”时代信用管理人才培养新模式 [J]．时代金融，2019，753（35）：98－101.

[6] 雷生茂，林江鹏．需求与供给：信用管理专业人才培养模式探索 [J]．湖北经济学院学报（人文社会科学版），2016，13（2）：62－64.

[7] 曾君，姚丹，余丽霞．国内信用管理专业教育现状及问题研究——

基于人才培养模式构成要素视角［J］. 成都师范学院学报，2017，33（5）：1－7.

［8］张军. 高校信用管理专业建设探讨［J］. 产业与科技论坛，2020，19（13）：236－237.

［9］黄佳琳. 社会需求视角下信用管理专业人才培养研究［J］. 产业与科技论坛，2022，21（3）：162－163.

［10］洪玫. 我国信用管理应用型创新人才的培养模式研究［J］. 辽宁经济，2007，285（12）：84.

保险科技背景下保险人才培养模式研究*

罗 琰[①] 万馨怡

一、保险科技的发展背景

（一）保险科技的产生

1. 需求意识的提升

由于保险行业在我国起步晚，市场不成熟，其发展初始消费者的不理解成为行业发展的一大问题。但是随着经济的稳步增长、制度的逐渐规范，保险市场也发展得更为成熟。2020 年 12 月，中国人寿携复旦大学保险科技实验室、中国保险社会与安全研究中心、《中国银行保险报》联合发布的《城市新中产保险消费生态报告》（以下简称“报告”）中显示，我国保险消费群体以“80 后”“90 后”为主体并趋于年轻化，随着收入水平和受教育程度的不断提高其保险消费观念日益健全，风险防范意识不断增强，保险需求旺盛。如图 1、图 2 所示，2006—2020 年我国保费收入呈不断上升趋势，从 2006 年的 0.56 万亿元扩大到 2020 年的 4.53 万亿元，其中 2012—2020 年原保险保费收入增速持续为正。保险深度逐步扩大并呈明显的上升态势，由 2006 年的 2.6% 增长到 2020 年的 4.5%。由此可见，我国保险市场消费者投保意愿扩大、风险意识提升，越来越大的市场需求下蕴含着发展的巨大潜力。

此外，报告中显示无论是人寿保险、重疾险、意外险等其消费主力都向“80 后”甚至“90 后”倾斜，其将保险视为应对风险的有力工具，同时也更关注保险产品的性价比、服务水平等方面内容，对保险产品提出了更高的综合性要求。作为受互联网影响很大的两代人，其对新技术的接受程度较高，保险科技的应用有利于推出更符合消费者期待的保险，进一步激发市场获利形成良性循环。

---

* 基金项目：国家自然科学基金面上项目（71971118）。

① 罗琰（1979— ），男，湖南郴州人，经济学博士、副教授，研究方向：风险管理与保险，邮箱：luoyanfinance@126.com。

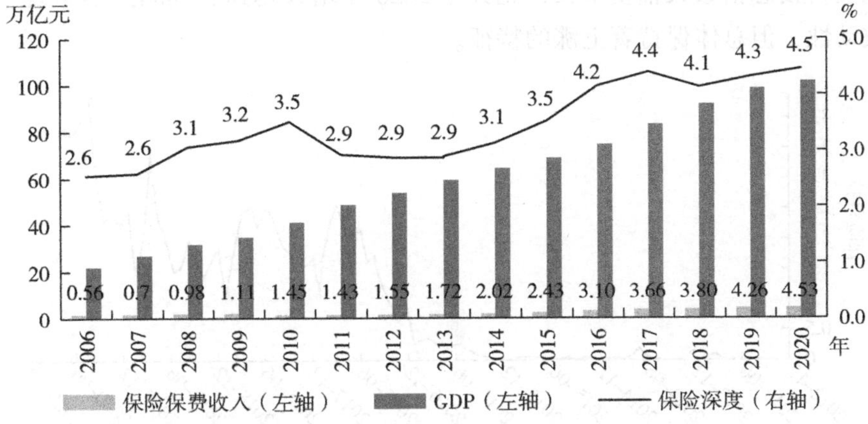

图 1　2006—2020 年中国保费收入与保险深度趋势

（数据来源：中国人民银行，中国金融学会，国家统计局）

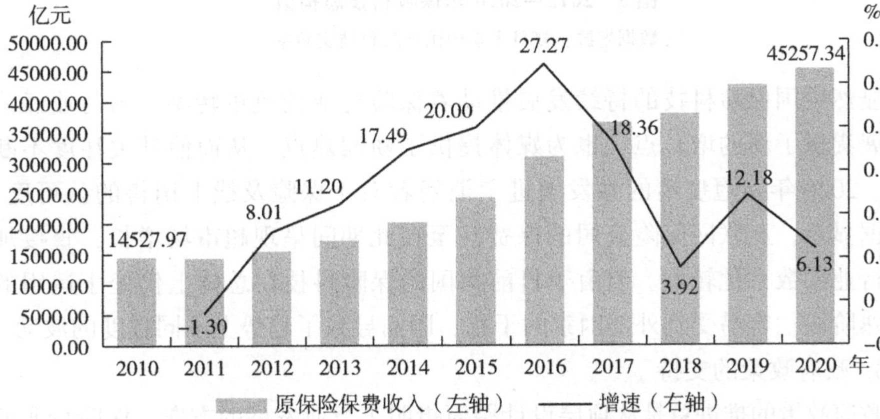

图 2　2010—2020 年中国保险原保费收入及增速情况

2. 行业自身的发展

保险行业的转型升级离不开技术进步的支持。瑞再研究院中国中心和复旦大学中国保险与社会安全研究中心联合发布的《中国保险科技发展报告(2021)》中指出，从应用技术的角度出发，我们目前处于保险行业发展的第三阶段，即保险科技深度赋能保险业的时期，此阶段中科技将深度应用于保险行业并孕育新的业态。20 世纪 90 年代以来，技术在保险行业的运用从起初的业务信息化，到利用互联网开展线上业务，再到大数据、人工智能、区块链等技术被运用到保险的各个方面，推动着市场的发展。图 3 显示，2016 年后保险科技总指数大幅度增长，尤其是2020年增长迅速，其间虽然呈现一定的波动性，但总体保持着上涨的特征。

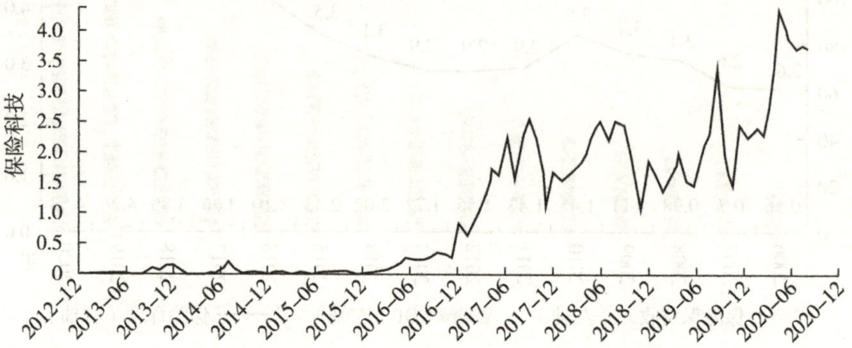

注：中国保险科技指数建立是基于中国新闻媒体对保险科技在保险业发展中新闻数量的报道。

图3　2012—2020年保险科技总指数

（数据来源：复旦大学中国保险科技实验室）

显然中国保险科技的持续发展推动着保险行业的改革转型，为行业经济的发展提供了新的增长点，也为媒体提供了新闻热点，从而使其关注度不断提升。2020年新冠疫情的暴发增进了消费者对于保险及线上销售的认可度，据数据显示，互联网保险公司的保费甚至在此期间呈现超市场增长，直接加速了行业的数字化转型。但由于目前我国的保险科技在总体上仍处于运用的不成熟阶段，容易受到外部因素的干扰，因而导致了趋势上不同程度的波动。

3. 政府政策的支持

政府政策的推进总是从顶层设计层面指明了行业发展的方向，保险行业的整体发展趋势也与政策引导相对应。2014年，《国务院关于加快发展现代保险服务业的若干意见》正式公布，明确了2020年保险强国的目标，指明了发展方向，提出要从创新能力、服务能力等方面发展保险行业。2015年，第十二届全国人民代表大会第三次会议上提出“互联网＋”国家战略，将互联网与制造业融合加快形成制造业网络化产业生态体系。在重点领域推进智能制造、网络化协同制造和服务型制造，打造一批网络化协同制造公共服务平台，极大地促进了保险行业建立保险科技平台。2016年出台《“十三五”国家科技创新规划》、保监会印发《中国保险业发展“十三五”规划纲要》，为各个公司通过创新寻找业务增长点提供了重要支撑，进一步推动保险科技出现阶段性增长。2021年十三届全国人大四次会议表决通过《“十四五”规划和2035年远景目标纲要》，重点提出新一轮科技革命和产业发展对社会主义现代化建设的重要作用，强调完善科技创新体制机制。党的十九届六中全会中明确要加快构建新发展格局，推进科技的自立自强，保险公司逐步深入保险科技的运用加快业务转型。对应图3中的相应阶段，一定程度上可以说宏观政策的出台对保险科技指数产生了不同程度的正面影响，为保险行业发展趋势的波动提供了解释。

（二）保险科技的概念

作为金融科技的一个分支，保险科技迄今为止并没有权威的定义，关于其定义，学术界多参考金融稳定理事会（Financial Stability Board，FSB，2016）对金融科技（FinTech）的定义——“技术赋能实现的金融创新，包括对金融市场、机构以及金融服务供给产生重大影响的新业务模式、应用、过程或产品”作为模板。然而虽然保险科技诞生于金融科技，但是它又不同于金融科技（许闲，2017），它将包括人工智能、区块链、云计算、物联网、大数据、基因检测等科技融入保险业务的价值链（复旦大学中国保险与社会安全研究中心、复旦大学中国保险科技实验室，2021），颠覆传统保险行业的经营模式，为保险业提供创新方案来提升效率、加强服务水平（王媛媛，2019）。它是保险领域一切有益技术进步与创新活动的总和，从理念、技术、业务三个层面全方位影响改变着保险市场（孙祁祥，2020），综合了保险业的所有创新（李涵、成春林，2021）。综合而言，本文认为保险科技是以新兴技术为驱动力，从而赋能整个保险业务、重塑保险行业生态的过程，最终达到利用技术创新推动传统保险模式转型的目的，实现节约成本、提升效率、提供高质量的个性化智能化产品与服务的目的。

二、保险科技对保险业的重塑发展

目前，云计算、大数据、人工智能、区块链等技术正逐步广泛应用在保险的各个阶段，包括产品研发、营销、承保理赔等，依靠新技术赋能的传统保险业务实践不断升级。对于保险行业而言，保险科技中新技术的运用深刻改变了保险行业的运行逻辑，推动着行业新旧动能的转换，并且随着保险科技的使用深入，保险公司的业务转型也进一步加快，最终将实现对行业的整体重塑。

（一）保险科技对行业的影响

1. 经营模式的改变

从产品设计角度来说，当前市场上的大部分保险产品同质化问题严重，就传统保险产品而言，同类产品在不同保险公司之间的设计差别不大。同时，由于被保险人和标的自身情况引起风险程度测量的复杂性，大部分保险费率的厘定都依据经验数据，即所面临的风险的规律性，造成测度方面的偏差且忽略了个人不同的风险程度。而在保险科技背景下，利用物联网技术，保险公司可以通过手机 APP、可穿戴设备等工具全面捕获被保险人的相关数据，进而利用大数据技术提供精准的数据分析结果，评估被保险人或保险标的的风险水平，依此来为不同的服务对象进行差别化定价，从产品设计端提供个性化定制与差异化服务。以车险为例，我国大多数车险产品忽略了驾驶人员方面的风险因素，以新车购置价格进行费率厘定，无法做到精确定价和长期监控。而 2015 年 OK 车险在国内首创手机车联网技术，结合大量车主安全记录、消费行为、身份特征等数据因子，通过大数据形成“OK 驾值”评估驾驶的质量，从而进行差异化定价并提供相应特权优惠。

从营销方面来说，目前我国保险市场上普遍的营销手段包括保险代理、银行销售等，此类传统销售方式有着许多弊病，如代理人从业门槛低、队伍庞大，致使服务质量良莠不齐甚至存在恶性竞争与欺骗行为；佣金高，造成保险公司的过高人工成本等。在保险科技背景下，利用人工智能技术可以实现 24 小时在线的问答服务，解决代理模式下时空限制的同时更能够提供专业准确的产品信息，从根本上防范欺诈的可能。例如，众安保险推出的智能保顾机器人“众安精灵”，上线一年内就实现人工智能使用率达到 70%，在线服务人力节省 61%。同时人工智能可以通过与大数据的结合动态分析用户需求，有针对性地向高意向潜在客户推送产品广告，达到精准营销的效果，从而提高销售的成功率。例如，泰康在线与美团、淘宝、蚂蚁金服等平台合作搜集数据，筛选有用数据后对用户画像进行建模，实施个性化推荐。

2. 业务服务模式的改变

从核保、承保角度来说，传统核保流程由业务员全程参与，需要核保员收集整理投保人、被保险人的投保信息，同时通过面晤、观察、询问等方式来验证其真实性，由此确定是否承保，整个流程烦琐冗长且容易存在不透明的人为风险。在保险科技的背景下，可以通过搭建线上智能核保系统节省时间和人工成本、提升效率。利用大数据分析技术充分挖掘投保人、被保险人、代理人等的各类信息，刻画人群的风险特征，建立预测模型，并将结果转化为风险评级指数纳入自动核保规则，有效提高风险识别能力。通过简单的人机问答完成对客户身体情况的判断，精准识别高风险用户，给出较为准确的核保结论，防范道德风险的可能。其间客户可以在智能客服的指引下自助完成填单、上传单据等操作，通过系统审核快速承保实现无纸化操作。例如，百年人寿为简化核保环节、快速提供保险保障，将“医学核保”从“人工评估”向“规则化、系统自动化”转型，减少人工操作，即时生成核保结论，优化整体效能。

从理赔阶段来说，我国保险理赔难一直是市场上的诟病之一，其中理赔速度慢、流程复杂一直困扰着消费者。按照正常流程要获得赔偿金需要经历出险报案、立案、提交材料、审核材料、给付等过程，其间需耗费大量人力、物力且存在人工定损经验不足造成主观判断偏差等失误。在保险科技背景下，区块链技术帮助编写代码定义并自动强制执行智能合约，在事故发生后自动处理索赔、验证和付款过程，并将每个投保人的历史信息留存在记录储存库中。此外，人工智能下的图片识别技术可将客户提供的理赔图像与数据库中的图像进行智能比对，避免人工判断下的主观错误。例如，蚂蚁金服向保险行业开放的“定损宝”用人工智能模拟车险定损环节中的人工作业流程，通过云端服务器的算法模型进行判定，在几秒内给出定损结论，帮助实现简单高效的自动定损。在其推出 1.0 版本一年内，共计节省定损人员工作量超 75 万个小时，为行业节省案例处理成本超过 10 亿元。

3. 风险监督模式的改变

从保险公司风险防控的角度来说，保险公司作为集散风险的中介，其风险具有一定的射幸性，具体而言即风险发生的时空与损害程度无法确定。在传统保险背景下，保险公司大多起到事后理赔的作用，同时由于投入大、成本高等现实问题难以防范道德风险，但保险科技的发展为保险公司带来了高效防范的可能，促使其向着事前防控方面转型。利用大数据技术整合客户的信用相关的信息，比对骗保案件所显示出的特征来识别其风险程度，对可能存在欺诈行为的客户采取拒绝承保或提高保费等手段，以此来降低索赔率，同时结合人工智能技术，利用图片识别技术避免发生冒名顶替的骗保行为。此外，财产保险部分也可结合云计算预测灾害发生的可能与严重程度，提前做好防灾减损工作。例如，平安的鹰眼系统（DRS），包含超 140 亿条自然灾害、承保理赔等数据，实现承保客户快速筛选、精准预警、防灾减灾和救援力量精准投放。

从监管机构监管的角度来说，保险科技的创新发展带来的新的安全隐患敦促着监管向新型模式转变，尤其是重视信息技术对传统监管方式造成的影响。大数据、区块链等技术带来的去中心化趋势使得风险更加复杂多样，需要建立更加健全的保障机制来保障数据的安全性、个人信息的隐秘性以维护消费者和保险公司的合法权益。在此背景下，配套的基础设施建设包括保险交易所、保险信息共享平台等均应向着信息化方向发展以适应新的需求。同时保险竞争的跨区域、无国界发展也直接推动了国际合作、跨境监管的步伐的加快。

（二）保险科技的主流技术及应用

与传统保险相比，保险科技为保险业创造了新的动能，进而更新了整个保险流程。目前来看，保险科技在保险领域运用较为广泛的主要是云计算、人工智能、大数据、区块链、物联网等，其中云计算是其他各项技术实施的重要基础。就目前的落实来看，保险科技在产品研发环节的应用程度并不深入，主要是利用数据分析的方式辅助风险定价与产品定制化开发；在营销环节由于过往的社会问题较多并且业务模式便于人工智能的实际落地，因而在当前实际中获得保险科技最广泛的应用；在核保承保与理赔环节，保险科技主要应用于识别风险、反欺诈等领域来进行风控，并提高服务效率（见表1）。虽然目前应用并未广泛普及，但这将是保险企业未来的核心竞争力。

表1　　　　保险科技在各环节的主要应用

技术名称	在保险中的主要应用			
	产品研发	营销	核保承保	理赔
云计算	帮助精准定价 缩短产品上线周期		“一站式”保险服务 信息实时交互性	提升理赔效率
人工智能	定制化产品 差异化定价	智能客服 智能保顾 柜面机器人 AI智能增员	智能核保 身份认证 智能外呼机器人 反欺诈	智能定损 自动理赔 反欺诈
大数据	帮助精准定价 精算假设 产品定制化设计	定向销售 交叉销售 辅助代理人展业	风险评估	分析数据、识别风险
区块链	创新产品开发 区块链保单 相互保险 帮助精准定价	精准化营销 区块链保险合约	智能合约	反欺诈 减少信息不对称 身份识别

续表

技术名称	在保险中的主要应用			
	产品研发	营销	核保承保	理赔
物联网	辅助产品个性化、定制化 挖掘需求 精准营销	差异定价		获取风险数据

三、保险重塑下的人才问题

可以确定的是，在保险科技发展的支持下未来国内保险市场，甚至全球性的市场都将在此次技术革命中得到重塑。面对保险科技为行业发展所提供新的契机，我们在此轮改革中是否能够取得领先优势、得到突破性的长足发展进而占得市场竞争的先机达到世界领先水平，说到底还是取决于保险人才对新科技的接受和运用程度。从近几年发展情况来看，保险科技重塑保险业的大环境下，我国保险人才的供给面临着缺乏复合型人才和对科技人才吸引力不足的关键问题，需要进一步分析并在之后的实践中加以解决。

（一）缺乏复合型人才

自2017年保险科技活跃发展以来，我国保险行业高速发展、产品技术迭代迅速，但是在此过程中无论是生产经营者还是监管者，大部分仍然处于被动接受的状态。从业务模式上来说，保险科技在经营环节的应用和维护工作大部分以外包形式交给相应科技公司完成，真正的技术研发创新并未融入保险行业主体之中，传统保险公司与监管部门都还处于努力适应融入的阶段，行业内部缺乏真正能够引领保险科技发展的复合型人才。

1. 缺乏知识复合型人才

由于对科技的高度依赖，保险科技的发展对软硬件设备的性能要求高。就目前而言，企业自主研发的能力较低，绝大部分的技术供给掌握在上游供应企业手中，保险企业自身议价能力弱，造成定价问题的同时不利于价格竞争优势的体现。此外，行业内存在人才结构的问题，大部分老员工缺乏信息技术知识，而引进的科技人才缺乏保险基础知识，理论水平的不平衡大大降低了保险公司运营的效率与效果，甚至将导致进一步发展的局限。随着近几年保险科技的快速发展，虽然多数保险企业也意识到了知识复合型人才的重要性，但是要改善整体人才结构仍需要长期的努力。从我国高校教育现状来说，保险专业设置从人才培养方案到师资团队现实性不足，大部分都以传统保险行业的标准为基准，人才培养方案中缺少对兼具保险专业理论与信息技术的交叉人才培养，师资团队也缺少信息技术等的专业背景。因此，要想真正跟上保险行业重塑的浪潮、引领行业的高质量发展，必须以教育为基点重视知识复合型人才的培养，即培养出既具备保险理论知识，又以科技知识武装自己的高素质保险人才。

2. 缺乏能力复合型人才——理论 + 实操

自保险行业诞生以来，其传统的服务模式延续已久，保险科技的迅速发展用智能化、个性化的经营对标准化产品设计、专门的市场销售、固定化理赔方式等传统保险模式造成了强烈的冲击与颠覆，传统与新模式并行下的现实矛盾给行业的参与者提出了能力上的考验。目前高校保险教育强调理论知识的完整与系统性，但却缺失了与行业实际的联系，导致学生对保险经营中的实操部分了解匮乏，实践能力弱。纸上谈兵式的理论无法适应日新月异的发展需要，脱离实际的知识积累难以较好地满足行业的用人需求，从而使得操作应用型及技能型的能力复合型人才的缺失。同时，从风险角度来说，首先，经营中伴随着保险科技的运用，传统保险中的道德风险、逆向选择等均在一定程度上得到缓解，但是随之滋生的新的风险尤其是网络安全风险给行业的风险监控提出了更高的能力要求。其次，监管中保险科技的应用在很大程度上打破了传统的边界，数字经济的制度法规与监控、预警方式要求监管人员在发现风险点的基础上利用新方式解决问题。据此，无论是经营还是监管都应该保持人才的复合能力培养与保险科技的发展同步。

3. 缺乏思维复合型人才

随着科技赋能保险业的程度逐渐加深，以数字技术为代表的创新技术正加快保险行业从“线性创新”向“涌现性创新”转变。其发展的不可预测性一方面给保险行业带来无限发展可能，另一方面增加了保险业务流程创新、研发方面的压力。长期以来，我国保险公司多以促进销售、扩大市场份额为目标，从而导致了较为严重的产品同质化问题，就目前保险科技的应用来看也仍是处于初级阶段，以中低端技术为主并没有做到真正意义上的创新。要想真正通过保险科技引领保险行业高质量发展，必须培养思维复合型人才，补齐保险科技人才队伍中创新方面的明显短板，创新产品研发设计、评估防控等深层领域，从而促使保险行业向着纵深方向发展。否则仍然维持现有思路仅仅向广度方面发展，将造成保险科技停留在表面“换汤不换药”的“伪创新”，短暂的繁荣过后其发展上限的局限将严重阻碍长期发展的可持续性与纵深程度。

（二）对科技人才吸引力不足

由图4和图5可知，我国的保险深度与保险密度虽均处于上升趋势，但与全球相比仍有较大差距，即我国保险业在国民经济中的地位与全球相比较低，保险的普及程度有限且发展水平不高。

图4　2011—2020年中国与全球平均保险深度情况

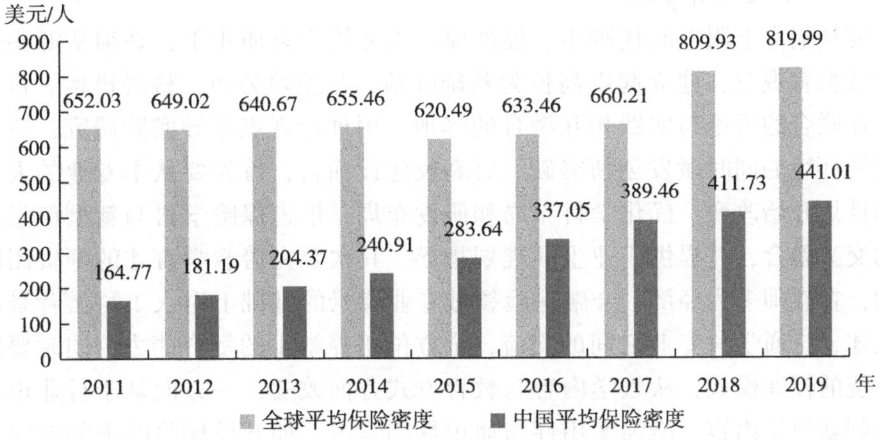

图5　2011—2019年全球与中国平均保险密度情况

从环境背景上来说，我国保险在大众眼中的社会形象和应用深度与西方发达国家保险深入渗透生活相比仍存在较大差距。发达国家的保险与科技紧密结合，已经成为一种深入国民生活和经济发展的载体和工具；而我国传统保险行业面临着信誉低、理赔体验差、人工成本高等诸多现实痛点，一直以来存在着在大众眼中的印象问题，尽管目前保险科技整体趋势向好，但发展初期的应用程度并不能达到完全解决以上问题的阶段；即使人们的保险意识逐渐提升，固有的印象也无法在一朝一夕间完全改变。同时，与专业互联网公司相比，保险公司能够提供的平台与资源受限，因而保险行业对科技人才的吸引力存在着严峻的现实问题。

四、对人才培养的建议

从实践来看，无论是传统保险行业的经营者还是监管者，大部分还处于努力适应发展的状态，行业内缺少真正能够融入新环境、引领行业发展的高素质人才。在中国人民银行印发的《金融科技发展规划（2019—2021 年）》中就曾点名我国各市场在科技能力、人才队伍、体制机制方面相对失衡，强调加强人才队伍建设。2021 年十三届全国人大四次会议表决通过的《“十四五”规划和 2035 年远景目标纲要》中更是重点提出激发人才创新活力，深化人才发展体制机制改革的观点。综合前文提出的行业重塑中面临的人才困境，显然我国保险人才培养亟须改革模式，重点培养复合型人才，以理论知识和实践经验为武装，促进政产学研协同发展。

（一）转变教育方式

要从根本上跟上时代脚步、提高保险人才综合素质水平，必须从源头开始转变教育观念，建立起以高校为基础阵地，与保险公司、科研机构、科技类企业联合的理论与实践相互融合的阵地，用理论观点指导实践研究，适应新发展环境的同时激发创新突破。对高校建设而言，首先要从本专业的人才培养计划开始改变，优化学科布局和研发布局，推进保险学科与新型信息技术的交叉融合，并提供职业生涯规划指导。其次要完善教学育才的师资团队结构，在教师多为经济、金融保险领域专业背景的基础上引入工科类背景教育人才，打通学科专业之间的交流，全方位培养学生的复合能力。同时要跳出传统的授课模式，从教学内容与教育方式方面改变，一方面基于行业市场环境创新教学内容，增强实用性与通识性的学习，如开设保险时事的专题培训与研讨会等；另一方面与保险公司、科研机构、科技类公司等加强合作，通过建设实践基地、实验基地等为在校学生提供应用理论知识、了解行业工作的机会，为在职员工提供提升理论知识水平的平台。

（二）加强人力资源管理

鉴于我国保险业成熟度与西方发达国家相比差距较大，且在科技人才培养方面和其他行业也存在一定程度的差距，行业整体对高科技人才吸引力不足的现状，应积极采取人力资源管理的方法从培训体系、人事制度、福利管理等方面对人才进行有效激励。保险公司应围绕保险科技发展的规划与实际需要研究人才需求实际情况，制定团队建设规划、人才激励保障制度等，利用招聘、培训、薪资调整等管理形式对人力资源进行有效的吸引运用，合理增加保险科技人员的比重，以满足行业当前及未来发展的需要。从招聘方面看，要拓宽人才引进渠道，通过校园招聘、社会招聘、专业人士特聘的形式，从企业后备力量、成熟人才、行业尖端人才三方面构建全方位人才甄选方式。从培训方式来看，制订公司内部定期培训计划，加深校企合作的同时建立保险科技专项提升团队，重视从业人员创新意识与科技能力的培养，发展既懂保险又懂科技的专业保险人才。从晋升制度来看，明确公司内部升迁路径与薪资增长体系，采取考核制度激发人才创新创造活力，同时提升保障措施，增强人文关怀以吸引和留住人才。

（三）开拓国际平台

保险向保险科技方向转型是全球性行业的趋势。2019 年中国银行保险业国际高峰论坛上发布的《中国保险科技发展白皮书（2019）》显示，北美洲、亚洲和欧洲是保险科技创新的聚集区域，而中国虽然保险科技起步晚但发展空间巨大。为适应全球化发展趋势，提升建设水平争当全球“领头羊”，我国保险业应以更开放的姿态拥抱国际市场，积极参与全球性保险科技技术理论交流，如上海泽为咨询集团主办的泽为保险创新者系列会议（IIC），共同讨论研究各国创新发展的管理、培养模式，将保险人才的培养与国际接轨。通过开拓国际平台，加强多方位、多领域、多层次的合作与学习机会，为保险科技人才创造更加广阔的交流平台、更具竞争力与创造力的环境，从而达到引进、培育人才并发挥科技人才的作用。

（四）推动宣传贯彻

虽然随着可支配收入与风险意识的提高，保险行业必然获得发展，但是国人对于保险的固有偏见并不能在一朝一夕间消失，因而需要政府、机构组织、媒体方面的积极宣传，从而创造人才培养发展的社会环境与舆论氛围。从政府角度看，保险行业的转型发展离不开政策的方向性指导，相关部门应进一步推进保险行业鼓励扶持政策措施的公开透明，确保政策的正确推进及有效实施。从机构组织方面来看，保险公司、自律性组织等要积极开展宣传活动，主动向公众普及保险科技应用于发展的相关知识，帮助提升社会总体的保险了解程度，扭转错误片面的观点以吸引人才。从主流媒体方面来看，应该保持与政策宣传的统一性，主动做好政策解读工作，发挥好其信息宣传、传播的功能，向公众揭示保险科技的重要作用，从而正面引导舆情。

参考文献

[1] 孙祁祥．保险科技人才的培养迫在眉睫［J］．中国金融，2020（Z1）：168－171.

[2] 李涵，成春林．保险科技研究进展：内涵、动因及效应［J/OL］．金融发展研究：1－8［2021－11－28］.

[3] 许闲．保险科技的框架与趋势［J］．中国金融，2017（10）：88－90.

[4] 王媛媛．保险科技如何重塑保险业发展［J］．金融经济学研究，2019，34（6）：29－41.

[5] 张永珠．论保险科技对商业保险公司业务模式的影响［J］．上海保险，2018（3）：52－54.

[6] 宋星蕾．保险科技对保险价值链的赋能及启示［J］．中国保险，2021（3）：8－12.

[7] 姬小童．科技赋能背景下保险业科技人才的培养与创新［J］．中国保险，2018（11）：7－9.

[8] 中国保险科技行业研究报告 2020 年［C］//艾瑞咨询系列研究报告（2020 年第 2 期）．［出版者不详］，2020：2－35.

[9] 徐爱荣，姚佳斌．国内外保险科技发展对比及策略分析［J］．上海立信会计金融学院学报，2017（5）：94－103. DOI：10.13230/j.cnki.jrsh.2017.05.009.

[10] 姚佳斌，沈健．InsurTech 发展现状概述［J］．上海保险，2017（4）：36－40.

[11] 谢玮．保险“拥抱”高科技 InsureTech 时代来了［J］．中国经济周刊，2020（1）：60－62.

[12] 朱俊生．科技与保险业数字化转型［J］．中国保险，2017（8）：12－15.

[13] 陈子印．保险科技对传统保险营销业态的冲击影响分析［J］．上海保险，2020（5）：14－16.

［14］葛联迎，李俞萱．保险科技背景下保险行业人才需求研究［J］．陕西教育（高教），2021（3）：50－51. DOI：10.16773/j.cnki.1002－2058.2021.03.024.

［15］郑倩昀．从保险大国向保险强国转变过程中保险学本科人才培养模式探究［J］．金融理论与教学，2020（3）：106－108. DOI：10.13298/j.cnki.ftat.2020.03.019.

［16］赵大伟，杜谦．人工智能背景下的保险行业研究［J］．金融理论与实践，2020（12）：91－100.

［17］吴婷，王向楠．保险科技：内涵、耦合机理和发展逻辑［J］．保险理论与实践，2020（5）：27－41.

数字金融背景下应用型本科院校金融风险管理课程建设反思与优化路径

王慧玲①

一、引言

党的二十大报告明确指出，推进中国式现代化，需要“加快发展数字经济，促进数字经济和实体经济深度融合”。中共中央、国务院印发的《数字中国建设整体布局规划》指出，建设数字中国是数字时代推进中国式现代化的重要引擎，是构筑国家竞争新优势的有力支撑。数字金融作为金融与人工智能、大数据、云计算等数字技术高度链接的产物，在未来势必长期得以蓬勃发展，为金融业的支付结算、资金融通等业务带来新兴的发展机遇。然而，新冠疫情暴发、俄乌冲突等国际形势云谲波诡，超预期事件频发强化了金融风险管理的复杂性和多变性，迫使企业亟须吸纳具备扎实金融风险管理知识及一定应用能力的专业人才，深化金融风险管理体系的质量变革、效率变革和动力变革，以谋求数字金融背景下企业高质量发展。

金融风险管理是《金融学类专业教学质量国家标准》规定的专业必修课之一，兼具理论与实务、宏观与微观，涉及主要金融风险的识别、测度与管理。通过课程学习，要求学生依据较为扎实的理论储备、选用合适的测度方法辨析企业面临的主要金融风险，提出针对性的可行风险管理策略，旨在锻炼学生的金融风险思辨能力，构建金融风险管理的逻辑框架。然而，受限于课程建设不完善（占晶晶，2015）、教师实践经验匮乏（林欣，2019）或学生先修课程知识掌握度不足（周宇亮，2019），诸多应用型本科院校金融风险管理任课教师评价该课“老师难教、学生难学”（李雅丽等，2021；丁浩，2018），严重阻碍了课程建设、学科发展和学生专业素养提升。

南京审计大学依托“三部一省”共建的独特优势，作为江苏高水平大学

---

① 王慧玲（1993— ），女，江苏淮安人，讲师，博士。研究方向：农村金融、农户消费。

建设高峰计划B类建设高校之一的应用型本科院校，承载着向社会各界特别是经济系统输送高层次专业人才的育才重任，更应根据国家要求和社会需求完善人才培养课程建设以提升课程质量。因此，反思数字金融背景下应用型本科院校金融风险管理课程建设现状、针对性地探索科学优化路径，对于着力培育适应时代与企业需求的新型金融风险管理专业人才，综合提升学生就业竞争力和精准度，全面提高课程教学质量和学科体系发展，进而实现应用型本科院校“服务经济社会发展主战场，深化产教融合协同育人”目标具有重要的理论及现实意义。

鉴于上述分析，本文拟从课程目标、课程内容、课程实施、课程考核与评价这四个课程建设的核心维度反思并分别探寻科学可行的优化路径，以期全方位、多层次完善金融风险管理课程建设，系统性助力应用型本科院校人才培育和就业质量提升，切实贯彻党的二十大报告提出的“坚持以人民为中心发展教育，加快建设高质量教育体系”决策部署。

二、金融风险管理课程建设反思

（一）课程目标

国内应用型本科院校开设的金融风险管理课程目标包括日常教学目标和“课程思政”目标两个方面。从日常教学目标来看，一般要求学生通过课程学习了解金融风险管理的一般原理与测度方法，熟悉主要金融风险类型及其一般生成机理、测度工具和风险评估，为将来从事金融风险管理业务打下基础。“课程思政”是一种适应新时代发展需要而提出的新兴教育教学理念。在设计课程教学方案时，任课教师应将学生的意识形态培育作为课程教学的出发点和落脚点，切实践行习近平总书记提出的“课程思政”思想（高德毅、宗爱东，2017）。

自金融风险管理课程开设以来，我院任课教师积极搜集整理相关思政素材并在教学时灵活运用，切实提高了学生缘事析理、明辨是非的能力，吻合总书记提出的培育“政治过硬、作风优良、业务精通的金融人才”教育方针。然而，数字金融的蓬勃发展促使当前国际社会意识形态领域风云变幻，各种社会思潮观念激烈交锋，对高等教育“课程思政”提出了新要求，亟须进一步更新、完善数字金融背景下金融风险管理的“课程思政”教学目标，力求显性教育与隐性教育有机结合，着力增强学生在数字金融发展背景下的“四个正确意识”，牢牢把握数字金融的历史和时代发展方向，清晰厘清数字金融的主流与支流，仔细甄别数字金融事件的现象与本质，从而培育并强化学生的历史思维、辩证思维、系统思维和创新思维。

（二）课程内容

1. 适宜性教材罕见

（1）兼顾难度适中及实训的教材资源匮乏

当前，中国本科院校金融风险管理课程教材甚少，主要包括北京大学出版社出版、东华大学朱淑珍教授主编的《金融风险管理》（第四版），中国人民大学出版社出版、重庆大学陆静教授主编的《金融风险管理》（第三版），西南财经大学出版社出版、邹宏元教授主编的《金融风险管理》（第五版），复旦大学出版社出版、复旦大学张金清教授主编的《金融风险管理》（第二版），高等教育出版社出版、武汉理工大学喻平教授主编的《金融风险管理》（第二版），也有少部分高校选用金融风险管理师（FRM）的应试书目作为金融风险管理课程的教材（吴鑫育，2018）。在上述教材中，主要分为两类：一类是“理论派”，以《巴塞尔协议Ⅲ》为框架，侧重于阐述金融风险管理的理论与逻辑框架；另一类是“计量派”，以数理模型为核心，偏重于金融风险的测度与计量（周远，2016）。然而，既巧妙融合“理论派”与“计量派”，又有机衔接课程理论与数字金融前沿案例，还精准锚定应用型本科学生择业需求及学习现状的教材鲜见。

（2）教材知识点与先修课程内容部分重复

金融风险管理作为面向大三学生开设的专业必修课程之一，要求学生在此之前完成“经济学”“货币银行学”“商业银行业务与经营”“投资学”“保险学”等先修课程。然而，金融风险管理课程教材的诸多知识点在先修课程中均有不同程度的涉及，如利率和汇率的概念及测度、久期、风险的成因及管理、金融风险的分类等。部分学生在学习金融风险管理课程时，因知识点与先修课程存在部分重复，易出现重视度不足、学习兴趣减弱等不良学习状态（周宇亮，2019）。

（3）课程内容难度安排难以精准把控

由于课程内容各章节重难点、学生先修课程掌握程度、任课教师教学经验等方面存在一定差异，在金融风险管理课程内容安排上易出现两个极端：一类是“浅显讲解”，多聚焦于基础知识和理论，或仅告知学生“知其然”；另一类与之相反，为“深度涉猎”，多专注于数理模型推理和辨析，或艰深理论的研读与讲授，过度要求学生“知其所以然”。因此，如何基于教学目标和学生实际情况，科学把握并灵活调整课程各章节内容难度系数，保障学生“听得懂”的前提下更好地激发学习兴趣、创新思维和思辨能力，是课程内容建设方面的又一重要议题。

2. 课程内容与现实数字金融发展情况脱节

PayPal 和支付宝两类在线支付工具的诞生分别标志着国外与国内数字金融的开端。依托数字信息技术的数字金融因其高效率、低成本和强风控等特点，至今已实现多层次、宽领域发展，在转账支付、金融理财、保险服务和消费信贷等领域均得以广泛应用，金融业态和生态日渐重塑，全球经济金融一体化进程逐步加快。我国政府也据此不断调整宏观金融政策，对企业金融风险管理提出新挑战的同时，也预示着将越发严格要求新时代金融行业从业人员的风险管理能力。面对数字金融环境的迅猛变化与发展，金融风险管理课程内容虽时有更新与完善，但相较于现实数字金融演变态势，仍存在滞后与脱节，不利于解决新问题、应对新挑战。

（三）课程实施

1. 教学模式枯燥

近年来，随着应用型本科院校课程改革的稳步推进和跨越式发展，任课教师逐渐意识到教学模式应以“学生为本”，打破了既往“教师为主”的“填鸭式”教育状态，擘画了激发学生学习主观能动性、强化学生思辨和分析能力的教学模式新蓝图。金融风险管理课程因知识点繁杂、数理模型贯穿，因而需要学生具备一定的理论基础和学习能力，也将更加严格要求学生自主学习的主观能动性。在授课过程中，任课教师虽适度引入配套案例讲解以提高学生对金融风险管理的认知力和课堂趣味性，但为了实现教学目标，任课教师不得不多侧重于讲解各类金融风险的定义、测度及管理方式，使得学生在上课过程中常因该部分内容理论性过强、互动性较弱、理论与实际联系较不紧密等对课程产生教学模式枯燥的刻板印象，降低了学习积极性和学习效果。

2. 寓学于践机会有限

金融风险管理课程开设的目的之一是培养适应社会金融发展需求，能够运用所学知识综合研判、分析及解决企业金融风险问题的高层次专业应用型人才。“实践是检验真理的唯一标准”，通过实践，不仅能增强学生学以致用的执业本领，更能够在深入了解国情的过程中潜移默化地增强其社会责任感和职业道德感以深化“课程思政”成效。然而，三大因素制约了金融风险管理课程寓学于践：一是国内金融风险管理模型开发较国外滞后。通过课程学习，不难发现金融机构管理技术越先进、管理手段越前沿，量化金融风险的意识越凸显，构建金融风险模型的积极性越强烈，如 VaR 模型来自 J. P. Morgan 银行，Credit Risk + 模型来自瑞士信贷。然而，与国外金融机构相比，我国金融机构还缺乏足够的人才和信息技术对风险进行量化模型管理。二是学生实习难以入职企业的风控部门。近年来，我国金融监管层陆续发文，要求金融机构全面加强风险管理建设，建立健全风险管理治理架构和要素，明确规定金融机构风险管理人员占比和风险管理投入。当前，国内金融机构的风险管理专职岗位多设置于风险控制、稽核等中后台部门，鲜见于前台交易部门。然而，应用型本科院校学生在实习时常被安置于前台或理财产品销售岗位，难以切实接触、理解和运用课程涉猎的相关理论和计量模型。三是校企合作项目进程缓慢。良好的校企合作项目不仅能引入行业资金共建金融风险管理实验室，还能为企业量身定制适宜的风险管理方案，更能为学生就业搭建“快车道”。然而，课程团队能力和精力有限，校企合作创新发展动力不足，校企合作数量、质量、模式及协调发展机制均有待进一步完善提升。

3. 情景仿真与实验教学氛围尚未形成

金融风险管理课程兼具理论与实务的特点决定了其课程实施不可单一的“照本宣科”，而应借助现代化情景仿真与实验教学软件拉近学生与课本理论及现实金融世界的距离，增强其对金融风险的感性认知，提升其专业应用能力和从业信心。然而，受限于以下两方面原因，尚未搭建情景仿真与实验教学：一方面，金融风险的测度需要依托 Python、R 语言、SPSS、Stata 等数据处理软件和国泰安等金融数据库的支持，但多数学生暂不具备灵活运用上述资源的能力，易拖慢教学进度，降低教学效果；另一方面，国内金融风险管理情景仿真和实验教学软件相对稀缺，特别是基于数字金融背景下开发的风险管理类仿真项目寥寥无几。

（四）课程考核与评价

目前，多数应用型本科院校金融风险管理课程考核与评价多采用传统的“平时成绩（30%～40%）+期末闭卷考试（60%～70%）”的方式。平时成绩由出勤、案例分享、课堂互动等组成，期末试卷由名词解释、选择题、判断题、计算题、案例分析等题型组成。然而，该传统考核评价方式易使学生形成“考前突击”的不良学习风气，难以系统性深入理解和应用金融风险管理课程知识。应用型本科院校旨在培养“宽口径”“厚基础”“重能力”的经管人才，而仅凭传统考核评价方式一定程度上未能凸显教学效果，阻碍人才培育目标的高质量实现。

三、金融风险管理课程建设优化路径

（一）数字金融有机嵌入“课程思政”

如前文所述，“课程思政”要求教师在教学顶层设计时应把学生的思想政治培养作为课程教学的首要目标。金融风险管理的“课程思政”建设需要依据课程内容、授课方式、学生特点等，寓思政教育于课程教学，实现二者的有机结合和高度统一。通过剖析数字金融背景下国内外金融风险经典或前沿事件、金融评论、时事政治等，适度挖掘及拓展金融风险管理中涉及数字金融的课程知识，在促进思政教育和专业教育深度链接的同时，实现价值引领和知识传授的齐头并进，切实树立助力中国金融高质量发展、推进中国式现代化进程的崇高理想。

在加强“课程思政”隐性教育课程目标建设的同时，仍需细化课程知识体系，围绕日常教学目标分层解析“课程思政”目标。具体来看：（1）明晰数字金融背景下学习金融风险管理的意义。该部分内容主要涉及金融风险管理的一般概念、分析步骤、对宏中微观经济的影响等。通过学习，让学生对课程有一个整体把握的同时，加强对当前数字金融背景下亟须学习该课程的认同感。（2）掌握数字金融背景下各主要金融风险的内涵、测度及管理方法。该部分内容聚焦于数字金融背景下暴露出的信用风险、市场风险、利率风险、流动性风险、汇率风险、操作风险等主流金融风险的概念辨析、计量模型的灵活使用和管理方案的设计。（3）分析数字金融背景下的金融风险事件并提出可行策略。通过完成上述教学目标，学生应具备围绕数字金融背景分析企业主要面临的某类或多类金融风险的能力，并可以依据所学知识为企业纾难解困，提出科学可行的风险防范、预警、规避等金融风险管理策略。

（二）加快建设教材和共享资源库

美国著名教育学家、心理学家布鲁姆提出认知领域理论，将人类的认知过程分为记忆、理解、应用、分析、评价和创造六个层次。其中，前三个属于低阶，后三个属于高阶。布鲁姆认为，人类的思维能力与人类的认知过程同向发展，即认知越高，思维能力越强。结合应用型本科院校学生实际情况，任课教师可借鉴认知领域理论，将课程内容划分为低阶（需记忆和理解）、中阶（需应用和分析）、高阶（需评价和创造）三个层次。结合前文中课程内容建设反思情况，应用型本科院校应从教材建设、课程数据库平台搭建两个维度设计涵盖低阶、中阶、高阶三个层次的课程内容体系以提升教学质量。

1. 建设教材

当前，南京审计大学金融学院采用重庆大学陆静教授主编的《金融风险管理》（第三版）作为教材。该教材虽逻辑清晰、知识点覆盖全面，但存在数理模型推理篇幅较多、数字金融风险案例较少等弊端。与此同时，受新冠疫情等超预期因素影响，国内就业形势越发严峻，学生参与FRM、CPA等职业资格考试的积极性日益增强，这也对金融风险管理课程教材建设提出了新的要求。基于此，应用型本科院校亟须以职业能力培育为本位，从以下两个方面完善教材建设：一是在已有案例和教材的基础上，借鉴FRM、CPA课程体系，与同类或双一流专业高校及金融企业广泛交流与合作，共同编撰高质量、富有特色的金融风险管理教材，将职业资格考试内容与课程内容按低阶、中阶和高阶有机结合。二是由浅入深、由简入繁在教材中插入国内外数字金融经典前沿金融风险管理案例，依据相关理论深度剖析及度量当前企业存在的主流风险，探寻数字金融背景下企业金融风险管理的可行路径。

2. 搭建共享资源库平台

为更好地实现教学计划和育才目标，优化课程内容建设的另一可行路径是搭建金融风险管理共享课程资源库平台，依托讲义、课件、案例库、习题库、文献、MOOC、网易公开课等资料，以线上线下融合方式实现课程资源共享，有利于拓宽学生视野，延展课程内容，实现课程资源优化配置，进而提高学生学习效率和课堂成效。具体来看：一是优化传统课程资源。例如，将经典案例按银行、保险、证券等类别汇编成集；习题库补充FRM、CPA的相关历年真题和重要考点等，并标注难易程度。二是在学院官网“风险管理与保险学系”网页下设金融风险管理课程子网页，设计课程讲义、课后作业、案例集、金融时事新闻、课程建设、师生交流区、在线模拟测试等板块。

（三）三措并举优化课程实施

1. 发挥现代信息技术独特优势

近年来，随着现代信息技术的蓬勃发展，本科院校的教室硬件设施逐步改善，多媒体设备的广泛采用使得课堂的呈现方式越发多元、直观、生动、新颖，不仅激发了学生的主观学习能动性和好奇心，还有助于打破传统的“教师一支粉笔，张嘴满堂灌”的教学壁垒，形成“百家争鸣、百花齐放”

的良好互动氛围。金融风险管理课程应依托该优势，从灌输式教学向问题式、启发式、互动式转变，运用现代信息手段利用数字资源，采取启发讨论、案例研读等多样化教学方法提高学生自主学习积极性。

2. 推动校企间产学研融合协同发展

应用型本科院校应积极加强和企业的交流与合作，围绕金融风险管理探寻双方产学研融合协同发展模式，深度挖掘校企双方利益交织点。通过共建实验室、搭建实习实训基地、设立专项横向课题、挂职锻炼等方式，在产教融合中实现教学过程与企业经营过程的有效契合和良性互动发展，架构涵盖育人、就业、发展等多方资源交融的信息合作交流平台。校企双方依托金融风险管理课程展开联合教学，将金融市场真实环境引入课堂，让学生在课堂中形成对金融风险管理相关业务的感性认知和技能训练。

3. 架构虚拟仿真项目和专业实验教学软件

金融风险管理课程兼具理论与实务，应用型本科院校可与国泰安、同花顺、Wind 等大型软件公司合作，通过研发、使用虚拟仿真技术模拟数字金融背景下的企业金融风险管理情境，构建金融风险管理课程的实验教学平台。此外，金融风险管理课程涉及大量的数理统计知识和计量模型，在课程实施中，应注重适度讲解 Python、R 语言、SPSS、Stata 等数据处理软件常用命令，并要求学生利用所学知识，以某类或某个数字金融风险事件为例，撰写实验报告，形成可视化学习成果和实验经验。

（四）"畅课"系统丰富考核评价体系

《金融学类专业教学质量国家标准》鼓励对课程采用灵活多样的考核评价方式，除了一般的期末考试之外，应用型本科院校也可选用平时作业、实验报告、案例分享、课堂讨论等测评方法。然而，考核内容的多样性易导致考核流于形式或缺乏科学合理的考核标准。畅课（TronClass）聚合多种教学资源，提供百余种功能，轻松实现 PC、平板、手机无缝连接，是一款适合高校混合弹性课程模式的学习管理应用，可用于课堂教学和户外教学等多种场景。在畅课 APP 中，教师可发起点名、选人、抢答、投票、随堂测试等互动；也可实现学生测验、作业上传，教师同步批改等。当前，浙江大学、北京师范大学、西安交通大学等诸多高校在课程考核评价时均已使用。

综上所述，数字金融背景下应用型本科院校金融风险管理课程反思与优化路径如图 1 所示。

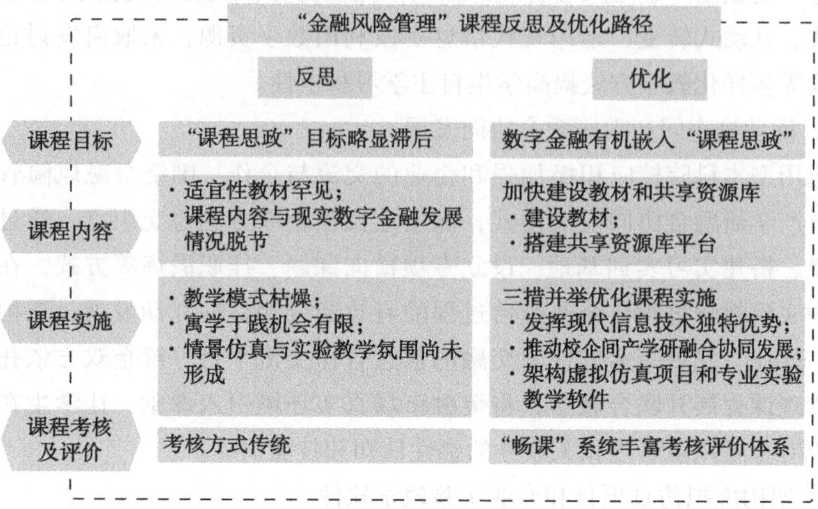

图1　数字金融背景下应用型本科院校金融风险管理课程反思与优化路径

四、结语

数字金融的蓬勃发展为企业金融风险识别、监测和管理增添了诸多机遇与挑战，用人单位对高层次金融风险专业人才的需求日益旺盛。金融风险管理课程旨在培养拥有扎实金融风险管理专业知识储备的高级财务人才，使学生掌握金融风险管理技巧，运用所学理论和专业知识化解与防范企业面临的金融风险，具备对金融风险管理策略的比较和选择能力。应用型本科院校应积极反思并优化人才培养课程建设，依据行业变化和企业用人需求不断革新金融人才培养体系，提升学生岗位能力匹配度。未来，金融风险管理课程建设应以"金课"为目标，以高阶性、创新性与挑战度的"两性一度"要求为准绳，不断创新与实践，与实务部门接轨，为国家经济的高质量发展培养更多高素质、复合型、差异化的专业人才。

参考文献

［1］李雅丽，徐淑娟，陈秀荣．高校"金融风险管理"课程教学改革与实施——以应用型本科为例［J］．厦门广播电视大学学报，2021，24（2）：85－91，96.

［2］周宇亮．先修课程多的专业课教学策略思考——以《金融风险管理》

为例［J］．教育现代化，2019，6（74）：170－172.

［3］林欣．整合思维视角下应用型本科高校课程教学模式改革研究——以《金融风险管理》为例［J］．金融理论与教学，2019（4）：80－84.

［4］吴鑫育．金融风险管理实验班的课程体系研究［J］．重庆科技学院学报（社会科学版），2018（4）：101－103.

［5］丁浩．国标指引下以 VaR 为核心的金融风险管理课程体系探索［J］．广东外语外贸大学学报，2018，29（3）：130－137，144.

［6］高德毅，宗爱东．从思政课程到课程思政：从战略高度构建高校思想政治教育课程体系［J］．中国高等教育，2017（1）：43－46.

［7］周远．金融风险管理课程教学内容体系构建［J］．教育教学论坛，2016（16）：155－156.

［8］占晶晶．应用型大学“金融风险管理”课程建设［J］．人才资源开发，2015（10）：242.

打造全人教育模式的“零距离”课堂

——金融学（全英文）课程教学创新与实践

华　维

一、课程创新的出发点

（一）课程简介

金融学（全英文）课程是针对本科生开设的专业基础课，34 学时，2 学分。课程以学生为中心，以打造“零距离”课堂为手段，以全人教育模式为宗旨，旨在对货币、信贷、金融市场的发展、运行机制进行全面、系统的介绍，使学生能够掌握金融基本理论，深入理解金融市场规律和运行，独立分析金融政策和现象。

（二）学情分析

金融学（全英文）课程是面对大二学生在第三学期所开设的全英文课程。学生在初步适应了大学生活后，逐步找到了适合自己的学习方法，能够尝试独立思考，大多数同学已经明确了学习方向以及未来的发展动力。随着专业课的开设，学生开始意识到理论与实践相结合的重要性。但是专业课程难度加大，以及校园生活不断丰富，也在一定程度上对学生的自我管理和自主学习提出了挑战。

因此，本课程不仅要解决专业基础的夯实问题，也要围绕全人教育模式针对此阶段学生的特点作出尝试。

二、问题和痛点

在高校全英文课程进一步普及的情况下，金融学（全英文）呈现出以下三个痛点（见图 1）：

（一）痛点一：语言问题→听课效率较低

由于语言问题，导致学生课堂听课效率不高。大部分学生没有接触过全英文授课，采用非母语语言授课，对于学生来讲是不小的挑战。由于语言的实际运用能力，尤其是"听+说"的能力较为薄弱，学生在课堂教学中容易遇到挫折，容易放弃。例如，有某个点没有跟上，学生容易放弃整个课堂。

（二）痛点二：教材问题→缺乏本土国情认知

全英文教学倾向于使用外文原版书籍和教辅，对于本土情况覆盖甚少，难以提升学生对中国特色社会主义的认同。普遍来看，金融学所探讨的理论和规律基本为各国所适用，但是由于实践和案例都侧重于国际市场，因此学生难以了解中国国情，缺乏将理论付诸中国金融市场的实践操作。

（三）痛点三：浅层学习→人才培养任重道远

当教师与学生过于关注语言导致的课堂效率较低后，学习容易浮于表面，难以突破，实现培养全球视野、高素质复合型人才的目标任重道远。在全英文专业课程展开的前期，关注力容易集中在"全英文"，而忽略了"专业"。课堂教学容易出现"套模板"的情形，缺乏创新力，缺乏理论与实践的高度融合。

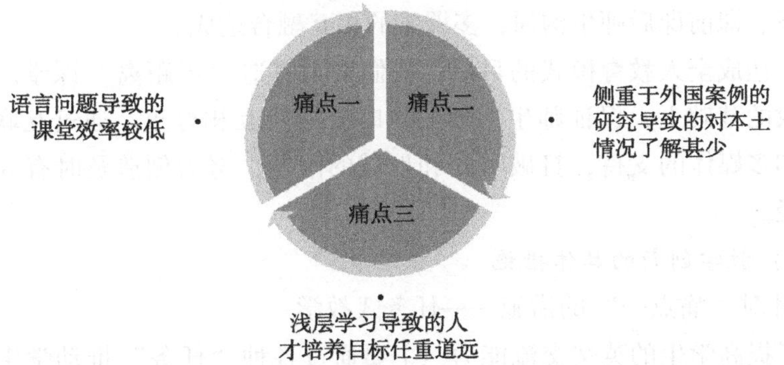

图1　问题和痛点

三、课程创新的思路与举措

（一）教学创新的思路

根据找寻的课程问题和痛点，以及多年的全英文教学经验，本课程围绕全人教育模式，采取"各个击破，融会贯通"的方式打造"零距离"课堂（见图2）。

全人教育目标包括：（1）能力体系。掌握专业基础知识，提高实际运用的能力。主要通过课程教学与过程性考核达成。（2）价值观体系。培养学生

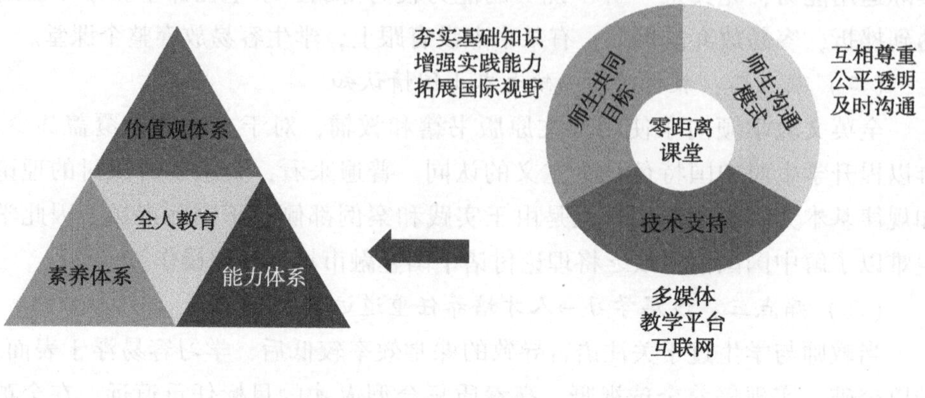

图2 全人教育模式+“零距离”课堂打造

的三观教育，加强对中国特色社会主义的认同、文化自信和民族自信。主要通过课程思政达成。（3）素养体系。认知个人在团队中的职责，培养终身学习的意识，拓展国际视野，提高人文素养等。主要通过多样化的考核内容，线上线下、课前课后师生沟通，多课堂的相互融合达成。

为了达成全人教育模式的目标，我们努力打造“零距离”课堂。在双方目标一致的基础上，保证师生沟通的及时有效及互相尊重。通过互联网、教学平台和多媒体的支持，打破时间和地域的限制，努力创造及时有效的信息传递途径。

（二）教学创新的具体措施

1. 针对“痛点一”的措施——任务式教学

为了提高学生的英文交流能力，主要通过各种“任务”推动学生自我学习，培养学生自我管理和终身学习的意识。通过多方位课堂的打造，努力创造“零距离”沟通，尝试解决由于语言问题带来的课堂听课效率较低的问题。

主要包括：（1）加强对预习的考核。课前预习是提高全英文教学的重要前提，学生在课前通过阅读章节，熟悉重难点，提出疑问，课堂学习可以“量身定制”。课前3～5分钟针对基本点的快速考核促使学生培养预习的习惯，不再只是“流程作业”（见图3）。

（2）作业形式多样化。课后作业涵盖线上、线下；个人、团队；课前、课后，明确考核要求和评价标准，以此推进学生的自我学习，不断提高英文的交流水平。

（3）小组presentation作业要求人人参与，人人张口。组员的内部激励和

图 3　线上预习 + 复习作业

互相监督，教师的不断鼓励，压力与动力并行，推动学生自主学习的意识培养。

（4）个人 report——专题作文。针对小组案例分析，总结并分析，进行适当延伸。对于专业内容和英文写作的双重批改与及时沟通，学生能够得到多方位的反馈，从根本上提高学生的全英文专业学习能力（见图 4）。

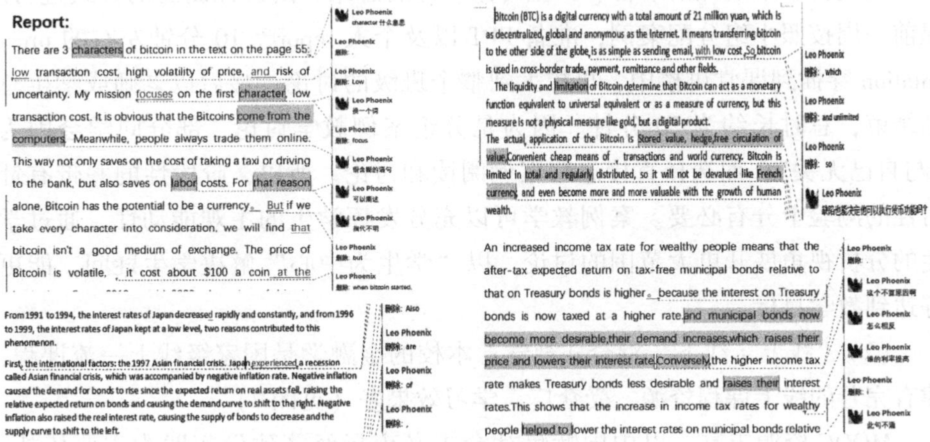
Report:

There are 3 characters of bitcoin in the text on the page 55: low transaction cost, high volatility of price, and risk of uncertainty. My mission focuses on the first character, low transaction cost. It is obvious that the Bitcoins come from the computers. Meanwhile, people always trade them online. This way not only saves on the cost of taking a taxi or driving to the bank, but also saves on labor costs. For that reason alone, Bitcoin has the potential to be a currency. But if we take every character into consideration, we will find that bitcoin isn't a good medium of exchange. The price of Bitcoin is volatile, it cost about $100 a coin at the

Bitcoin (BTC) is a digital currency with a total amount of 21 million yuan, which is as decentralized, global and anonymous as the Internet. It means transferring bitcoin to the other side of the globe is as simple as sending email, with low cost. So bitcoin is used in cross-border trade, payment, remittance and other fields.

The liquidity and limitation of Bitcoin determine that Bitcoin can act as a monetary function equivalent to universal equivalent or as a measure of currency, but this measure is not a physical measure like gold, but a digital product.

The actual application of the Bitcoin is Stored value, hedge, free circulation of value, Convenient cheap means of , transactions and world currency. Bitcoin is limited in total and regularly distributed, so it will not be devalued like French currency and even become more and more valuable with the growth of human wealth.

From 1991 to 1994, the interest rates of Japan decreased rapidly and constantly, and from 1996 to 1999, the interest rates of Japan kept at a low level, two reasons contributed to this phenomenon.

First, the international factors: the 1997 Asian financial crisis. Japan experienced a recession called Asian financial crisis, which was accompanied by negative inflation rate. Negative inflation caused the demand for bonds to rise since the expected return on real assets fell, raising the relative expected return on bonds and causing the demand curve to shift to the right. Negative inflation also raised the real interest rate, causing the supply of bonds to decrease and the supply curve to shift to the left.

An increased income tax rate for wealthy people means that the after-tax expected return on tax-free municipal bonds relative to that on Treasury bonds is higher. because the interest on Treasury bonds is now taxed at a higher rate and municipal bonds now become more desirable, their demand increases, which raises their price and lowers their interest rate. Conversely, the higher income tax rate makes Treasury bonds less desirable and raises their interest rates. This shows that the increase in income tax rates for wealthy people helped to lower the interest rates on municipal bonds relative

图 4　report 示例

（5）课程线上直播 + 录制。教师课后回看有助于发现教学“漏洞”，提高教学水平；学生课后回看有助于解决疑难问题，并可以不断练习英文交流。

（6）线上会议答疑补充。组织学生参加线上集中答疑，进一步巩固专业知识点（见图5）。

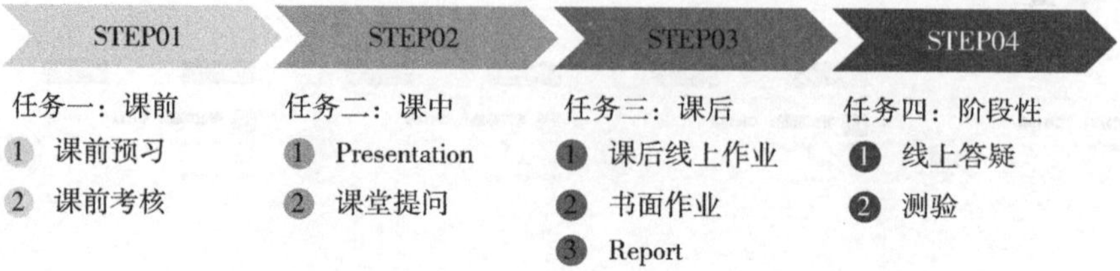

图5　“痛点一”的解决措施

2. 针对“痛点二”的具体措施——案例式教学

为了提高学生对于本国经济金融的理解，加强对中国特色社会主义的认同、文化自信和民族自信，以及价值观体系的形成，主要通过“案例教学+思政教学”推动线上线下混合式教学，塑造价值观。

（1）案例式教学是对课堂理论知识的补充，是发挥学生独立思考能力、动手能力、分析能力等多方位能力的途径。但是鉴于外文教材和教辅多侧重于国际市场，学生容易脱离实际环境，因此，我们融入思政教学点，对于案例进行重新整理组织（见图6）。

案例教学采取课前准备、课堂讨论、课后总结、阶段性测验的方式进行。提前一周按照小组分配案例，准备PPT以及个人report。10分钟左右的presentation穿插到课堂讲授中，再扩大到整个班级的讨论，最后以老师或学生总结结束，总时长约为20分钟。因为是分组案例教学讨论，部分同学会因为“与自己无关”，而选择直接忽略案例阅读和讨论。所以，阶段性的并带有针对性的测验十分有必要。案例教学可以充分发挥学生的主观能动性，通过学生的分析视角展开更大范围的讨论，以“学生为中心”解决学生疑问，能更好达到教学目标。

（2）“线上+线下”混合式教学。本校的金融学是国家级线上一流课程，建有完善的线上课程资源，受众广，学习效果好（见图7）。

MOOC资源丰富，以中国特色社会主义市场经济建设实践为主要依托，提炼和吸收我国近年来金融科学研究的新成果，精选西方经济学以及金融理论和业务的新发展，理论联系实际，形成适应中国特色社会主义市场经济现实需要的课程结构，是对案例教学的有效补充。线上课程辅助课前预习，帮助学生高效掌握知识点，发现疑问，提高听讲水平。长期来看，预习是培养

课堂思政

知识点	案例	思政点
金融体系概览	Financial reform in China	中国金融改革进程
什么是货币	Bitcoin in China, Digital currengy	金融科技与金融监管
银行业与金融机构的管理	Strategies for managing bank capital	防范系统性金融风险
货币供应过程	Quantitative easing and money supply	金融供给侧改革，美国的量化宽松制度与金融霸权
货币数量论、通货膨胀与货币需求	How did China Accumulate ＄4 Trillion of International Reserves?	外汇与货币供给的关系，我国经济开放程度与对世界经济增长的贡献
总需求—总供给分析	China and the 2007–2009 Financial crisis	国家金融安全与全球金融治理格局

图 6　课程思政示例

图 7　金融学 MOOC

学生自学能力的一条重要途径，我们一直强调的终身学习也是建立在此基础上。线上课程无地域、时间的限制，最大限度地灵活配合学生的个性需求，是全英文专业课程的有力支撑，也是零距离课堂的重要模式之一。

（3）阶段性测验。案例教学与线上教学更侧重学生的自学能力，对学生的自觉性要求较高。同样地，为了在一定程度上对其自觉性和自学能力进行考查和激励，期中以及期末考试都涵盖了相应的试题，主要考查学生的自学效果，以及相关课程思政涉及的中国特色社会主义市场经济系列知识点（见

图 8）。

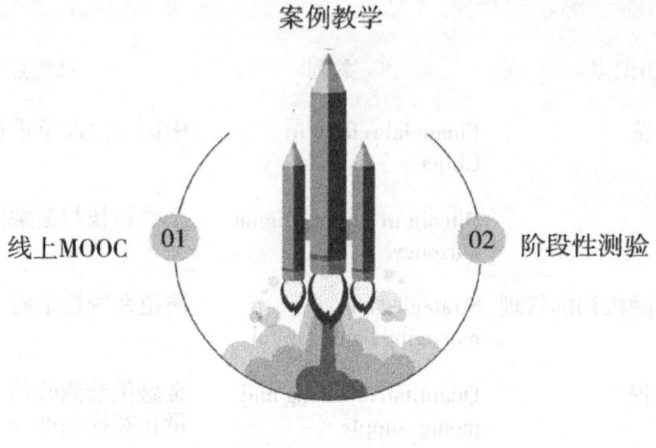

图 8　“痛点二”的教学措施

3. 针对“痛点三”的具体措施——目标式教学 + 反思式教学

为了改变课程内容单一化和僵化的问题，实现培养全球视野、高素质复合型人才的目标，以及综合素养的提高，主要围绕“目标式教学 + 反思式教学”进行。

（1）作业内容多样化。为了达到多方位能力的培养，本课程设置了多样化的作业和考查内容（见图 9）。

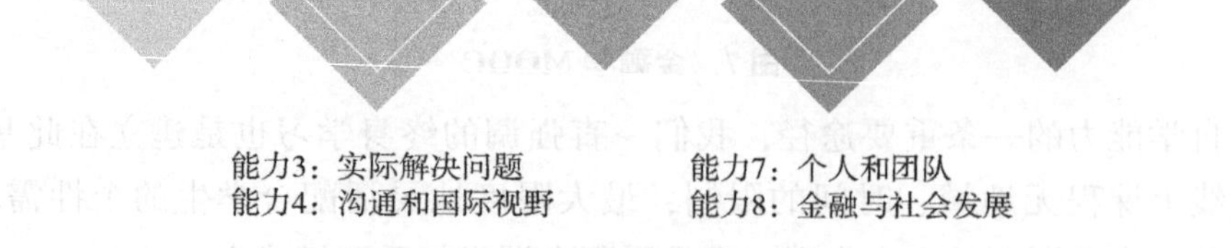

图 9　内容多样化 + 能力培养目标

金融学为学生提供了基本的金融知识结构，在掌握金融知识的基本能力培养之上，我们要求学生能够树立责任感，具备良好的思想品德、社会公德和职业道德；要求学生能够理论联系实际，具备解决问题的能力；要求学生能够针对金融问题，在跨文化背景下，具备有效沟通的能力；要求学生掌握资料查询的金融信息处理方法，能够进行初级的科学研究；要求学生能够具有良好的团队协作精神，深刻理解金融，并推动社会进步；要求学生具有较好的书面和口头表达能力，并具有自主学习和终身学习的意识。总体而言，希望学生通过专业基础课的学习，不仅掌握专业知识，更能逐渐培养各种学习能力和学习习惯，受益终身。

（2）教研团队自我提升。教研团队定期组织教研活动，探讨教学问题，并展开教学自查。积极参加教研会议和培训，引入“研讨式”教学方法，鼓励学生多动脑、多动手、多动嘴。积极申请教学类课题，通过自我反思提升教学能力，完善教学内容。

（3）强调过程性评价。过程性评价关注学习过程，采用多样化的教学手段，期待非预期的结果。如果学生只关注期末成绩，而不重视平时的积累，各种能力的培养必然欠缺，高素质复合型人才培养的目标也是空谈（见图10）。

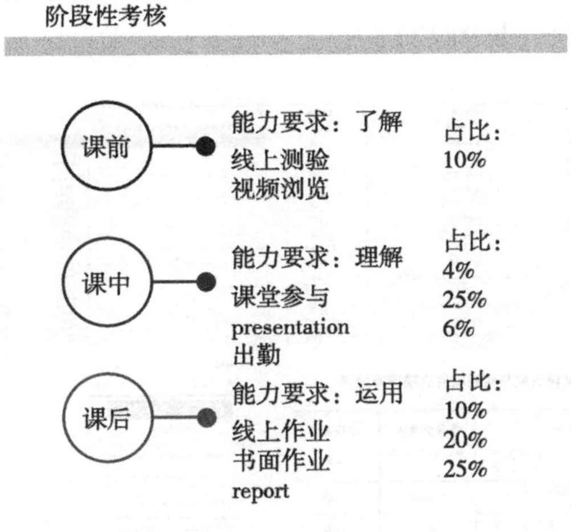

图10　过程性评价

四、教学改革的效果与推广

虽然本课程开设时间不长，但是依然具备一定的效果和推广意义。

一方面，学生学习后，专业英语成绩提升，跨文化学习能力加强。五位同学因为成绩优秀被选拔作为交流生出国进行学习。学生的求知欲增强，能力提高，人文素养提升，身心健康，勇于认识自我、接纳自我和发展自我（见图11）。

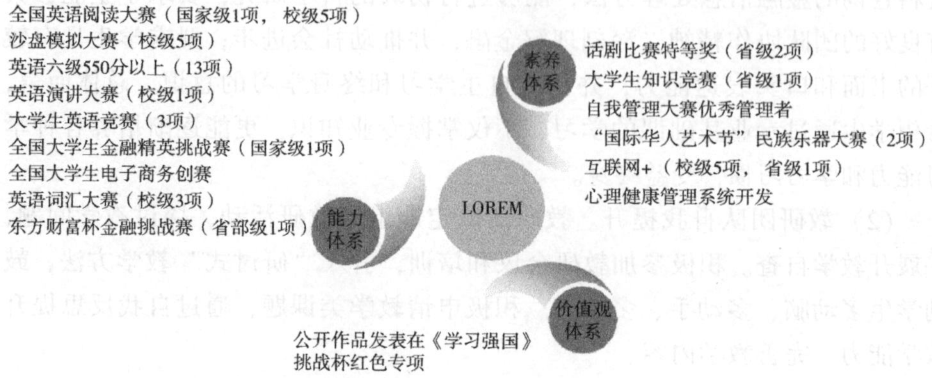

图 11　全人教育效果示例

另一方面，本课程组已经逐步建立“以学生为中心，教师学生合作互动、多方位能力培养为一体”的教学模式。教学团队自我提升动力强，积极学习和掌握先进的教学手段，以科研促进教学，多反思教学过程，申请思政类、教学类课题均有斩获（见图 12）。

2022年度课程思政示范课建设项目验收通过名单

序号	学院	课程名称	学分	课程类别
1	政府审计学院	注册会计师审计	4	专业课
2	政府审计学院	资源与环境审计	2	专业课
3	社会审计学院	审计信息化	2	专业课
4	工程审计学院	工程项目管理	3	专业课
5	商学院	运营管理	3	专业课
6	商学院	薪酬设计与管理	3	专业课
7	商学院	供应链管理	3	专业课
8	公共管理学院	当代中国政府与政治	3	专业课
9	经济学院	财政学	3	学科基础课
10	经济学院	经济学原理	4	学科基础课
11	金融学院	Ethical and professional standards 职业道德伦理	2	专业课
12	金融学院	金融学	4	学科基础课
13	法学院	法学学科专业综合实验（法律诊所）	2	实验课
14	法学院	中国法律史	3	学科基础课
15	法学院	经济法（经管类专业）	3	学科基础课

南京审计大学2021年校级新文科研究与实践项目立项评审结果

序号	单位名称	项目名称	项目负责人	立项类型
25	教务处	新一轮审核评估背景下高校本科教学质量保障体系的构建与研究	谢宇莉、王玉芳	一般
26	商学院	人力资源管理专业建设探索与实践	赵红梅	一般
27	金融学院	“产融结合”背景下《金融工程》教学案例开发及研究	宋文	一般
28	法学院	新文科背景下法学专业建设方案探索	郑祺	一般
29	信息工程学院	基于新文科的信息技术基础课程教学研究	孙卫	一般
30	经济学院	数字化背景下提升高校创新创业教育水平的机制与路径研究	陈欢	一般
31	金融学院	基于全球素养的复合型金融人才培养模式的研究与实践	华维	一般

图 12　课程组成果

基于课程思政的混合式教学设计

——以金融学为例

何暑子

在当前高校课程思政建设中，专业课是最重要的渠道和载体；与此同时，线上线下紧密融合的混合式教学也正重塑教学理念方法。在这种背景下，探究如何利用混合式教学推动专业课程思政建设、提升思政效果，具有重要的理论和现实意义。金融学是财经类专业的学科基础课，受众广、影响大；同时，我国金融业的改革发展历程蕴含丰富的思政元素，与混合式教学相结合有利于提高金融人才培养质量。基于此，本文在剖析金融学课程定位和特点的基础上，从提升学生的四个自信和社会责任感角度出发，深度挖掘金融改革热点中的思政元素，并依托线上线下场景进行教学设计，以期实现混合式教学与课程思政的完美融合。

一、文献综述

课程思政是当前高校思想政治工作的新理念、新模式，倡导将知识传授与价值引领紧密结合，实现立德树人润物无声。教育部2020年印发的《高等学校课程思政建设指导纲要》指出，课程思政要深入梳理专业课教学内容，结合不同课程特点、思维方法和价值理念，深入挖掘课程思政元素，有机融入课程教学。这其中值得关注的两点：第一，思政元素的挖掘不应当脱离专业课的性质和特点。例如，哲学、社会科学类的课程适宜以人文意蕴感召和规范学生行为；而理科课程应注意在教学中渗透辩证思维和科学家精神；工科则应重视精益求精的大国工匠精神、科技报国的家国情怀和使命担当。第二，强调思政元素与教学过程有机融合，而非生硬地“加入”。相较于思想政治理论课的“显性思政”，专业课程更加强调“隐性思政”，其价值引领作用更加隐蔽，力求达到“润物细无声”的效果。

混合式教学也是当前我国高等教育的热点话题。近年来，以慕课（MOOC）为代表的在线课程建设如火如荼，给传统教育理念和方式带来颠覆性挑战。教育部以此为契机大力推进包括线上、线下、混合式在内的一流本科课程建设。再加上新冠疫情的倒逼，不少高校已将推动混合式教学作为重要改革方向。在理论研究方面，国外对混合式教学的研究起步较早，Graham（2006）将混合式学习分成三类：第一类，“发生性混合”指针对同一教学内容提供多种教学媒介，方便学生灵活选择；第二类，“促进型混合”则将在线学习作为传统教学的补充，但教学方法无本质变革；第三类，“改变型混合”强调在线学习和面对面学习充分融合，引发教学理念和课程设计的彻底变化，由以教师为中心向以学生为中心转变。国内也有大量研究探讨了混合式教学模式的设计与实践。

总之，目前针对课程思政、混合式教学的研究和实践不断丰富，但将两者有机结合的研究相对欠缺。实际上，混合式教学能够使课程思政的融入渠道更加多样化，增强学生获取思政元素的主动性和有效性。因此，以专业课程建设为立足点，探究如何将课程思政元素有机融入线上线下课程设计，利用混合式教学更好地提升专业课程思政效果，具有紧迫性和重要性。

二、金融学课程定位与特点

（一）课程定位

“金融学”是教育部规定的高等学校财经类专业学科基础课，面向所有经济与管理类本科学生开设。目前，国内高校对于金融学的教学与研究存在两种不同定位：

一种由“货币银行学”发展演变而来，也可称为“货币金融学”。这种视角下的金融学采取宽口径教学，课程内容涵盖宏观层面的货币理论、宏观调控，以及微观层面的金融机构、金融市场运作监管等，侧重金融体系的基本功能原理而非微观机制，旨在为后续专业课程打基础。

另一种是“海归”学者视角，实际上代表着欧美商学院对金融学的看法，认为真正的金融学应侧重微观层面，如企业、个人、金融机构等的微观决策，金融市场的运行机制和价格决定等。而将宏观层面的货币供求等内容归纳为货币经济学，认为其属于宏观经济学的一部分，从而排除在金融学课程之外。

本文遵循国内大多数高校的做法，采取第一种宽口径视角，融合宏观与微观、国际与国内多维度，主要涵盖四大模块：（1）基本范畴：货币、信用、利息与利率；（2）微观运行：金融市场、金融机构及其监管；（3）宏观调控：货币供求、通胀通缩、货币政策；（4）开放金融：国际收支、外汇与汇率、国际货币体系等。

（二）课程特点

金融学具有内容丰富、章节之间关联多，与前导后续课程学科交叉衔接多，理论实践更新快，学生背景差异大等特点，给教学带来了很大挑战。

1. 与前导后续课程关联多

金融学宽口径、“导游图”的定位决定了其模块多、层次丰富，且与前导后续课程交叉衔接多。这意味着教学过程中需要注意“把握分寸”——内容牵涉前导课程时宜拔高和深入；涉及后续课程时宜侧重本质原理而非技术细节。例如，宏观经济学已介绍过货币政策主要工具，在金融学课程中可以围绕“价格”“数量”“预期”等方面深入剖析其传导机制、特点，并针对各国央行的政策创新展开研讨。再如，对商业银行等金融机构，宜侧重从信息不对称、交易成本角度探究其存在的理论基础、当下金融“脱媒”趋势与银行业务转型，以及由此带来的风险和监管挑战；而对于存贷款定价、业务流程细节可以留待后续课程深入介绍。

这种交叉衔接意味着学生对金融学的理解并非局限于开课期间，而是贯穿整个专业学习过程。在线课程为学生随时随地复习巩固提供了便利，有利于学生对专业课程体系融会贯通。

2. 金融学具有较强内在逻辑

作为经济学门类下的二级学科，金融学有其严密的内在逻辑，不同章节之间相互关联。例如，利率是整个金融体系最核心的价格变量，同时也是金融学课程最核心的概念之一，使各章节内容有机关联。具体而言，利率是货币资金时间价值的体现，影响各经济主体的跨期资源配置决策；在金融市场上，利率是影响证券及衍生品价格的重要因素，反之，金融资产价格的涨跌归根结底反映的是资金收益率的变化；对于银行等金融机构而言，利率是影响其收入、业务结构、风险的最重要变量；同时，利率也是央行货币政策的重要中介目标，是金融监管部门高度关注的对象。利率与货币需求、货币供给之间的相互影响是宏观经济理论的重要话题。而在国际金融领域，利率深刻影响汇率、资本跨境流动，反作用于国内市场，是大国博弈的重要抓手。

这种情况下，刻板地以章节为教学单位可能割裂和冲淡课程内在逻辑，使初学者只见树木不见森林。而通过线上与线下教学的有机互补，教与学的层次感更丰富，通过前后串联呼应突出逻辑关联，课程脉络更加清晰。

3. 金融实践发展快，理论观点碰撞激烈

无论我国还是世界范围内，资本的逐利本性与技术相结合都推动着金融创新风起云涌，给监管和改革带来巨大挑战，也给理论研究提出新的课题。例如，比特币暴涨暴跌背后，由个人参与到机构入场的投资逻辑如何演变；经历互联网金融风波之后面对来势汹汹的金融科技如何积极布局和审慎监管；人工智能和竞争挤压下商业银行如何应对挑战；“影子银行”魅影重重，监管和投机猫鼠游戏般进退博弈；现代货币理论的是非如何评价；财政与货币政策如何合理搭配，在调整经济结构方面谁更有优势。

这些新现象、新理论蕴含丰富的思政元素，也增加了课堂教学负担。而混合式教学提供了极大的拓展空间，可以将有限的课堂时间从基础知识中解放出来用于研讨新问题，挖掘和升华思政价值。

4. 受众的专业基础和诉求差异大

作为一门专业基础课，金融学的受众非常广泛。除了考研、考证、求职外，也是新时代合格公民的必备素养。不同人群的兴趣、需求侧重点不同；同时，授课教师的学术背景也存在较大差异。混合式教学将课程的基础、共性知识剥离出来，可以在完成教学目标的同时更好地满足差异化需求，也给了教师更多自主发挥的空间。

总之，金融学的上述特点使传统、单一维度的课堂讲授难以取得理想效果，借助网络平台开展线上线下混合式教学具有必要性。同时，金融学的理论和发展实践中又蕴含丰富的思政元素，可以借助混合式教学更好地提升思政效果。

三、课程思政元素挖掘——以利率市场化改革为例

金融学本身具有严密的理论逻辑，在改革实践中积累起大量经验教训；同时金融又极具创新性，新业态和理论不断涌现。这些都为思政提供了丰富素材，涵盖爱党爱国、理想信念、专业素养、职业道德、科学精神等多维度。这其中，我国金融业的改革发展实践是最重要的思政元素：改革开放以来，我国大刀阔斧地推动商业银行业改革；从无到有建立起完整的资本市场体系；稳步推进利率、汇率市场化改革，提升人民币国际地位；数字人民币、电子支付等领域的创新也处于国际领先水平。通过分析这些改革的必要性、战略设计、进展，有助于提升学生的四个自信和社会责任感。

基于此，本文选取利率市场化改革这一热点主题，分析其与各章节内容的关联，在教学过程中将改革的策略路径、战略意义和深远影响逐步展开，

以期使学生理解我国金融改革如何借鉴国际经验教训，在遵循市场规律的同时也顺应我国特殊国情，积极谋划、稳步推进（见图1）。一方面，理论联系实际有助于培养学生的科学精神、辩证思维；另一方面，激发学生关注和研究我国现实问题、经世济用的社会责任感，以及对我国改革初心使命的认同。

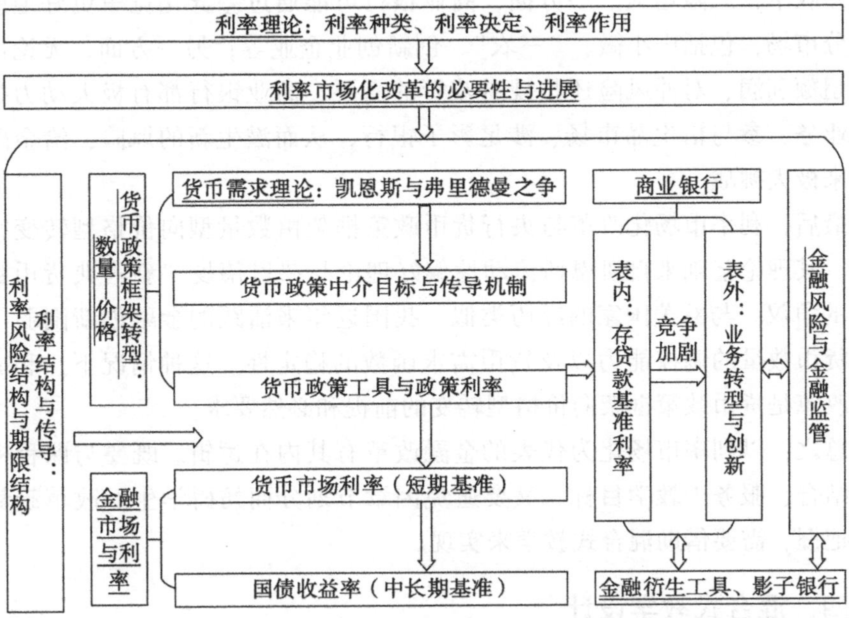

图1　利率市场化改革主题与教学内容的关联

首先，对利率市场化改革的介绍离不开利率基础理论。在讲授过程中适时引出利率市场化改革的必要性和策略。具体而言，我国曾长期实行利率管制，起到促进投资、维护金融稳定的积极作用。但随着经济发展，需要更加市场化的利率决定机制以反映供求、引导资金有效配置，缓解中小微企业融资难题。基于此，在借鉴国际经验的基础上，我国的利率市场化改革稳步推进，逐步形成由央行货币政策工具向金融市场和机构、由短期向中长期、由无风险向包含风险溢价逐级传导的利率体系。

其次，利率市场化改革与金融市场具有密切关联。尤其货币市场是央行宏观调控的重要平台，也是形成短期基准利率的重要场所。央行货币政策工具通过调节商业银行资金头寸，影响同业拆借、回购利率，以及国债收益率曲线，进而向其他领域传导。然而，目前由于我国商业银行的业务分割、定价机制不完善等原因，金融市场的利率不能顺利传导到存款贷款市场，形成了利率传导的“双轨”

制。因此才有了LPR报价机制改革的必要性。同时，市场化的利率形成机制是金融市场良性发展的基石，也有利于衍生品和更多金融创新。

再次，利率市场化对商业银行的影响一直是理论和政策关注的焦点。大量研究表明，利率市场化可能导致商业银行在传统存贷款领域的竞争加剧，净利差收窄，风险增大。一方面，商业银行可能通过差异化竞争更好地服务于细分市场，包括中小微、“三农”、创新创业企业等；另一方面，无论出于追逐超额利润、对冲风险还是规避监管的需要，商业银行都有极大动力拓展表外业务、参与衍生品市场、涉足影子银行，从而滋生新的风险，给金融监管带来极大挑战。

最后，利率市场化改革与央行货币政策框架由数量型向价格型转变密切相关。其理论基础来自凯恩斯流动性偏好理论与弗里德曼“新古典货币数量论”的争议。与欧美国家的经历类似，我国近年来活跃的金融创新削弱了央行对货币数量的调控能力以及货币需求函数的稳定性。这种情况下，利率市场化改革是货币政策框架向价格型转变的前提和必然要求。

总之，以利率市场化为代表的金融改革有其内在逻辑。既要与课程框架有机结合、服务于教学目标，又要避免因章节划分而妨碍学生对改革趋势的整体把握，需要借助混合式教学来实现。

四、混合式教学设计

要做到线上线下教学有机融合，需要对线上线下教学有清晰的分工定位。在线课程建设策略主要有两种：第一种是以基础概念和原理为主构建完整的知识框架体系；第二种是以典型案例和热点事件为主侧重拓展延伸。第一种策略的优点是有利于在线课程的独立推广和运用，课程后续更新维护的压力小，给线下教学更大的灵活空间；缺点是大量线上课程容易产生同质化竞争，尤其是如果不能充分进行教学改革，可能导致线上线下重复讲述的问题。第二种策略的优点是突出慕课的趣味性和特色，避免同质化竞争，不会对线下教学形成太大冲击；缺点是会影响知识体系的完整性，且随着热点新闻事件推陈出新，课程后续建设更新压力大，需要持续的经费投入和组织支持。综合考虑，一般采取基础知识点加重要经典案例的方式录制视频，后续综合考虑经费支持力度，以视频或者文本的方式定期更新、反映最新进展。

基于以上原则，将利率市场化改革相关思政素材以如表1所示的方式融入线上线下教学设计。

表1　　利率市场化改革内容与教学方式设计

课程章节与知识点		思政元素	教学方式
利率理论	利率种类与利率决定、利率结构理论	四个自信：我国金融领域改革从我国现实需要出发，遵循市场规律、借鉴国际经验教训，积极谋划、稳步推进	线上视频
	利率市场化改革概述		课堂讲授、线上阅读材料
	美日韩等国改革经验教训		线上案例
金融市场	金融市场与基准利率	关联思维：不同利率之间动态关联传导，对利率体系改革有更系统的认识	线上视频
	大额存单助推利率市场化改革		线上案例
	我国基准利率体系建设		线上阅读材料、课堂研讨
衍生工具	利率衍生工具与利率风险管理	风险意识；辩证思维：辩证看待金融衍生品的利与弊	线上视频、课堂讲授
商业银行	商业银行业务与经营模式	科学精神：理论与实证结合。从理论上分析利率市场化对商业银行业务、盈利、风险承担的影响；并使用银行数据进行实证检验	线上视频
	利率风险管理方法		线上视频、课堂讲授
	利率市场化与商业银行转型		课堂研讨、在线讨论
金融监管	金融监管体制转型	辩证思维：辩证看待金融创新与监管之间的博弈	线上视频、课堂研讨
	影子银行与监管挑战		线上阅读材料
	MPA与存贷款利率管理		线上阅读材料
货币理论	利率对货币需求的影响	经世济用：通过理论研究为货币政策提供指导建议	课堂讲授与归纳总结
货币政策	货币政策框架转型	社会责任感与研究兴趣：引导学生关注我国货币政策框架改革进程，启发研究兴趣	课堂研讨
	利率走廊机制		线上视频、阅读材料
	LPR改革与利率并轨		线上阅读材料、讨论
开放金融	利率平价理论与不可能三角	大国责任与担当：人民币汇率制度改革兼顾国内经济货币政策独立性与国际影响；不惧美国施压，自主稳步推进	在线视频、课堂讲授
	人民币汇率制度改革		线上阅读材料、课堂研讨

续表

课程章节与知识点	思政元素	教学方式
利率市场化改革总结与展望	系统思维：依托课程知识框架梳理改革的脉络影响，形成对系统认识	课堂研讨

五、南京审计大学金融学课程的实践

南京审计大学的金融学线上课程于 2017 年 8 月在中国大学慕课（MOOC）网上线，2020 年获批为国家精品在线开放课程。从上线至 2022 年底已经完整开课十一学期，选课总人数近六万人。

金融学线上课程的内容兼顾基础知识和经典案例、热点时事，包含大量思政素材和环节。视频课件全面覆盖了十四个教学章节，包括货币信用基本范畴、金融市场、金融机构与监管、货币理论与宏观调控、开放金融五大模块。在基础知识之外，还专题介绍了美国次贷危机、各国金融监管体制变革、利率走廊机制等国内外热点事件作为拓展补充。课程的在线讨论区通过发起话题、推荐阅读材料的方式引导学生关注数字人民币研发试点、利率市场化改革最新进展、商业银行面临的挑战与转型趋势、我国金融监管体制改革、全球通货膨胀成因与治理、央行货币政策框架转型等热点话题。

为了便于开展线上线下相结合的混合式教学改革，我校依托在线开放课程建立了面向校内学生的 SPOC 同步课程，并将 SPOC 成绩作为平时成绩的重要构成部分，以提高学生参与积极性。得益于线上优质教学资源的辅助，线下教学从对基本概念的反复阐释中解放出来，获得了更广阔的教学创新和探索空间。线下教学主要采取教师串讲、重点难点讲练答疑、专题研讨、案例分析、主题汇报和辩论等形式，充分做到以学生需求为核心组织教学内容，并且灵活地将思政元素随时随地融入其中。

线上线下相结合的混合式教学一方面极大地拓展了课程深度和广度，使学生得以接触更多前沿、创新的理论实务；另一方面加强了师生互动，通过启发和研讨提高学生分析解决问题的能力、培养学生的科学精神和科研能力，从而有助于打造具有“高阶性、创新性、挑战度”的金课。2021 年，我校金融学课程被评为省级线上线下混合式一流课程。

六、结语

本文以专业课建设为立足点，探究课程思政与混合式教学的有机融合。

作为财经类专业基础课程的金融学具有内容丰富、章节之间关联多，与前导后续课程交叉衔接多，理论实践更新快，学生背景差异大等特点。单纯依靠传统课堂讲授难以取得理想的效果。同时，金融学的理论和发展实践中又蕴含丰富的思政元素。因此，可以借助混合式教学更好地展示课程内在逻辑、提升思政效果。

基于此，本文选择利率市场化改革为思政主题，分析改革的策略、意义和深远影响，以期提升学生的四个自信和社会责任感。分析相关思政元素在各章节教学中如何循序引入和有机串联。在此基础上，根据线上线下教学功能和情境进行设计，以实现混合式教学与课程思政的完美融合。

参考文献

[1] 余江涛，王文起，徐晏清．专业教师实践“课程思政”的逻辑及其要领——以理工科课程为例［J］．学校党建与思想教育，2018（1）：64-66.

[2] 高德毅，宗爱东．课程思政：有效发挥课堂育人主渠道作用的必然选择［J］．思想理论教育导刊，2017（1）：31-34.

[3] 高德毅，宗爱东．从思政课程到课程思政：从战略高度构建高校思想政治教育课程体系［J］．中国高等教育，2017（1）：43-46.

[4] 蒲清平，何丽玲．高校课程思政改革的趋势、堵点、痛点、难点与应对策略［J］．新疆师范大学学报（哲学社会科学版），2021（5）：1-10.

[5] 奕琳．推进专业课程开展思政教育的探索与思考［J］．学校党建与思想教育，2021（2）：81-83.

[6] 郑静．国内高校混合式教学现状调查与分析［J］．黑龙江高教研究，2018，36（12）：44-48.

[7] 冯晓英，王瑞雪．“互联网+”时代核心目标导向的混合式学习设计模式［J］．中国远程教育，2019（7）：19-26，92-93.

[8] 刘徽，滕梅芳，张朋．什么是混合式教学设计的难点？——基于Rasch模型的线上线下混合式教学设计方案分析［J］．中国高教研究，2020（10）：82-87，108.

[9] 曹海艳，孙跃东，罗尧成，等．“以学生为中心”的高校混合式教学课程学习设计思考［J］．高等工程教育研究，2021（1）：187-192.

金融学课程思政的理论思考与设计

何暑子

长期以来，我国高校中存在重科研轻教学、专业课与思政教育相割裂、西方学术话语霸权等问题。在这种背景下，开展“课程思政”建设既是贯彻党的教育方针的重要举措，也是升华传统教育理念、完善课程体系、改善教学效果的必然要求。在课程思政建设中，专业课是最核心、关键的部分。以专业技能知识为载体加强思想政治教育，具有强大的说服力和感染力，具有其他教育方式无法替代的优势。当前，围绕专业课程思政的指导政策和理论研究在以下两方面基本达成共识：第一，思政元素的挖掘不能脱离课程性质和特点；第二，强调思政元素有机“融入”教学过程，而非生硬“嵌入”。

基于此，本文以金融学为例，探索社科类专业课程思政建设，具有重要意义：第一，金融学是教育部规定的高等学校财经类专业学科基础课，受众广泛，开展课程思政具有良好的传播效果；第二，国内高校的金融学普遍采取宽口径定位，涵盖宏微观、国内国际多维度，为思政元素的挖掘提供了丰富的空间；第三，当前金融形势复杂多变，且已上升到大国博弈的战略层面，在这种情况下，培养德才兼备、爱国守法的金融专业人才尤为必要。

一、金融学课程思政元素挖掘

金融学本身具有严密的理论逻辑，在改革实践中积累起大量经验教训；同时金融又极具创新性，新业态和理论不断涌现。这些都为思政提供了丰富的素材，也极大地拓展了我们对于课程思政的理解认知。以下拟从爱国爱党、理想信念、专业素养、职业道德、科学精神等多维度挖掘金融学课程思政元素。

（一）我国金融史中蕴含的思政元素

一方面，我国悠久的历史文化中蕴含着丰富的金融思想与实践，有助于激发学生对中华文明的热爱、自豪。例如，北宋时期成都地区的“交子”是世界上最早的纸币雏形；汉、宋开办官营借贷以抑制私人高利贷的尝试，则体现了政府对资本的干预制衡；当铺、钱庄、票号的兴衰折射出从个体到社会各个层面的探索得失；然而我国现代商业银行的建立比英国晚了两百年，引申出落后就要挨打的规律，激励学生自强不息、为民族复兴而持续奋斗。另一方面，同样重要的是中国共产党领导下的红色金融史展现出革命精神的强大生命力。抗战期间在与日伪的艰苦斗争中维系货币银行秩序，支持根据地建设；解放战争时期巩固健全金融体系，由分散逐步走向统一；新中国成立后，统观全局整顿金融秩序、多措并举治理通货膨胀。这些无不彰显着革命精神中的为民、务实、进取、智慧在金融治理中同样焕发出蓬勃生机与光彩。

(二) 当前金融改革发展中蕴含的思政元素

理解我国金融业的改革发展历程，有助于提升四个自信和社会责任感。改革开放以来，我国推动商业银行业大刀阔斧地改革，使其竞争力提升至国际前列；突破各种思想和理论束缚，从无到有建立起完整的资本市场体系；稳步推进利率和汇率市场化改革、提升人民币国际地位；数字人民币、电子支付、金融科技领域的创新也处于国际领先水平。这些改革广泛借鉴国际经验教训，在遵循市场规律的同时也顺应我国特殊国情，为金融教学提供了丰富的案例。当然，课程思政并不意味着只讲成绩、成就，回避问题和困难，恰恰相反，正是各种问题和困难激发改革的强大动力，也指明了改革方向。但是授课中不宜片面夸大负面评价、渲染消极情绪，而应当以建设性的态度诠释改革方向、探究应对策略。如此方能培养学生严谨务实的治学态度、客观冷静的专业素养、积极进取的责任担当，并从我国经济现实中汲取不竭的研究动力和创新灵感。

(三) 金融危机中蕴含的思政元素

对金融危机、风险事件的分析有助于培养学生的专业素养和职业道德，牢固树立规则意识、风险意识。通过深入剖析东南亚金融危机、次贷危机、欧债危机冲击等案例，使学生从系统层面对金融体系自身及其与实体经济的互动形成直观感受，提升专业素养和敏感度。而在分析巴林银行倒闭、327国债期货事件、包商银行破产事件的过程中，可以引导学生反思制度和职业道德的重要性。金融体系漫长的演进过程伴随不断的试错与反复，制度的健全完善并非一蹴而就。参与其中的个体应当明确：制度难免有漏洞，但个人不能无底线。同时，透过这些案例审视金融市场的涨落浮沉，才能对非理性繁荣、过度投机背后的风险保有清醒认识，不因为眼前的利益而盲目疯狂。

（四）国际金融形势中蕴含的思政元素

金融是现代经济的核心，也是大国博弈的战略高地。理解国际金融形势，认清中美博弈格局有助于激发学生的爱国精神。因此，培养德才兼备、立场坚定的金融专业人才显得尤为紧迫。金融有其内在脆弱性。与实体经济相比，金融受信息舆论影响更大——信息影响公众信心、形成预期，预期自我实现和强化，并引发金融市场超调和动荡。作为我国金融体系未来的建设者，必须坚定立场，运用专业知识明辨是非、统观全局、积极应对，而非跟风围观、推波助澜。

（五）科研反哺教学中蕴含的思政元素

通过科研反哺教学有助于培养学生的科学精神、提高研究能力。将学术前沿引入课堂的意义不仅在于通过耳濡目染让学生提前接触科研话题，更重要的是引导学生从本质层面上把握金融规律——最新的研究趋势中往往包含对根本问题的反思、对现有观点的重新梳理和评判，从而有助于学生在更高层次上建构知识框架。例如，传统宏观经济理论侧重货币分析，并假设金融体系能够完美实现储蓄向投资的转化，或者将金融部门视为黑箱。这种“简化”在次贷危机之后受到广泛质疑，金融部门在宏观经济中的作用受到空前关注。针对金融市场摩擦、金融周期、系统性金融风险、核心国家货币政策外溢效应等的研究大量涌现。同时，科研需要把理论研究与实证研究紧密结合起来。任何理论都需要接受实践的检验。鼓励学生不满足于人云亦云，而是探究理论背后的实证依据，自己动手检验，可以更好地培养其质疑、创新的意识。

二、金融学课程思政设计

（一）思政元素与课程框架相契合

我国金融业的改革发展是最重要的思政元素——从我国现实问题出发，广泛借鉴国际经验教训，在遵循市场规律的同时顺应我国国情，统筹设计、稳慎推进。理解我国金融改革的“初心使命”与来龙去脉有利于增强学生的四个自信和社会责任感，也能够为其科研探索提供素材。

我国的金融改革作为一项系统工程有其内在逻辑和全局视角。一方面，这些思政元素要与课程框架有机结合、服务于教学目标；另一方面，又不能因为章节划分而割裂思政效果、妨碍学生对改革趋势的整体把握。这给金融学课程思政设计提出了极大挑战。鉴于当前我国金融业改革有两大核心导向：一是金融服务实体经济，支持供给侧结构性改革；二是防范化解风险，守住不发生系统性风险的底线。本文建议围绕这两条主线统筹各章思政设计。具体如下：

首先，在《导论》部分开宗明义，通过对金融概念、地位、功能的介绍点明“服务实体经济”与“管理风险”两大主线：金融是经济学门类下的二级学科，金融市场作为要素市场是宏观经济的重要组成部分。基于此，货币资金的跨时空有效配置可以带动整合其他资源，共同服务于经济发展；相反，脱离实体经济，金融就会成为空中楼阁、击鼓传花的投机游戏。21 世纪初，美国以证券化、影子银行为代表的金融创新刺激房地产泡沫，最终以次贷危机收场就是最好的例证。金融与风险如影随形——金融活动无法避免信息不对称和各种潜在不确定性，因而催生风险；金融又致力于管理和应对风险，并从中获利。在讲授的基础上，摘录十九大报告、“十四五”规划纲要、最新政府工作报告中对于金融改革的相关表述，通过直观展示引起学生关注，为后续章节的学习做好铺垫。

其次，在《信用》一章可以进一步联系现实，揭示我国当下两大核心关切：一是金融如何服务“三农”、小微、创新、绿色经济发展——我国长期存在的“两多两难”反映出金融体系尚未很好地满足实体经济的投融资需求，由此滋生了民间借贷、高利贷等乱象；而创新经济、绿色发展等又对金融业提出了更高要求和挑战。二是以宏观杠杆率（含实体部门、金融部门）高企为代表的风险隐患需要妥善应对化解，在稳经济、防风险之间取得平衡。由此引出构建多层次资本市场、提高直接融资比重，深入推进利率市场化改革，创新货币政策工具，完善金融监管体制等改革导向。

有了上述铺垫，在后续教学中涉及具体政策措施时，就可以引导学生思考改革宗旨、初心使命，并且形成系统认识，避免盲人摸象和碎片化的感受。

（二）思政元素的融入方式

根据思政元素的难易程度、与基础知识的关联程度，将其灵活融入教学过程。可以采用的方式包括课前引导、课堂讲授、主题汇报、讨论辩论、课后思考、作业考试、推荐阅读、相互分享等。

在课程导入环节，以疑问或争议的方式提出话题，比较容易激发学生的好奇心和参与感。与课程内容关联紧密、理论性强、考核要求高的思政元素，建议以教师讲授为主；在资料公开可得、学生具备相关背景知识的情况下，可以布置学生做主题汇报；为了考查学生的理解运用能力，或者对于比较发散、争议较大的问题，可以采取讨论辩论的形式；对于超出考核大纲的内容，可以推荐课外阅读。此外，也可充分利用网络信息技术，通过教学群、慕课堂、论坛等方式鼓励学生分享、提问、发言，提高学生参与度。最后，在作业、考核中融入思政元素具有较强的督促引导作用，但应弱化标准答案、避免死记硬背，侧重考查学生的理解和分析方法（见表1）。

表1　　金融学课程思政设计

授课章节	思政元素	思政目标	融入方式
第1章 导论	金融服务实体经济；防范化解风险	金融改革发展的初心和使命	摘录十九大、“十四五”规划、政府工作报告相关表述，引起学生的关注思考；在后续章节中逐步展开、深入讲解
第2章 货币	数字人民币率先试点，稳步推进	制度优势，四个自信	针对比特币、央行数字货币进行专题研讨，通过对比展现央行数字货币的优势。介绍数字人民币最新进展及战略意义
第3章 信用	完善我国社会主义市场经济的信用秩序	道德和诚信教育	引导学生讨论社会上失信现象的成因和对策。警示学生杜绝失信，维护良好的个人信誉
	提高直接融资比重	四个自信与系统思维：我国的金融体制改革是一项系统工程——从我国现实国情出发，遵循市场规律、借鉴国际经验，稳步推进	介绍两多两难、宏观杠杆率高企状况，引导学生讨论提高直接融资比重战略意义
第4章 利息与利率	利率市场化改革		专题介绍利率市场化改革的国际经验和我国实践。引导学生关注利率市场化对商业银行、金融风险等的影响，为后续章节铺垫
第5章 金融市场	注册制改革与多层次资本市场		引导学生关注我国注册制改革、科创板、北交所等热点事件。推荐阅读瑞幸咖啡造假事件，围绕加强事后控制、完善退市惩处机制展开讨论
第6章 衍生品市场	327国债期货事件	风险意识和职业道德	教师讲授或学生主题汇报，反思事件风险的形成和处置、相关争议，引导学生树立风险意识和规则意识
第7章 商业银行	商业银行面临的挑战与转型	理论联系实际	讲授商业银行存在的理论基础；围绕利率市场化、金融脱媒、人工智能等给商业银行带来的挑战，如何转型应对展开讨论
第8章 中央银行	中国人民银行法修订	与时俱进，坚持深化改革开放	推荐阅读材料或者学生主题汇报的方式介绍《中华人民共和国中国人民银行法》修订情况
第9章 金融监管	我国金融监管体制改革	防范化解金融风险	讲授我国金融监管体制改革进程，探讨宏观审慎监管必要性及其与微观审慎监管区别

续表

授课章节	思政元素	思政目标	融入方式
第10章 货币理论	货币超发之谜	科学精神、科研能力	布置学生搜集数据图表，对各国货币数量指标进行比较；阅读文献，梳理货币超发相关的争议，分组研讨
第11章 通胀与通缩	美国通胀创新高	四个自信、制度优势	讨论美国本轮通货膨胀的成因和应对；作为对比，分析我国物价走势，介绍各部门如何多措并举稳定物价
第12章 货币政策	金融稳定新目标与双支柱调控框架	服务实体经济、防范化解风险	在讲授和推荐阅读材料的基础上，引导学生讨论我国当前金融风险隐患、完善双支柱调控框架的必要性
	新型货币政策工具	创新精神、科研兴趣	在讲授基本原理和推荐阅读资料的基础上，引导学生关注各国央行货币政策创新，尤其是我国人民银行推出的结构性货币政策工具，启发科研兴趣
第13章 开放金融	人民币汇率制度改革	大国担当，不惧美国施压，自主稳步推进	在讲授基本原理和汇率制度改革进程的基础上，针对相关争议和热点问题进行提问和讨论

三、结论

本文以金融学为例探索社科类专业课程思政建设，以培养德才兼备的金融专业人才为目标，在我国深化改革、攻坚克难，中美博弈、国际局势纷繁复杂的背景下，具有重要意义。本文从爱党爱国、理想信念、专业素养、职业道德、科学精神等多维度挖掘金融学课程思政元素。在此基础上，重点围绕我国金融改革实践进行思政内容和融入方式的设计。突出金融服务实体经济和防范化解风险两大主线，形成思政元素与课程框架的良好契合；进而根据思政元素特点，通过导入、讲授、讨论、作业等方式将其灵活融入教学过程。

最后需要强调的是课程思政建设中教师的主体地位。教师的价值观、专业素养和治学方法对学生有潜移默化的示范作用。课程思政对于教师而言同样是一个学习启发的过程，需要唤醒和升华内在于教师的各种思政理念，再通过有形、无形的教学环节渗透给学生。这绝不意味着教师需要千人一面、进行完美刻板的说教。相反，当教师保有个人特质和风格、以独立真实的思考呈现于学生时，才更容易被学生接受和信服。

参考文献

［1］田鸿芬，付洪．课程思政：高校专业课教学融入思想政治教育的实践路径［J］．未来与发展，2018，42（4）：99－103.

［2］刘承功．高校深入推进“课程思政”的若干思考［J］．思想理论教育，2018（6）：62－67.

［3］奕琳．推进专业课程开展思政教育的探索与思考［J］．学校党建与思想教育，2021（2）：81－83.

［4］陆道坤．课程思政推行中若干核心问题及解决思路——基于专业课程思政的探讨［J］．思想理论教育，2018（3）：64－69.

［5］高德毅，宗爱东．从思政课程到课程思政：从战略高度构建高校思想政治教育课程体系［J］．中国高等教育，2017（1）：43－46.

［6］高德毅，宗爱东．课程思政：有效发挥课堂育人主渠道作用的必然选择［J］．思想理论教育导刊，2017（1）：31－34.

［7］王学俭，石岩．新时代课程思政的内涵、特点、难点及应对策略［J］．新疆师范大学学报（哲学社会科学版），2020，41（2）：50－58.

［8］蒲清平，何丽玲．高校课程思政改革的趋势、堵点、痛点、难点与应对策略［J］．新疆师范大学学报（哲学社会科学版），2021（5）：1－10.

［9］黄炯．高等数学课程思政“基因植入式”教学改革实践与思考［J］．教育教学论坛，2020（39）：61－62.

［10］杨祥，王强，高建．课程思政是方法不是“加法”——金课、一流课程及课程教材的认识和实践［J］．中国高等教育，2020（8）：4－5.

金融产品需求调研社会实践课程建设研究

孙 清

一、引言

教育是国之大计、党之大计。习近平总书记在党的二十大报告中明确指出："加快建设教育强国、科技强国、人才强国，坚持为党育人、为国育才，全面提高人才自主培养质量，着力造就拔尖创新人才，聚天下英才而用之。"培养一流人才的根本要有一流本科教育，一流本科教育的灵魂则要有一流本科课程。2019 年 10 月，陈宝生部长在全国高等教育工作会议上首次提出了"金课"的概念，吴岩司长将其细化为"五大金课"，具体包括：线下课程、线上课程、线上线下混合课程、虚拟仿真课程和社会实践课程。教育部发布《关于一流本科课程建设的实施意见》，即"双万计划"，也将社会实践课程纳入国家级一流课程建设计划。

培育与建设社会实践一流课程，有利于推动本科教学改革创新，是实现"双一流"建设目标的重要途径。学生通过课程形式参与社会实践，有利于培养学生认识社会、研究社会、理解社会、服务社会的意识和能力。本文以南京审计大学金融学院金融产品需求调研社会实践课程为例，从教学目标提炼、教学过程设计与教学效果评价三个方面开展课程建设的理论分析和实践探索，为金融类社会实践课程达成"高阶性、创新性与挑战度"一流课程建设要求提供借鉴与参考。

二、金融类社会实践课程建设的原则

落实习近平总书记关于"立德树人"教育的重要论述，聚焦"培养什么人、怎样培养人、为谁培养人"根本任务是社会实践一流课程建设的重要原则。按照"两性一度"的建设标准培养学生认识中国金融制度架构、研究金融产品的设计与推广、理解金融业务运行规则是金融类社会实践一流课程的总要求。

（一）以“高阶性”设定课程的教学目标

金融产品需求调研社会实践课以培养学生知识、能力、素质的有机融合为目标，通过调查研究、沟通、组织、协调等社会实践活动强化理论联系实际。教师在指导学生调查过程中，既可将自身的科研课题反哺实践教学，又可推动将科研成果向社会应用转化。通过社会实践课程学习，使学生掌握用人文社会科学的视角和方法解读金融现象，用自然科学的思维方法处理金融数据。社会调查研究的基本理论与方法还可应用于校级、国家级的金融学科竞赛和创新创业项目的申请，提升学生解决复杂问题的综合能力和高级思维。

（二）以“创新性”设定课程的教学内容与教学方式

金融产品需求调研社会实践课“创新性”体现为教学内容要反映金融学科、专业发展的理论前沿性，将金融学术研究和金融科技发展的最新成果融入课程、带进课堂。课程以“理论方法＋实践专项课题”为内容框架，围绕金融产品调研重点提炼与融合金融学、统计学、社会学等学科基础理论和方法，隐性融入各类“思政课程”的教育资源。

教学方法要充分体现先进性与互动性。利用翻转课堂模式进行实践调研主题课演讲教学，以此优化学生理论学习和调研项目设计，让学生在课堂上充分知晓金融领域的产品交易模式，选择金融业务热点问题，既避免课程教学与金融运行现状脱节又激励学生大胆质疑、勇于创新的精神。大力推进现代信息技术的深度融合，引导学生利用“慕课”等新媒体平台教学资源开展探究式、个性化自主学习，加深对课程内容的认知，提升深度分析能力。

（三）以“挑战度”设定课程的教学评价

社会实践课程的“挑战度”侧重于课程内容与学习评价。课程内容要有一定难度，学生课上课下需要有较多的学习时间投入和深度思考；而过程化的教学评价主要体现在对学生的高标准、多维度和显性成果等方面。教师通过设置具体金融产品调查研究性问题，引导学生增加对实践活动体验的投入，促使学生反思自我认知、整合团队观点，形成创新成果。在整个社会实践中，教师利用课堂测验、口头问答、分组讨论、案例分析和撰写科研报告等形式，发现和解决金融交易中的现实问题，全面考查学生理论认知和实践能力，进而培养学生的金融职业道德规范，形成金融科学的思维模式。

三、社会实践课程教学过程设计

金融产品需求调研社会实践课程以理论学习为先导，通过在校内容实验室与虚拟仿真系统初步体验操作方法，通过金融机构（实践基地）的具体项目调研活动发现和解决金融产品设计开发过程中的问题。教师依托“线下线上、课内校外”实践课程链，提升学生的金融理论思维模式，培养学生的金融职业规范意识。

（一）翻转课堂与 BOPPPS 模式

自主学习能力是当代大学生必备的一种基本能力，尤其是在知识更新金融领域。金融专业学生只有确立终身学习意识，具备良好自主学习能力的人，在将来高度竞争的金融工作环境中才能有立足之地、持续进步。相比传统课堂，翻转课堂“课内知识传授 + 课后知识内化”的教学流程调整为“课前自主学习 + 课内知识内化”。翻转课堂增强了学生之间互动，有助于培养学生的自主学习能力。随着教与学流程设计的颠倒，一种以学生为中心、以教学目标为导向的 BOPPPS 教学模式逐渐流行（见图 1）。

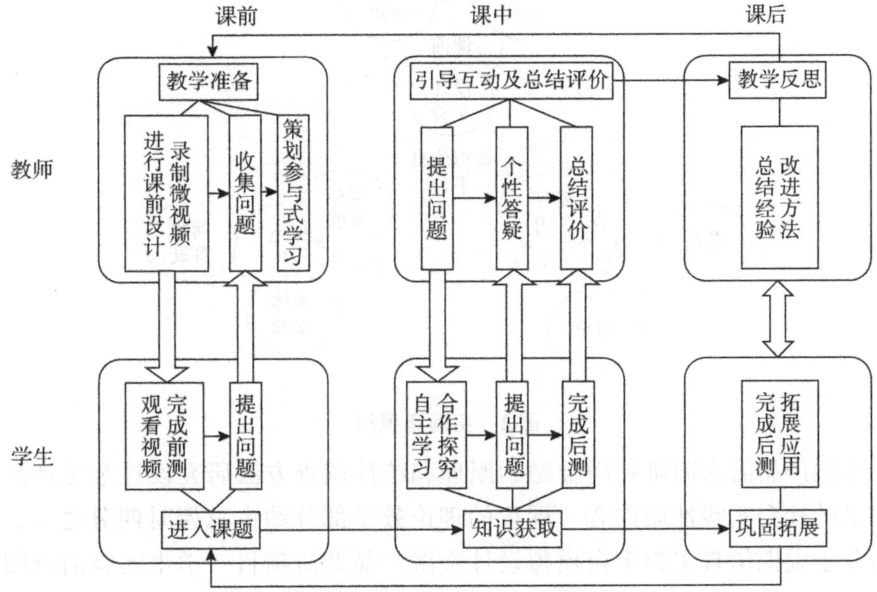

图 1　翻转课堂 + BOPPPS 模式

金融产品需求调研采用 BOPPPS 模型构建的翻转课堂以学生活动为主线将教学过程按时间分为课前、课中、课后 3 个阶段。学生课前根据学习目标（Objective）自主学习，导入（Bridge）教师准备的课程资料，教师在课中前测（Pre - assessment）自学状况，引导学生互动交流（Participatory Learning），并总结评价（Summary）互动学习成果，巩固拓展（Post - assessment）进一步学习的方向。学生课后完成教师布置的作业，检验、思考自己在理论知识、分析方法等掌握上的不足，并把自己在课程学习过程中的困惑反馈给教师。教师则根据批改课后作业分析判断学生的学习效果，对整个教学过程进行反思总结，以便在后续课程中不断改进与更新。

（二）实验中心与虚拟仿真系统实验

实践教学是金融学教学中必不可少的环节，在新一轮金融学科的本科人才培养方案中能够与金融社会实践“项目调研”“学科竞赛”直接结合的专业类课程包括金融学、商业银行业务与经营、统计学、计量经济学。金融学院加大教学设备投入建设了系列金融实验研究中心，开发构建虚拟仿真实验平台（见图2）。利用虚拟仿真技术保障金融专业课程链中所有实践项目的有序开展，其中“金融工程实验中心”被评为省级实践教学示范中心。

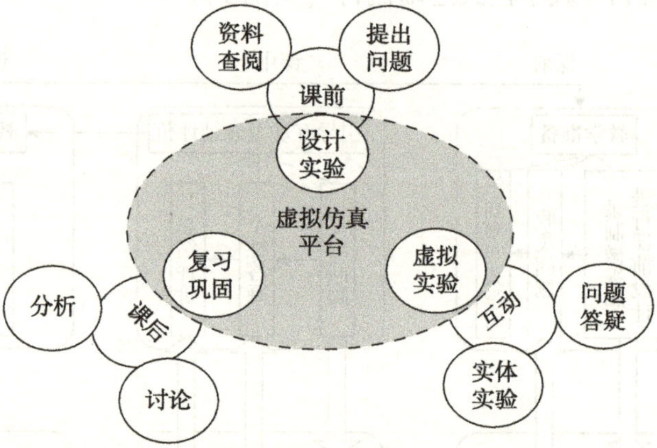

图2 实验室模拟

金融产品需求调研利用金融学原理和统计调查方法研究设计金融产品市场需求的社会实践性质课程。课程的理论教学部分约占总课时四分之一，学生可基于虚拟仿真实验平台模拟设计金融产品调研项目。学生实验前查阅金融市场交易数据资料，提出问题并设计实验金融产品。进入虚拟仿真实验系统进行金融交易完整的全过程模拟，对交易参数及操作步骤有一个直观的认识。利用虚拟仿真平台的可视化、可重现及可共享性，教师与学生分析讨论虚拟金融交易的结果，对实验设计及数据处理有一个更深入的理解。这种虚实结合的教学模式，使虚拟交易环境与现实金融条件相互补充，培养学生金融实操能力，提升理论课程的理解深度。实践表明虚拟仿真实验平台有助于培养学生创新精神及实践能力，符合现代金融工程实验技术的发展方向。

（三）项目调研与学科竞赛

南京审计大学金融学院有50多年办学史，毕业生广泛分布于江苏省内各大银行、证券和保险机构，学院已建立了10余个持续稳定的校外实践基地，为金融产品需求调研课程建设提供优良外部环境。金融产品需求调研实践教学部分约占总课时四分之三。项目调研依托于实践教学基地，使学生根据兴趣特长成立社会实践项目组。通过前期项目选题策划和调研方案设计，中期金融机构员工与金融产品用户访谈、交流采集相关样本数据资料和后期调研数据加工处理与项目调研报告撰写的全过程，最终完成一部完整的社会实践作品。在选题策划和方案中，任课教师积极引导学生思考、理解和选择兼具思想性和专业性的问题的同时，提高了学生金融实践的应用价值。在中期访谈交流和后期调研数据处理与报告撰写过程中，任课教师应探寻思政主题"应用场景"，从而形成隐性思政。学生在项目调研实践中激发爱国情感，体验不忘初心、艰苦奋斗的社会实践意义。学生个人价值与现实困难的真实碰撞内化为自我认知，创作出兼具金融理论深度和金融职业情怀的项目研究报告（见图3）。

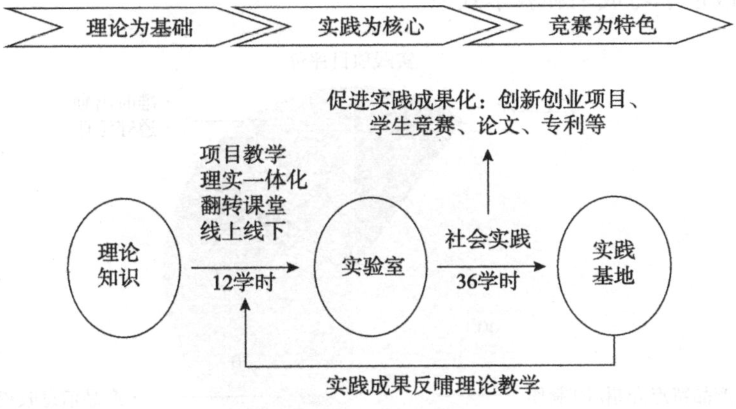

图3　社会实践项目流程

为了进一步深化金融教育改革，加强金融专业大学生的创新精神，提升实践能力，教育部、共青团中央、中国科协等单位与部门先后主办或倡导了"互联网+"、挑战杯、暑期社会实践征文多项全国性大学生学科竞赛活动和创新创业训练计划。学科竞赛一定是建立在学科基础上，需要扎实的专业知识和实践能力作为支撑，社会实践项目为金融专业学生参与并完成竞赛指定的目标任务提供了支撑。在学科竞赛和大创项目训练中，学生团队在老师的指导下需要对竞赛项目的意义、项目的内容、项目的思路和方案等进行研讨，整个竞赛项目需要经历团队的组织、项目的申请、项目研究和实施、项目结题等过程。通过竞赛项目的实施可使学生认识到如何将书本上的金融理论知识运用到金融实践中，提升建立基本的金融综合素养和科学探索精神。

（四）OBE 理念与过程性评价

OBE（Outcomes - based Education）是一种以预期学习产出为导向，教学组织、实施和评价体系。金融产品需求调研社会实践课程突出以学生为中心，提升学生在活动中的主体地位，激发学生在项目实践活动中的自主性、独立性和创造性。教师在教学过程中引导学生间的互动，以增强学生直接获取经验和感受。注重以产出为导向，引导学生通过项目调研亲身接触金融业，真正了解金融运行。让学生在项目调研实践中提升综合素质，具备未来参与金融交易活动能力。教师则围绕实践专项课题进行教学、辅导与训练，以此推进学生理论学习和调研实操设计的修改优化，锻炼学生的专业应用能力、访谈交流能力、推广传播能力，对金融专业毕业要求达成与未来金融职业发展形成支撑。OBE 倡导建立有效的质量监督和持续改进机制引导学生的主动学习行为，改进学习成果和教学效果。

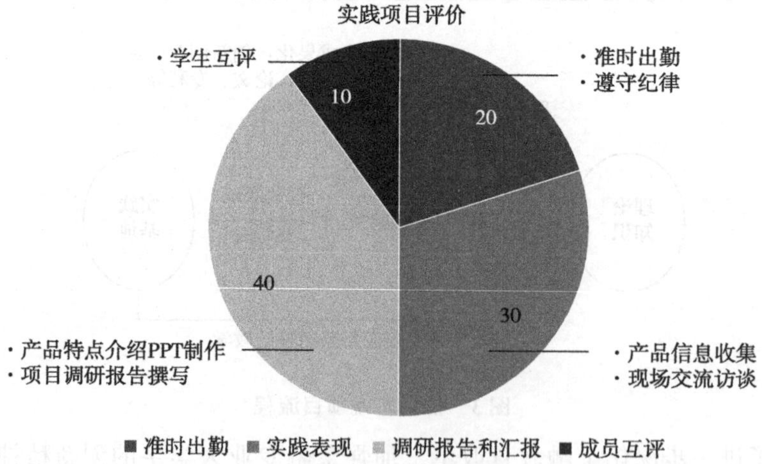

图 4　过程性评价成绩构成

过程性评价对教学目标提供及时跟踪控制与反馈调节，对课程教学目标的达成具有重要作用。金融产品需求调研被分解成课前自主、课堂讨论表现、章节作业与测验的理论学习部分以及项目调研实践、学科竞赛与创新创业六大项，而每个大项又细化为多个小项形成对学生多维度、过程性评价体系。在考核中注重团队作业考核（模拟多学科协作考核，培养团队协作能力及学科交叉意识）占20%，实践能力（信息收集、访谈）考核占30%，社会实践报告撰写占40%，学生互评占10%（见图4）。

金融产品需求调研社会实践课程注意过程性评价与结果性评价的衔接与平衡。理论教学部分突出金融学、社会学、统计学等学科基础理论和方法的提炼与融合，重点考查学生对金融概念、调研统计方法的整体认知与理解，可通过设计一些灵活多样的填空、选择、判断等客观题与简便思考主观题进行结果性评价。由于项目调研实习主要考查对学生的学习过程、学习态度、学习质量，则可以采用过程性评价。考核利用探究式、论文式、报告答辩式等过程性评价方式，来提升项目式调研实践评价结果可信度和针对性。

四、结语

金融产品需求调研社会实践课程的意义在于提升金融专业学生认知金融实务、适应金融运作环境和设计出能真正解决金融问题的产品，完成“学生角色”转变为“金融职业人角色”的过程。学生通过参与该社会实践课程的学习，能够更系统、全面地掌握金融基层一线运行状况、认识了解社情民意，从而更加深刻理解坚持“四个自信”、做到“两个维护”的重要性。

社会实践课程建设应体现专业性、组织性、实践性，通过加强与金融机构的产学研合作，建立“专业实习”“三全育人”“社会服务”等各种类型的实践基地，为课程建设提供实践保障。课程内容设计以“两性一度”为目标，重点聚焦“培养什么人、怎样培养人、为谁培养人”根本性任务。采用探究式、论文式、报告答辩式等多种课程考核形式，将过程性评价全面融合专业理论与课程实验、社会实践各个教学、实践阶段。

任课教师应鼓励学生积极参与金融类学科竞赛，学生可通过设计开发金融产品项目实现自主创业。用自己掌握的金融理论与实践经验服务社会发展，在社会实践大课堂中展示自己的金融才能。

参考文献

[1] 教育部．教育部关于一流本科课程建设的实施意见［EB/OL］．（2019－10－30）http：//www.moe.gov.cn/srcsite/A08/s7056/201910/t20191031_406269.html.

［2］黎新宏．高校社会实践一流课程建设的价值、困境与路径［J］．西昌学院学报（社会科学版），2019（9）：109－112.

［3］何桂娟．“护理美育”社会实践课程的构建与实践探索［J］．中国高等医学教育，2021（2）：121－122.

［4］孙颖．威斯康星思想启示下的高校社会实践一流课程改革研究——以“中国社会实践”课程改革为例［J］．创新与创业教育，2021（2）：137－143.

［5］杨子泉，唐辉，李鹏飞，等．社会实践类一流本科课程建设思路与实践［J］．中国冶金教育，2021（4）：63－67.

［6］董小梅，钭利珍．高校思政课社会实践“金课”建设路径研究——基于浙江社会实践类国家一流课程认定样本的分析［J］．教育学术月刊，2021（7）：98－103.

［7］王宁西．高校思政课社会实践一流课程建设研究［J］．北京教育，2022（3）：35－40.

［8］林良盛，黄成忠．基于OBE理念的大学生社会实践课程化改进策略研究［J］．教育教学论坛，2019（10）：4－7.

［9］蔡建光，杜丹，李良明，等．科研成果转化为社会实践课程经验探索［J］．湖南科技学院学报，2022（6）：117－120.

［10］朱宝忠．基于新工科背景的“学科竞赛”&“科研训练”双驱模式下学生工程实践能力和创新创业能力的培养［J］．创新创业理论研究与实践，2022（23）：76－78.

［11］王宇．数字孪生虚拟仿真平台在土力学实践教学中的初探［J/OL］．力学与实践，https：//kns. cnki. net/kcms/detail//11. 2064. o3. 20230217. 1111. 010. html.

［12］胡燕，孔凡哲．混合式思政课程的过程性评价与教学干预［J/OL］．中南民族大学学报（人文社会科学版），https：//doi. org/10. 19898/j. cnki. 42－1704/C. 20230104. 01.

打造立体式教学资源，构建混合式教学生态

——证券投资学教学创新实践

李志斌　严伟祥

一、课程简介与发展历程

证券投资学是一门理论性和实践性都较强的课程，主要研究证券投资的运行及其规律，是投资学专业的专业核心课。我校自 1993 年开设本科金融学专业以来，一代又一代教师持续不断地投入证券投资学课程建设。2002 年被江苏省教育厅评为一类优秀课程（负责人：张维）。在 2015 年金融学专业成为江苏省一期品牌专业以后，证券投资学课程建设驶入快速发展轨道。2016 年被立为校级慕课项目，同年视频上线投入教学；2017 年孵化投资学省级在线开放课程；2019 年获学校线上线下混合式一流课程立项建设；2020 年投资学获首批国家级线上一流课程。经过多年持续建设，证券投资学已打造出立体式、多元化的理论与实践教学资源，形成线上线下混合式教学生态体系，成为金融学国家一流本科专业建设点（2019）和投资学国家一流本科专业建设点（2021）的专业核心课程。

二、教学创新背景

在当前复杂的社会环境下，青年学生正确的价值观、投资观和职业观需要正确引导形成。在传统课堂师生双主体教学中，教师的“教”和学生的“学”之间虽有互动，但整体仍然是一种以教师为主的单向输出模式，不能有效激发和培养学生自主学习能力。本课程涉及宏微观经济学、产业经济学、财务分析、统计学等多课程内容，对学生跨学科应用能力和科学素养提出了较高要求，但深度训练不够。以往的教学评价方式过于偏重终结性评价和学习结果，缺少过程性评价，忽视了个体差异和课程特点。单一的考试成绩不能满足评价学生思维品质、应用和学习能力等方面的需要，评价效果真实性和科学性大打折扣。此外，以往证券投资学理论教学与实验教学分在不同学

期，理论学习后不能及时实践，容易导致教学过程脱节，降低了学习的整体效率。

三、教学创新理念与目标

针对现有教学痛点，本课程教学团队秉持“以学生为中心”和“持续改进”的教学理念，充分利用现代信息技术，以良好学习体验的立体式教学资源为载体，以融合专业与素养的教学内容为重点，开展启发与探究式教学模式创新，拓展课程教学时空，推动师生多维度互动，实现培养“厚基础、善应用、高素质”复合型人才的课程目标。

四、教学创新实施路径

该课程从课程思政、教学资源、教学内容、教学方法和教学活动五个维度，实施教学创新。

（一）思政指引，强化立德树人意识

本课程秉持“高度相关、有机融合、易于教学”三原则，从“党和国家政策方针、习近平总书记重要讲话精神、辩证唯物主义思想、科学认知、中国好故事、传统经典思想”六个方面撷取思政素材，与课程66个重要的知识要点进行匹配相融，辅之相应的案例进行教学。教师可以根据自身禀赋、学生专业差异选择相应思政内容进行授课，全方位、系统化落实课程思政育人思想和任务。教学团队制作的思政案例和视频正陆续登录新华网，将成为全国学生在线学习的思政资源，同时也为教师实施课程思政教学提供相互借鉴和交流平台。

（二）坚持不懈，构建立体式教学资源体系

1. 在线开放课程（MOOC）建设

2017年，投资学获批省级在线开放课程，教学团队以此为契机，精心设计教学内容，组织教师拍摄视频，及时实现资料上线，并通过后续不断维护完善、循环开课和互动答疑，线上课程已成为本课程重要的教学资源。至今，线上投资学课程共开设7次，从已完成的6次线上学习情况来看，在线学习人数已超过2.5万人次，除了本校同步上课的学生之外，还有大量其他高校学生。线上投资学课程深受好评，2020年被教育部认定为首批国家级线上一流课程。

2. 虚拟仿真实验平台建设

为更好解决理论教学与实验教学脱节的问题，基于“虚拟与实体结合、教学与科研结合、理论与实践结合、基础与拔高结合”原则，教学团队开发设计了证券投资与量化交易虚拟仿真实验系统。该系统包括证券投资分析、证券模拟交易、量化交易、投资决策和投后管理五大实验模块，学生可以在学习完理论知识后或者在理论学习的同时，在虚拟仿真实验平台进行投资操作训练，在开放共享环境中建构自我知识体系，进而最优化实现“虚实结合”教学效果。虚拟仿真实验平台自 2020 年 8 月上线以来，已全面融入证券投资学课程教学中，累计使用人数已经超过 2600 人。

3. 纸质教材与数字资源建设

证券投资学教学团队于 2015 年编写并出版教材《证券投资学（第一版）》。根据本校、其他高校和社会读者使用反馈情况，结合我国资本市场最新发展，2020 年课程团队对教材进行了修订，并获得“十三五”江苏省重点教材建设立项。新编教材立足中国国情，借鉴国际同类教材的经验，体现教材的本土化与国际化；注重理论联系实际，将投资理论融入投资专业技能学习，通过加强实训提高教学效果。作为教材配套数字资源，教学团队设计了不同类型的练习题以及其他多媒体资料，通过扫描二维码即可获得。通过二维码技术将纸质教材与数字化资源打通，实现知识资源互联，实现学习资源获取方式的多样化。

（三）兼容并蓄，精心设计教学内容

第一，吸收 CFA 国际课程资格认证模块化教学优势，结合线下教学需求，从五个方面重构课程内容，即证券和证券市场、投资价值分析、证券技术分析、投资组合理论和投资风险管理。通过模块间的灵活合理搭配，更好地实施线上线下混合式教学，针对每个模块的重点、难点，恰当融入思政元素，再分别设计相应的教学方法，深入讲解，进而培养学生深厚的理论基础和政治素养。

第二，本课程实践性特点明显，在课程内容上兼顾学生的职业发展，即“证券经纪人”“投资分析师”和“投资顾问”三个不同层次的岗位，为学生推荐证券从业相关的 4 本教材，分别是《金融市场基础知识》《证券市场基本法律法规》《发布证券研究报告业务》和《证券投资顾问业务》，由学生根据自己未来职业规划，进行针对性阅读。

第三，注重引导学生坚持“价值投资”理念，同时结合生活中的投资学，引导学生在投资中要矫正心理偏差，端正投资心态，树立正确投资理念。据此为学生挑选了 4 本课外读物，分别是《聪明的投资者》《自律的交易者》《漫步华尔街》和《生活中的投资学》。

（四）多措并举，开展教学模式创新

1. 线上线下混合教学

充分利用现代信息技术手段，在课前、课中、课后进行有效的双边互动。在动态的教学过程中，增强学生的参与热情，实现观点撞击和思维升华。学生对所学理论知识、市场实践存在的疑问可以在网络平台（课程平台、微信平台等）上提出，教师及时进行解答或解读，突破了面对面交流提问时空间和时间限制，提高师生互动频率，增强了学习效果。

2. 翻转课堂创新

证券投资学课程因其实践性强的特点，非常适合翻转式教学。通过师生角色互换，选择部分内容由学生讲解，可以是教学专题，或者是市场动态或教学案例，能够充分发挥学生的能动性。教师在学生讲解中进行解读、总结、讨论，提高课堂教学效果。（1）以任务为驱动，进行项目式教学（宏观分析报告、行业分析报告、个股投资分析报告、资产配置项目）；（2）依托资本市场真实案例，让学生以角色扮演方式（宏观经济分析师、产业分析师、财务分析师、价值分析师、技术分析师）进行体验式教学。具体做法是每个小组以一只股票为主线，形成一份完整的投资分析报告。报告经过老师评阅修改后，按角色依次汇报。根据评分标准，老师现场打出个人得分和小组得分，同时进行小组互评。

3. 探究式教学法

资本市场瞬息万变，证券投资理论与方法不断更新，传统教学难以满足学生的求知欲。教学团队通过在课堂上展示 Python 或者 R 语言编程，引导学生探究其在金融数据处理和投资决策中的应用，并通过实验平台引导学生探究量化交易策略并进行模拟实验，以任务驱动的方式，促进教师的探究式“教”和学生的探究式“学”。

（五）切磋琢磨，多维度组织教学活动

1. 开展“一周财经要闻评析”活动

通过小组，引入经济社会财经热点，通过分析当前经济金融现象、事物和问题对投资的影响，一方面培养学生分析、判断和决策的能力；另一方面，结合具体的新闻，在点评时培养学生坚定正确的政治方向和爱国情怀。同时结合具体的案例，让学生切身体会到国家命运、行业前景和投资绩效是密切相关的，培养学生的家国情怀。

2. 探索进行产教融合培养模式

聘请华泰证券股份有限公司、中信证券江苏分公司、银河证券股份有限公司行业专家为学生举办资本市场讲座、指导学生参加模拟股市大赛等实践活动。此外，依托课程团队，弘业期货股份有限公司与南京审计大学签订《弘业期货股份有限公司与南京审计大学高校期货人才培训合作协议》（2019年2月）。根据该协议，双方设立"南京审计大学期货后备人才研修班"，双方组成专项培训工作领导小组，组成教学管理委员会，负责实践性教学和日常管理等工作。

3. 指导学生参与模拟股市大赛

证券投资学教学团队常年指导学生社团——证券投资俱乐部的各项活动，授课教师鼓励学生参加一年一度的模拟股市大赛，通过参赛进一步巩固课堂理论学习知识，形成定期（模拟股市大赛）和长期（虚拟仿真实验）的二元学习支持机制。并将学生参赛结果纳入实践考核内容，通过"以赛促学"，达到了很好的教学效果。

4. 组织教师开展教学交流和备赛

教学团队定期组织教师进行教学交流，通过同行听课、微课磨课等方式，认真把提高教学质量和教学效果放在平时，扎实拓展本科教学内容、教学方法和教学手段。同时，支持团队教师参加各类教学竞赛，通过"以赛促教"，在提升教师教学水平的同时，也提高教师的荣誉感和职业成就感。

五、教学创新效果

在教学团队的创新努力下，课程已形成以课堂教学、自编教材（获江苏省优秀培育教材）、线上 MOOC（首批国家级线上一流课程）、线上虚拟仿真实验和模拟股市大赛等为主的教学资源生态，为本校金融学类专业和其他经管类专业发展提供了全方位的教学资源支撑，也通过线上投资学 MOOC 课程为其他高校学生提供了多元化共享资源。

学生高度认可"证券投资学"课程的教学效果，教学团队的学生测评分稳居全校前20%；教学团队开设的中国大学 MOOC"投资学"获得4.8分好评，线下教学团队的学生测评分都稳居全校前30%。

校内督导教师对证券投资学授课教师的教学一致好评，认为教师组织教学效果好、教学环节设计安排清晰、有机融入思政元素，课堂互动提高了教学效果。同时南京大学李心丹教授、中央财经大学刘志东教授对本课程团队投资学线上课程给予高度评价，认为课程遵循教学基本规律，围绕教学目标精心设计教学活动，科学规划学习资源，明确了学业评价策略和学习激励措施，符合学习者自主学习、移动学习、泛在学习和混合式教学的需求。

近五年来，教学团队先后获得“江苏省教育工作先进个人”，中国金融教育基金会“优秀指导教师”，“东方财富杯”全国大学生金融精英挑战赛优秀指导教师，校微课竞赛一、二、三等奖，课程思政示范课一等奖，线上“好课堂”一等奖和三等奖，好试卷奖，2 项虚拟仿真实验教学软件著作权。同时，创新教学已取得良好的培养效果，我校学生参加 CFA 一级考试通过率稳定在70%以上，并有 9 人在后期工作学习中通过 CFA 三级考试，已成为金融机构高级投资人才。

研究导向型教学创新与实践*

——以“保险学”课程为例

刘　妍①

近年来，针对高校课程教学现状，教育部及各地方教育主管部门出台系列文件，力图提升教师教学能力、改善教学效果、提高人才培养质量。2018年，《全面深化新时代教师队伍建设改革的意见》要求“着力提高教师专业能力。搭建校级教师发展平台，组织研修活动，开展教学研究与指导，推进教学改革与创新”。指出教师具有专业性，力推教学创新。2020年，教育部发布《高等学校课程思政建设指导纲要》，提出“要推动广大教师进一步强化育人意识，找准育人角度，提升育人能力。要创新课堂教学模式”。强调教师的“育人”功能，突出教学创新的迫切性。2021年，《北京高等教育本科人才培养质量提升行动计划（2022—2024年）》对新时代高校课堂进行刻画，提出“以学生发展为中心，深化小班化、互动式、研究型课堂教学模式改革”。进一步指明高校课程教学改革的立足点与方向。

新时代背景下，高等教育承载的不仅是党和国家对教育提出的新期待，还有国家经济社会发展对人才的新需求、企业国际竞争对人才的新要求，以及人的全面发展对教育的新诉求。高校教师应立足当下、面向未来，在追求自身专业化发展的同时，通过教学创新，在知识传授中实现价值引领，培养具有家国情怀、扎实专业素养与终身学习能力的创新型人才，落实立德树人根本任务。

作为一种开放的、多元的、以学生为中心的教学模式，研究导向型教学契合当前政策导向、符合教育教学规律、直指传统教学痛点，受到更多一线

* 本文为江苏省教育科学“十四五”规划2021年度重点课题“新时代高校教师教学能力提升机制研究”、2021年南京审计大学高教研究课题“大类招生背景下课程思政助力小专业发展研究”（2021JG041）系列成果之一，并受到江苏青蓝工程资助。

① 刘妍，1981年生，女，江苏姜堰人，南京审计大学金融学院副院长，教授，博士，主要研究方向为“三农”保险、高校教师教学发展。

教师的认同与推崇。本研究在对“研究导向型教学”进行概念界定的基础上，结合“保险学”课程研究导向型教学创新与实践，提出开展研究导向型教学的具体建议。

一、文献综述

（一）关于研究导向型教学

国外学者对在教学中渗透“研究”相关的训练与引导多持肯定态度。德国教育学家阿道尔夫·第斯多惠认为教育的艺术不在于传授知识，而在于唤醒、激发、鼓舞。大学教育关键是让学生在学校期间掌握初步的科研方法，培养基本的科研探究精神，引导普通学生进入科学之门。奥尔特加·加塞特在《大学的使命》一书中，提出“大学是为了把普通学生教育成为有文化修养、具备优秀专业技能的人。应该包括文化的传授、专业教学、科学研究和新科学家的培养三个职能”。

《研究导向型教育：以学生为中心的教学创新及案例》一书比较全面地对研究导向型教学进行了介绍，该书主要编者张晓军指出“实施研究导向的学习和教学，是面向未来重塑教学的重要举措”。此前，相关研究主要聚焦于“研究型教学”。研究型教学是一种包含 Presentation，Practice，Project 的多元化教学模式。平等、民主、和谐的师生关系有助于促进有效教学行为的生成，重塑大学教学文化能够激发研究型教学改革的内驱力，破除教师与学生的主体性恐惧，以及解决学校层面的资源配置问题与制度性阻滞是推进研究型教学的重点。研究型教学关键是让学生经历知识的重新发现，其本质是通过挖掘知识的内在流动性产生知识溢出效应，实现知识的加速转换与社会性建构，达成学生健康人格的塑造与道德、价值观的迭代升级。研究型教学相关理论研究中“知识放逐”的立场不可取，未来应进一步思考知识、能力、研究形式与教学技术等要素的整合之道，教学实践中则需要打破对知识确定性的迷思，坚持知识和能力为导向，实现学生的自我建构和自觉成长。此外，构建研究型教学评价体系应突出“教师分类”“过程性评价”等。

相比较而言，研究型教学的概念更为宽泛，强调教学的“研究”特质，而“研究导向型教学”作为研究型教学的具体范式，更具有操作性，强调以“问题”推进教学，并在实践中形成具有普适性的实现路径，在进行具体课程教学创新理论研究与实践探索时更加适用。

（二）关于教学创新

国外关于教学方法创新的研究始于 20 世纪 80 年代。一般认为，教学创新的本质是回归，让教学回归有效的“教”与高效的“学”，课堂应承载着让学生获取知识、获得成长、获得幸福感的重担。教学创新主要表现为“课堂中重视交流与探讨，重视自主学习与合作学习；重视能力培养；关注学生的主体地位；重视利用现代教学技术”。

个人教学效能、内部工作动机、积极心境与教学创新呈显著正相关，个人教学效能即教师对自身教学能力的自信，是教学创新的核心影响因素。学校领导、同事和学生的支持，可以通过满足教师的关系需要和能力需要激励教师教学创新。慕课、翻转课堂等各种基于互联网的教学创新要体现“教学相长、因材施教”的教学本质，需要学校、教师与学生三方共同努力。教学内容、手段、方法与考核创新是教学创新的核心内容。

（三）文献述评

国内外现有文献形成了良好的研究基础，强调“以学生为中心”的教学改革的重要性。充分肯定了研究型教学对促进学生全面成长的意义，指出研究型教学并非淡化知识本身，而是通过研究型“学”将知识进行内化，并达到能力与素质的提升；证实了包括研究型教学在内的教师教学创新，其意愿与效果主要取决于教师自身、学生、学校等相关主体。但如何在具体课程中以学生为中心开展研究型教学，研究有待丰富与深化。

二、研究导向型教学的实现路径

（一）概念界定

目前，对研究导向型教学并无明确界定。西交利物浦大学执行校长席西民认为“研究导向型教学旨在围绕学生健康成长和发展的目标，帮助学生学会学习、学会探索、学会观察、强于发现与分析问题，并长于整合知识以创造性地解决问题，甚至通过这样的学习过程增强其合作、组织和领导能力”。汪金英、张明月结合教学实践，认为“研究导向型教学以学生为中心，以实际现象为索引，以聚合资源解决问题为目的，倡导学习过程和教学过程的转变，强调师生之间互动机制的形成”。

可见，研究导向型教学并不简单等于纯粹的科研反哺教学。后者强调单一维度提升学生的科研敏感性、训练学生的科研素养；前者则侧重体现 OBE 教育理念，突出“学生中心”。具体而言，研究导向型教学强调以下两点：一是以“产出”引领教学，要求设置明确的教学目标与举措。其中，教学目标不再停留在知识层面，要求覆盖学生的全面发展与可持续成长，涉及高阶能力目标，以及素养与价值目标的实现。二是学生对教学过程的参与度、投入度与获得感。要求教师精心设计与组织教学，构建并维护师生学习共同体，强调“教师主导、学生主体”。

（二）实现路径

在研究导向型教学实践中，教师往往会借助图文、视频等资料，以提供相关“真实情景”的方式引出重点与难点，引导学生挖掘图文背后的“专业问题”，进而开启互动式、研究型教学，以研究导向型的“教”促成研究导向型的“学”。具体实现路径如图 1 所示。

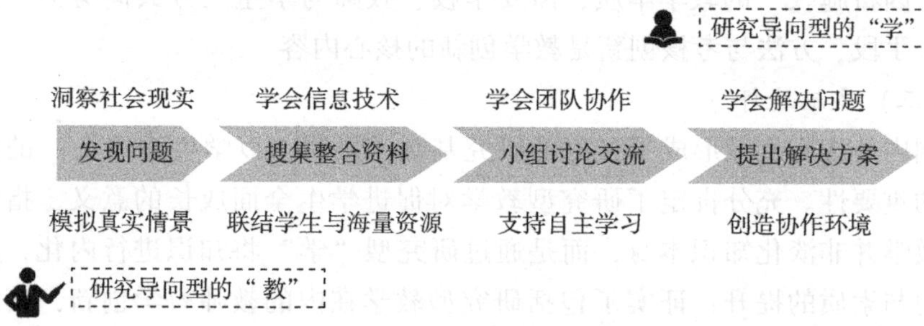

图 1　研究导向型教学实现路径

三、“保险学”研究导向型教学创新设计

（一）课程简介与教学痛点

“保险学”课程是保险学专业的第一门专业主干课，一般在大二上学期开设，意在夯实学生的专业基础知识、训练精算思维、激发专业学习兴趣、提升对本专业的认同感及增强保险行业感知，具有明确的课程定位与设置愿景。

学生在接触保险学之前，要求先修经济学、金融学等专业基础课与部分通识类课程。在认知特点、学习习惯与学习能力方面，保险学专业的学生与其他专业学生之间没有太大差异，但该年级的学生看待问题偏主观、容易人云亦云，这一点对课程教学带来挑战。受世俗观念影响，学生通常将“保险”简单等同于“销售保险”，误以为保险学课程主要讲授如何销售保险，学习兴趣不浓。事实上，这门课以风险作为逻辑起点，涉及大量经济金融原理与法律条款，涵盖产品精算与设计、公司经营管理、市场与监管等一系列专业知识，内容丰富、涉及面广，保险销售只是课程体系中的一小部分。

在传统教学模式下，保险学教学目标往往停留在知识层面、学生总体上处于被动接受状态、教与学双方均未能进入良性循环，绝大部分学生学习保险的兴趣不浓、钻研保险的能力不够、从事保险的意愿不强，这与课程设置愿景之间产生强烈冲突，已成为本课程教学面临的最大痛点。

（二）教学创新实践

针对传统教学痛点，“保险学”课程采取研究导向型教学进行改革创新。

1. 设置递进式教学目标

“保险学”传统教学目标相对单一，通常局限于“知识”层面，且学生往往被定义为被动接受者。学生要成长为对行业发展、对社会、对国家有用的保险专业人才，需要在“求知”的同时，学会“做事”“适应”与“做人”，应有担当与使命感，具有正确的世界观、人生观与价值观。为此，本课程设置了“知识为基、能力为重、素质导向、价值引领”的递进式教学目标（见表1），通过开展研究导向型教学，落实预设性学习，促进生成性学习，有力地促进学生的全面发展与可持续成长。

表1　“保险学”课程递进式教学目标

目标	具体内容
价值目标	以习近平新时代中国特色社会主义思想为指引，通过拓宽课程学习的内涵与外延，培养家国情怀、法治意识、科学精神与广阔视野；形成正确的世界观、人生观与价值观
素质目标	培养刻苦钻研与勤勉好学精神，增强社会公共服务与行业奉献精神；树立大局观与责任担当意识，强化团结协作与创新创造理念；养成诚信品格与契约精神
能力目标	运用所学知识发现、分析和解决专业问题的能力；增强自主学习与知识检索能力，增进团队协作与沟通交流能力；提升独立思考与批判性思维能力等
知识目标	辨析风险、风险管理与保险的内在逻辑，理解保险的基本原则与保险合同原理；掌握保险市场与监管基础知识，了解保险行业发展

2. 重构教学内容、创设教学环境

传统教学模式下，师生往往限于课堂、基于教材进行保险学基础知识的教与学，教学环境单一、教学内容滞后。研究导向型教学模式下，师生交流不再限于实体课堂与传统教材，而是借助信息技术与多维知识体系延伸至课外甚至校外，延展至线上，这就涉及教学内容的重构与教学环境的创设。

在教学环境方面，本课程围绕“教学时、拓展时、进阶时”进行研究导向型教学创新设计（见图2），其中“教学时”为教学计划内设置，后两者为课程创新性设置。“教学时”用于教师在线下实体课堂针对教学重点与难点，开展研究导向型教学；“拓展时”用于学生借助自建MOOC或其他优质资源学习基础知识、查阅文献、开展小组研讨，以及利用线上讨论区或课程QQ群等进行师生互动；“进阶时”则用于学生在教师的指导下于校内外开展社会实践、学科竞赛或学术研究，最大化课程的价值。“三层时空”使得教师能够进行更有针对性、更有深度的教学设计，师生之间的互动更频繁更具价值，从而在很大程度上激发学生的主体性。

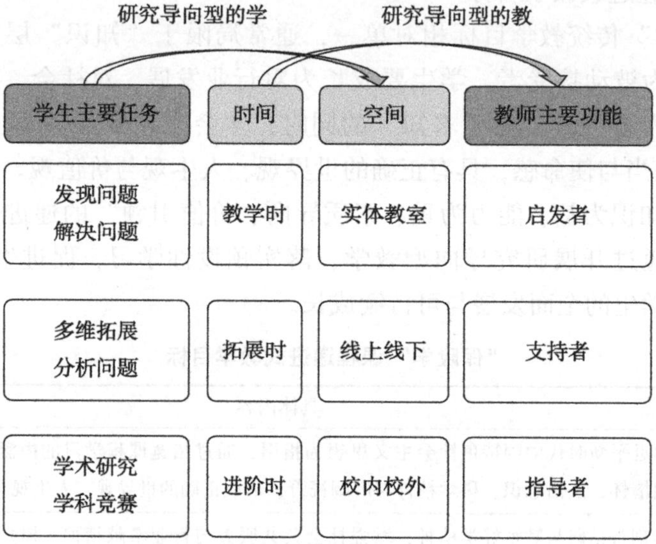

图2　研究导向型的“教”与“学”

在教学内容方面，当课程学习突破实体课堂，传统教学内容将不再满足实际需要，针对于此，本课程将基础知识与重难点进行分离，基础知识借助自建MOOC在线上闭环式解决，重难点则通过研究导向型教学来解决。同时，考虑到学生将有机会接触到海量资源，缺少的不再是“知识”本身，而是与知识发生关联的指引，本课程结合保险学专业人才培养目标、课程特点、学生学情等，构建了“国家相关重大政策+保险理论研究前沿+保险行业发展动态+保险典型案例”的多维知识体系，帮助学生与海量的学习资源有效联结。

3. 构建多主体评价体系

传统教学模式下，课程评价主要覆盖评学与评教。针对“评学”，一般通过平时测试、期中考试及期末闭卷等方式由教师进行评价，评价主体单一，且忽略过程性测评。针对“评教”，一般借助督导听课及学生评分来实现，强调“督”忽视“导”，且学生打分的主观性与随意性较强。研究导向型教学模式下，“保险学”课程有机融合过程性评价与终结性评价，创新性纳入管理者与用户视角，构建多主体评价体系，覆盖评学、评教与评课三方面，以评促学、以评促教、以评促建，教与学双方均进入良性循环、持续改进的状态。

针对“评学”，本课程设置了教师评学、生生互评及学生自我评价，主要从个人项目、团队项目、单元随测、阶段测试及期末测试等方面进行评价（见表2）。针对“评教”，在传统的督导听课与学生评价的基础上，纳入“管理者”视角，主讲教师通过参加官方组织的教学竞赛，以赛评教、以赛促教，以高水平竞赛促高质量教学创新。针对“评课”，纳入“用户”视角，融入协同育人理念，主讲教师经常性深入行业开展调研，邀请行业导师参与专业培养方案修订、评课、建课等工作。

表2　“保险学”课程学习评价表

评价方式		评价目的	评价形式	比重
强调过程	个人项目	跟踪学习情况 鼓励及时跟进 提升能力、熏陶素养	每周关注 课前3分钟 加油包	15%
	团队项目	关注政策与民生保险 训练团队协作能力等 提升行业认同度、使命感与家国情怀	Seminar	25%
突出结果	单元随测	检查基础知识掌握情况 检测“拓展”时段的利用效果	MOOC线上随测 6次线下随测	10%
	阶段测试	训练归纳能力 重点检验知识掌握与能力提升情况	复盘导图，3次 期中测试，1次	10%
	期末测试	重点检验知识掌握与能力提升情况	笔试，1次	40%
检验学习延展性	个人或团队	指导学生参与社会实践、学术研究、学科竞赛等 不占课程考核分 备注：教师持续提供引导与支持，助力学生“进阶”式成长		

（三）创新成效与反思

经过多轮教学实践，“保险学”研究导向型教学成效逐步显现。一是通过研究导向型的“学”，学生在扎实掌握保险学基本原理的同时，对中国保险发展的过去、现状与前景有更为全面的认识，能够深刻理解国家相关重大政策出台的背景，并尝试从专业角度思考新时代保险发展面临的机遇与挑战，学生运用专业知识分析与解决问题的能力明显提升，专业自信、行业认同与使命担当得到增强。二是基于研究导向型的“教”，教师在达成知识目标的基础上，更加注重学生的学习能力与素质提升，能够敏锐地捕捉到学生的想法，及时将相关主题设计成学习任务，延续学习，充分发挥教师的主导性与学生的主体性。三是课程学习目标清晰，师生定位明确，学生借助“三层时空”，利用多维知识体系进行资料查找，课前准备充分；教师能够给予及时评价，鼓励生生互动与互评，引导学生反思与自评，学生获得感强，学习状态好，课堂参与度高，学习过程中生成的新观点往往很有价值与启发性；更加科学合理的评价体系使得教与学的状态均得到持续改进。总体而言，研究导向型教学极大程度上解决了“保险学”课程传统教学痛点，有力提升了教学效果。

值得注意的是，教师在课堂互动与研讨过程中，并不总能生成新观点；极少数同学在小组研讨时参与度与活跃度偏低，团队学习效果达不到预期。针对于此，一方面，教师要持续学习，丰富知识储备，提高自身专业能力与综合素质；另一方面，强化团队项目中“生生互评”，最大限度减少“搭便车”现象，提升团队协作效率。

四、开展研究导向型教学的几点建议

（一）师生双方对教学创新应具有一致认识

任何教学创新，只有学生认可、支持并配合才有可能顺利推进并取得预期效果。相较于传统教学，研究导向型教学要求教师更精心地设计教学、组织教学并反思教学，而学生要从传统的“被动听”转变为“主动学”，这对教学双方均提出更高要求。教师在开展教学实践前及过程中，要有意识地传递“研究型学习”的必要性与正面价值，分享“研究型教学”的学习范式，确保实际教学效果。

（二）构建并维护师生学习共同体

研究导向型教学强调师生互动与生生互助。从学生端来讲，主要在发现问题中关注社会、行业与民生，在分析问题中巩固专业知识，在解决问题中提升个人高阶能力，这一过程离不开教师的引导、支持与鼓励，以及教师给予的“过程性”评价，也离不开团队项目中同伴的帮助与协作。从教师端来讲，重点是结合学情与课程特点，借助案例教学、情景模拟等方式引导学生发现自身感兴趣的专业问题，同时在学生开展研究导向型学习的过程中适时适度给予提示、交流与指导。此外，师生双方应进行持续学习与钻研，确保互动效果与质量。

（三）借助信息技术提高课程学习效果

研究导向型教学的重头戏在线下课堂，但线下“教学时”有限，有必要借助现代信息技术延展教学时空。建议开展线上线下混合式教学模式，线上侧重普及基础知识，引导学生充分利用课外碎片时间；线下课堂则借助研究导向型教学解决重难点，让学生在有效的生生及师生互动中明晰观点、解决问题、强化知识，同时增强团队意识、责任担当意识与使命感。

（四）完善教师教学相关评价体系

从保险学教学创新实践来看，科学有效的教学评价体系能够实现以评促学、以评促教、以评促建。建议改革教师考核评价指标与职称晋升相关内容，强调教学是大学的第一职能、认可教师的教学投入与产出、肯定第一课堂对人才培养的关键意义，吸引更多教师关注教学、投身教学、研究教学、创新教学。同时，建议设计融合过程性测评与终结性测评的评价内容，构建教师、学生、同伴、管理者、用人单位在内的多主体评价体系，引导师生全过程有效投入，提升教学效果。

参考文献

［1］张晓军，席酉民，赵璐．研究导向型教育——以学生为中心的教学创新及案例［M］．北京：机械工业出版社，2019.

［2］徐明，李斌，朱俊武．以学生为主体的研究性教学新探索——“3P”教学模式在高校人才培养中的实践［J］．中国教育学刊，2015（S1）：29－30.

［3］赵新平．研究性教学中有效教学行为的生成［J］．教育理论与实践，2015，35（19）：62－64.

［4］杨冬．大学研究性教学改革的阻力及其化解［J］．重庆高教研究，2019，7（3）：98－109.

［5］解德渤，崔桐．大学课堂革命何以可能——研究性教学的旨趣、实践及其挑战［J］．重庆高教研究，2020，8（3）：56－66.

［6］夏淑玉，安传迎．指向学生学习的课堂革命——本科研究性教学的理性回归［J］．重庆高教研究，2020，8（3）：67－77.

［7］谭英磊，陈坤．高校研究性教学中的知识“内循环”策略［J］．江苏高教，2021（2）：85－92.

［8］黄路遥．从放逐到回归：研究性教学“知识回归”立场之辨析

[J]．江苏高教，2022（2）：93－100.

[9] 王超．“一流教学”建设中研究性教学的思考[J]．贵州师范大学学报（社会科学版），2022（2）：61－71.

[10] 王秀华．研究性教学课程评价调查研究[J]．中国大学教学，2015（8）：69－72.

[11] 李艳静．网络时代高校教学方法创新研究[D]．黑龙江大学，2019.

[12] 王振宏，王克静，游旭群，等．教师效能、工作动机与心境对教学创新的影响[J]．心理科学，2010，33（5）：1254－1257.

[13] 蔡永红，龚婧．学校创新支持与教师教学创新的关系——基本心理需要满足的中介作用[J]．教育学报，2019，15（2）：48－57.

[14] 刘刚，李佳，梁晗．“互联网＋”时代高校教学创新的思考与对策[J]．中国高教研究，2017（2）：93－98.

[15] 熊庆旭．教学创新的基础、特点和途径[J]．中国大学教学，2021（8）：73－78.

[16] 汪金英，张明月．思想政治理论课研究导向型教学探析[J]．黑龙江高教研究，2019，37（12）：102－105.

财经院校高年级金融类课程教学反思与创新

——以南京审计大学金融学院风险投资学为例

宋　文

一、绪论

风险投资学立足于“风险资本”这一核心客体，探讨风险投资者、基金管理者和风险企业三个主体在不同阶段的投资决策和风险防控等问题。课程涉及投资学、创新创业、决策论等多门学科知识，是一门强理论性、高综合性、重实践性的课程。因此，财经类院校在课程体系设计中一般将风险投资学纳入专业必修课或专业选修课范畴。基于课程特点，高校通常将该课程开设在高年级阶段，例如，我院将这门课程开设在大学四年级第一学期。然而，这一阶段的学生因为本身所面临的就业求职、升学考试等压力而导致个人学习动机不强；课程教材也因为理论性过强而实践指导性不足、理论与实践具有时滞性等问题而导致学生学习兴致不高；教师基于知识结构、教学方式等局限而导致教学效果不佳等问题。

种种问题的出现，需要作为课程主导者的授课教师对于课程进行系统性反思，以期在未来教学中解决已经出现的问题，并防范尚未发生的问题。实际上，“教学反思”作为一种有效的措施，能够实现反思与教学的有效结合，从而实现教师发展自我、提升自我的路径，也是教师专业自我发展的重要手段。

“教学反思”最初兴起于美国，后在全球教育界广为流传。近年来，我国众多学者就“教学反思”这一问题也开展了深入研究，并取得了较为丰富的研究成果。方远运用文献计量工具对CNKI数据库（2010—2020）有关教学反思文献进行分析，研究近10年来相关研究的发展趋势及研究焦点，发现“教学反思”的关注点聚焦于教师反思及专业发展、高校改革等。

关于“教学反思”的内涵，学者们给出的定义大致类似。基于各自教学学科的实践活动，阶段性、周期性回顾教学过程中的问题、行为和表现，并从中总结经验与不足，以促进教学水平和教学效果，达成相应的教学目标和个人成长。例如，石华灵认为，教学反思是教师对自身教育教学活动进行积极、主动、深入的思考，对自身教学行为、教学效果进行审视和反省，并进行自我调节和优化，以促进教学工作的改进和发展。刘清和宋培源将教学反思视作教师对教育教学实践再认识、再思考，并将其分为教学实践中的反思和学习过程中的反思。徐红梅认为教学过程具有反思性，通过教学环节中渗透的教育理念、方法手段、内容设计、过程组织等，考察教学是否真正实现知识、能力和情感等目标。

教学反思在教育教学过程中的重要性毋庸置疑。美国教育学家波斯纳提出关于教师成长的两个关键要素，即经验和反思。基于个人的学习、参考、借鉴而组成的认知体系并将之成功运用到教育教学过程中的经历总结，属于教师的教学经验范畴，也即丰富认知体系并提升教学能力的“原材料”。但仅仅有原材料仍然不够，教师仍需要基于反思的手段，对“原材料”进行加工打磨及内化吸收，变成结构性、体系性的“真珠玉”。我国著名教育学家叶澜教授将教学反思的重要性总结为：“一个教师写一辈子教案不可能成为名师，如果一个教师坚持写三年教学反思，就有可能成为名师。”这句话形象地注解了经验与反思之间的关系，也指明了教师发展的路径。

基于此，部分教师就风险投资学教学过程中的教学方式、教学手段、教学改革等方面进行了创新性研究，并给出了改进措施和创新建议。基于风险投资学基础理论综合性强、涉及学科知识广、学生学习兴趣不强等特点，部分教师将实践性教学纳入教学体系中，以项目参与形式激发学生的学习兴趣，并提升学生的实操能力。鲁钊阳认为，风险投资学课程的特点决定了教学过程应重视“项目主线、教师主导、学生主体”，且项目选择的科学性、教师教学的艺术性和学生学习的能动性都对项目参与法有较大影响。类似地，王玉荣在风险投资学的教学中，以某一风险投资项目为主线，在教师指导下，学生自发进行探索学习。以风险投资在创新创业中的重要作用为切入点，也有部分教师将风险投资与创新创业关联，进行相应的教学反思与创新。何凌云等细致分析了风险投资运作课程的内容特点及传统教学方式的弊端，主张创新创业的能力培养导向教学模式以打破教与学双边的功利性约束。尹国俊和孟丹萍提出风险投资专业人才培养应遵循“创新—创业—创业风险投资—创业服务—创业风险投资模拟实训”的“五创模式”，将风险投资运作按不同阶段进行场景化设计，提升学生的理论素养和实践能力。肖云和吴剑东在课程中模拟创新创业情境，令学生通过角色扮演的方式体验项目驱动，以培养学生的创新创业能力。在当前所处的互联网技术、大数据技术等新兴技术盛行的时代，风险投资学的教学手段也需要符合时代的需求。针对当前高校课堂存在的相关问题，孔苗苗对风险投资课程进行“对分课堂”的教学改革，即PAD教学模式，以促进学生的自主学习能力。在慕课时代，吴晓明等依据风险投资学的特点，构建了科学的MOOC—FCM教学模式（基于慕课的翻转课堂模式），最终提升了教学质量。华勇则将大数据理念融入风险投资学课程中，为课程提供了更多的教学手段和评价分析方法。

尽管这些专家学者就“教学反思”这一课题做了大量理论贡献和实践经验，并专门针对风险投资学这门课程提出很多改进创新措施，但当前课堂上仍存在一些问题尚未受到重视，尤其是课程大纲的整体设计、学生底层逻辑思维的培训及学生情感认知的重视等问题，现有文献较少有所涉及。

基于此，本文就我院风险投资学的授课过程中出现的问题，分析其原因，并给出些许改进建议。

二、风险投资学教学现状及原因解析

（一）风险投资学概述

风险投资学隶属于“投资学”学科体系，涵盖风险控制、投资决策、资金管理、企业运作等领域内容，涉及金融学、会计学、管理学、决策学等学科方向，是一门名副其实的综合性课程。此外，风险投资学与创新创业相关课程具有天然契合性，因而部分高校将两者合并形成一门课程。

风险投资学的课程章节一般涉及风险资本、风险投资者、风险基金、风险企业，以及各方的关系及决策等，具有理论性偏强、实践要求高的特点。以我院所选《风险投资运作》（徐枫第三版）教材为例，课程内容包括风险投资运作原理、风险投资运作要素和风险投资运作机制三大模块，每个模块涉及三章至四章内容。总体来看，前两个模块涉及多个领域的理论基础知识，比如投资风险的计量、风险运作的过程及机理、风险投资的客体及主体等；而第三个模块则为实践性需求设计，比如商业计划书的设计、项目评估方法等。

相关知识模块之间的关系如图1所示。由图1可知，运作原理和运作要素板块与实践篇并行，共同构建了课程的主体内容，而模块内部之间则存在一定的逻辑关系。概述部分的拓展就是风投运作的原理，而概述和原理共同对应着风险投资过程中的风险预防和管理；风险投资运作要素中风险资本是核心客体，与其他两个主体之间深度关联。风投机构和风险企业则分别对应着实践篇中的运作实操知识点。

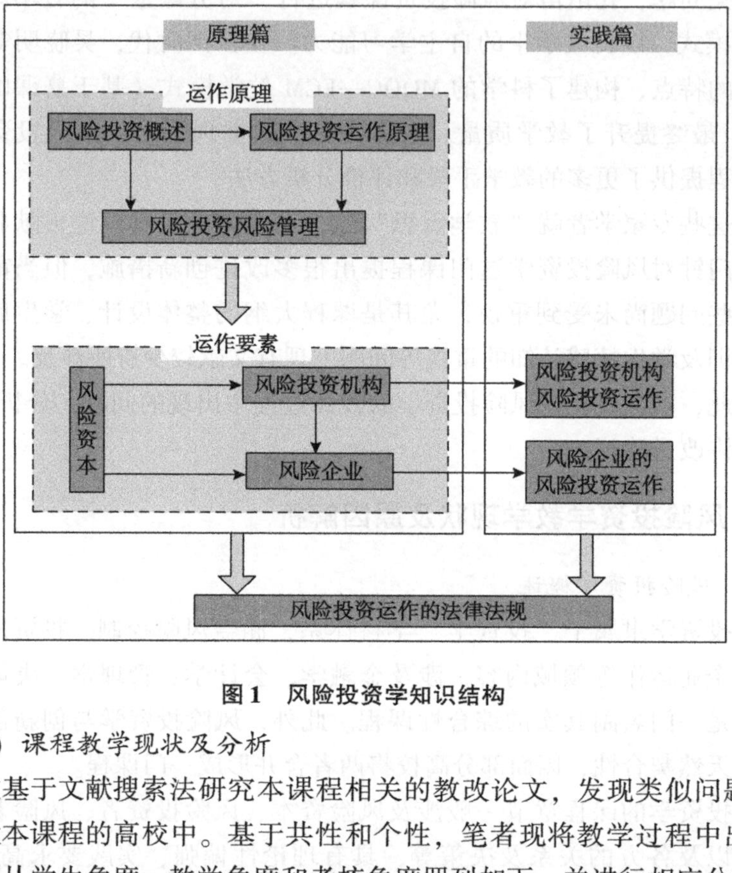

图1　风险投资学知识结构

（二）课程教学现状及分析

本文基于文献搜索法研究本课程相关的教改论文，发现类似问题广泛存在于开设本课程的高校中。基于共性和个性，笔者现将教学过程中出现的问题，分别从学生角度、教学角度和考核角度罗列如下，并进行相应分析。

1. 学生学习时间紧、任务重。我院风险投资学课程作为专业选修课，安排在大学四年级第一学期，32 学时的课程压缩在 8 周内完成授课及考核（考试）等任务。据了解，大四学生至少要在 8 周内完成 3 ~ 4 门课程的学习及考试任务，凸显时间紧、任务重的特点。依据课程大纲要求，每门课程必须有相应的作业考核、考试考核和出勤率等要求。以风险投资学为例，2 学分课程要求学生至少完成 4 次作业和一次考试。如此，大四学生在第一学期的前 8 周必须完成至少 12 次作业及 4 门考试，导致学生疲于应付。

2. 多项任务并行，目标难以取舍。大学四年级的学生要面临首次的职业目标选择，就业、升学或者留学基本要选择其中一项，而自主创业的学生则并不多见，不具有代表性。对我校的多年统计数据分析之后，发现大部分同学都选择考研升学这一路径。一方面，基于留学相关流程复杂、标准较高、费用较高；另一方面，基于每年大学毕业生数量持续增加且经济回落周期明显，大学生就业意愿普遍偏低。

考研是一场综合信念、意志、坚持、勤奋等多种意识领域要素且旷日持久的个人战争，且唯一的对手是自己。但有不少学生基于认知问题和心态问题，在备考的阶段过程中，又考虑去就业市场找寻机会。这反映出学生在未来职业选择方面具有一定的盲目性和迷茫性，但这一问题一直没有受到过多关注。

因此，大学生在大四上学期的十几周时间内，需要面临着课程学习、研究生备考、秋招面试等多项任务，这使许多学生显得无所适从。基于升学压力，学生往往将精力付诸在更重要的考研复习上，而往往缺席专业课程的学习。课堂上，一个 30 多人的班级仅有 8 位学生上课；上课的学生也往往复习研究生备考材料而非专注听讲。这种情况如果不能有效解决，则极大地影响教学效果。

3. 教学内容枯燥，学生兴趣不大。经管学科理论的研究大多落后于实践的进展，而教材将理论纳入原有的体系则比实践要落后几年甚至十几年。同时，基于教材对理论知识的传承性，教学内容安排上偏重理论知识的讲解，而实践中的具体操作内容则简化很多。此外，在新兴科技不断出现的当前，各种新型的风险投资模式和投资生态层出不穷，但教材的更新往往难以跟上社会的发展，这也极大地限制了授课内容，导致学生视野和思维得不到拓展，进而导致学生对此学习的兴趣不高。

风险投资学本身是一门综合性学科，其目的在于培养复合型人才，因此，在学习本课程之前，要求学生具备财务管理、企业经营、市场营销、金融证券、经济法等多门知识。限于专业细分，部分课程隶属于商学院和经济学院范畴，金融学院的学生在此前没有接触过类似课程，这导致学生在上课过程中对某些概念和理论理解程度不高，进而丧失学习主动性。

4. 教学方法单一，师生沟通不畅。目前大部分课程仍然遵循传统的“讲授—接受”的教学模式。在多媒体技术时代，也往往是用 PPT 取代了板书，以视频取代了故事，并没有在教学方式上进行深层次的变革和发展。传统的教学模式中，教师基于主导地位，在较短的时间内将大量新的知识传输出去，学生被动接受，课上忙于记录或者茫然无措，较少有时间和机会去衔接、思考和内化。学生对教师的依赖性较高，导致对学生知识的掌握程度难以衡量。而学生课后作业的完成，也往往是任务式应付。

师生沟通不畅的问题同样影响课程的教学。教师平日有多门学科教学、科研、社会服务等工作内容，与某一课程的学生交流最多的时间也仅限于课堂上。尽管课程有相关的沟通渠道，比如教师电子邮箱、课程 QQ 群等，但学生主动与教师沟通的意愿较低，而教师在教学中也往往关注学生的整体性表现，忽略个体的表现与感受。

5. 考核模式单一，考核结果失真。目前大部分课程对学生的考核仍然以期中、期末考试成绩为主要参考依据，出勤率与平时表现为辅助参考依据。这种考核模式往往导致考核结果失真。在课程期末考核中，教师往往将本学期授课内容进行归纳总结，考核的知识点偏于理论而较少涉及实践，考核的重点偏于记忆而较少涉及理解应用，因此善于背诵记忆的同学往往能够取得较好成绩。同时，一些对课程学习兴趣不高的同学往往以及格为目标，导致成绩统计中的方差较大。

为了更好地提升教师的教学水平和学生的课堂体验，我校为每门课程设置“学生评教”环节，要求学生在期末对授课老师进行考评。这往往会出现从未上过课的同学对老师进行打分、基于课程难度较高或者教师要求过严导致学生抵触心理而打分过低等怪异现象，从而导致评教的结果失真。而失真的结果则会直接影响下一学期教师的授课模式，导致授课教师可能会考虑评教结果而对于学生过于放松等问题的出现。

三、风险投资学教学创新策略

基于上述现象及原因分析，本文认为风险投资学课程教学需要从授课时段安排、学生目标引导、教学内容扩充、教学方式变革、考核方式改进五个层面作为切入点，对本课程的教学进行体系性变革创新，以提升教学实际效果，达成培养高素质、跨学科、综合型人才的目标。基于我院进行的大纲修改正在进行，借此契机，提出以下改进策略。

（一）修订教学大纲，革新课程安排

综合考虑学生的培养大纲、可用时间及学习强度，从课程安排和教学大纲角度，重新规划本课程的教学安排。新大纲的修订，可以考虑将本课程的授课时段提前，安排在大学三年级上学期或下学期，与“证券投资学”“金融

工程学”等主干课程同期学习。首先，授课时段的提前可以将原来课程压缩8周的时间恢复至16周，这样师生的进度安排就不会过度紧张，也为课程内容的拓展提供必要的时间保障；其次，授课时段的提前有效避开大四学生多任务时期，也能为学生在大四期间的时间安排提供便利；再次，大三阶段学生处于对未来职业规划的初期阶段，授课教师可以适时关注学生的思想动态，也有机会为学生的困惑提供一些建议；最后，同时段学习关联度极高的课程，能够促进学生的知识迁移性和关联性，有利于各科的学习效果提升。

（二）转变教学目标，引导优于讲授

传统的教学方式强调学生对知识的获取、处理及运用的能力，因此“讲授型”教学方式成为主流，教师传授知识后考查学生的记忆能力和理解能力，培养学生对某一领域的专业化程度，此所谓“一维目标”。随着社会对创新人才需求的增加，创新思维和逻辑思维的培养逐渐受到重视，教学过程中不单单需要关注学生对知识的掌握和运用，同时还要培养学生探究问题本源的能力，基于问题导向去引导学生发掘自我的探究能力和分析能力，以深化对事物的认知层次，增强解决未知问题的能力，此所谓“二维目标”。“以学生为中心”教学理念的提出，进一步拓展了教学目标的内涵。在课堂教学中，教师也需要关注学生的人生观和价值观，通过沟通和引导等方式培养学生解决问题的兴趣，激发学生的求知欲望，端正解决难题的态度，提升人际协作水平，增强沟通交流能力等各方面人文素养，发展关注教学课堂专业性、创新性、人文性的三维教学目标。在风险投资学的教学过程中，笔者也在朝着创新性和人文性这两个维度的教学目标进行相应的尝试。在授课过程中，笔者会将业内人士的访谈、著作、奋斗历程设计为授课内容，引导学生对职业选择和决策的深入思考，同时也会就相关的并购案例引导学生讨论，发掘案例中的精彩之处和潜在风险。

（三）扩充教学内容，引入前沿知识

针对教材偏重于理论知识的学习、学生兴趣不高等问题，考虑扩充教学内容，拓展教材之外的知识。目前，国内“创新创业”与风险投资学等课程相关教材大同小异，内容框架脱离不了图1中的知识模块。在此知识体系下，如何选择合适的拓展内容，既能够保证有效的衔接性，又需要一定趣味性以吸引学生的兴趣，是当前教学创新的一个挑战。笔者尝试将名人访谈、名人著作、名人故事、业界案例、科研著作等零散的知识碎片和信息碎片基于“风险投资”的学习主线进行串联，形成一定体系性的拓展知识，以补充教材时效性及实践性缺失的问题。在课程的第一章的导入中，笔者播放了一段记者采访高瓴资本张磊的视频。张磊在采访中讲述了个人求学的历程和从业历程，谈及风投基金经理所需要具备的素养。在视频结束后，笔者在课堂上要求学生总结张磊所强调的素养，突出"Vision"这个核心品质，引导学生从事职业时需要具备宽阔的职业视野。在讲述风险基金内容时，引入国内"风投女王"徐新的从业历程故事，在感动于徐欣拼搏精神和坚韧不拔的品质之余，引导学生树立不怕困难、敢想敢干的精神品质。

（四）丰富教学手段，建立沟通机制

在新兴科技持续发展的时代，依据学生的关注倾向和行为偏好，以学生易于接受的教学手段进行授课，也是拉近师生课堂距离的一种有力措施。在传统的"讲授—接受"的模式之外，尝试基于不同方式的教学。目前较为典型的教学手段很多，且具有一定的培养效果。

项目教学法是目前极具影响力的教学手段之一，尤其适用于风险投资学课程。在项目教学法中，科学性项目的选择尤其重要。教师所提供的材料，既要与教材中的相关理论相契合，又要具有实务性，与学生以后所从事的工作相关。此外，提供素材需要综合考核关联的基础知识，比如风险控制、财务会计、收益管理、运作管理等领域内容。基于当前国家对于"创新创业"的空前重视以及对大学生创新创业的大力支持，项目教学法在风险投资学中的应用适逢其时。在"以学生为中心"的核心理念下，在课程教学的过程中，鼓励学生真实参加或者模拟参加"大学生创新创业大赛"，并据此将课堂学生分为相应小组，引导学生在现实生活中观察相关的商机和创新创业的突破点，并依据教材上相关的理论知识完成市场调研，撰写调研报告，小组讨论项目的可行性等。在确立可以实施的项目之后，指导学生进行商业计划书的写作，要求计划书的可行性、市场认可度、市场潜在需求及产品后期的可持续性等方面的翔实完整，同时还要考虑项目失败的可能性，即项目存在的风险。整个流程完成之后，学生对课程的理论知识和对创业项目的实操均能够有较为深刻的认知。

案例教学法也是风险投资学中常用的教学手段。案例教学法能够将抽象的理论知识融入实际问题中。教师通过典型的案例分析，将相关的理论知识灵活运用到问题的解决之中，向学生显性展示理论知识的应用之道，加深学生的印象。但案例教学需要教师保持业界的敏感性，所选的素材不但要求具有理论知识的关联性，还需具有时效性。尽管风险投资领域有非常多的典型案例，但这些案例已被很多教材或者资料使用，学生对此类案例非常熟悉，导致案例失去新鲜感，学生对相关理论的探索兴趣也会降低。为此，教师对于相关案例的选择是此类教学成功的关键。

此外，随着网络教学资源的不断丰富，“翻转课堂”也不失为一种有效的教学手段。教师可以在课前指定学生学习相关的网络课程，在课中着重基础理论的讲解和核心概念的深入挖掘，并在课后进一步要求学生通过多样性的考核任务进行知识的巩固。

涉及沟通机制方面，教师首先要表现出开放的态度，欢迎学生的咨询。在课程创建的 QQ 群等沟通渠道中，教师应该积极主动引导学生就课程设计、课程素材、课程讲授、课程检验等方面积极提出意见和建议，并以开放的态度积极回应学生反映的问题。此外，一个温暖的教师也更能够激发学生的倾诉欲和求助欲。

（五）多维评价体系，促进教学效果

紧抓大纲修改的契机，对相关课程的考核方式进行改进，形成多维度评价体系，不能仅侧重于期末考试成绩，而应该更加重视过程管理和过程考核。基于前述教材内容和教学手段的创新，评价体系应该与之形成对接。评价体系应该囊括教师评学、组员互评、学生评教、同事互评四个角度。从评学的角度看，应该着重考核学生基于风险投资的特点，在课程中学习的具体表现和成效。以项目教学法为例，以学生小组为考核单位，比较各小组项目的优劣，给出相对应的分值权重，再依据小组成员的职责分工，考核每个成员在小组中的贡献。然后再组织每个小组进行组内成员互评，量化每个小组成员的分数，并依据组内“群决策”流程，给出最终的确认分值。从评教的角度看，应该就教学过程存在的问题以及学生的期望效果进行双向沟通，以便教师在后期的教学改进中有明确的方向。同时，教师也需要在同事的互评中发现自身教学方面的不足，学习他人有效的经验。课程教研组应该定期组织教学反思活动，进行阶段性群体反思，这样对于成员教学水平的提升大有裨益。

四、结语

党的十九大提出“高等教育内涵式发展”理念，而党的十八大则明确指出“努力办好人民满意的教育，必须深化教育领域的改革，稳步提升教育的质量，大力培养学生的创新精神”。为此，可以预见在未来的几年，高校课程的教学改革需要沿着创新和内涵式发展这些方向进行，这也为高校一线教师的教学反思提供了依据。基于“以学生为中心”的理念，本文以风险投资学教学中出现的问题为例，提出改革建议，以期为“高等教育内涵式发展”的理念提供一些参考。

参考文献

[1] 曾勇．大学英语教师有效教学反思促进专业自我发展实证研究［J］．新余学院学报，2019，24（2）：137－141.

[2] 方远．基于 Citespace 的国内近 10 年教学反思研究文献可视化分析［J］．现代商贸工业，2022，14：167－168.

[3] 石华灵．教学反思概述、影响因素与策略［J］．教学与管理，2017，11：4－6.

[4] 刘清，宋培源．教学反思之研究［J］．高教学刊，2019，21：110－112.

[5] 徐红梅．加强教学反思助推专业教师成长——浅谈教学反思对应用型地方本科院校专业教师成长的作用［J］．文化创新比较研究，2019，18：118－119.

[6] 鲁钊阳．风险投资学课程教学中项目教学法的运用研究［J］．当代教育理论与实践，2013，5（6）：101－103.

[7] 王玉荣．项目参与法在“风险投资”课程教学应用的探索［J］．科技创新导报，2015，27：131－132.

[8] 何凌云，刘传哲，解凤敏．培养创新创业能力的教学模式探索——基于《风险投资运作》课程平台的实践［J］．金融教学与研究，2012，5：65－67.

[9] 尹国俊，孟丹萍．创业风险投资专业人才培养“五创模式”探析［J］．中国证券期货，2012，8：57－58.

[10] 肖云，吴剑东．创新创业导向下“风险投资”课程项目体验式教学模式构建［J］．教育现代化，2018，5（1）：42－44.

[11] 孔苗苗．PAD 教学模式在《风险投资学》课程教学中的实践应用［J］．环渤海经济瞭望，2017，8：181.

[12] 吴晓明，刘琳，林佳．慕课时代下风险投资学的翻转课堂教学模式构建［J］．科教文汇，2017，11：75－76，83.

[13] 华勇．大数据背景下风险投资学课程教学改革探究［J］．科技、经

济、市场，2022，5：130－132.

［14］余晓京，施永强，杨青真，等．气体动力学基础课程教学反思与实践［J］．高等工程教育研究（增刊），2019，1：105－107.

［15］Lorin W. Anderson，Laren A Sosniak. Bloom's Taxonomy［M］. University of Chicago Press，1994.

升级线上线下模式，讲好中国金融故事*

——基于中国股票市场教学创新实践

杨光艺

一、引言

（一）新时代下的新使命

站在实现“两个一百年”奋斗目标和实现中华民族伟大复兴中国梦的历史节点上，中国特色社会主义进入新时代。在经济领域，自党的十八届三中全会通过《中共中央关于全面深化改革若干重大问题的决定》以来，资本市场取得了一系列丰硕成果：注册制改革全面推进，资本市场的市场化改革提档加速；陆港通、债券通、沪伦通等互联互通机制相继开通，资本市场对外开放取得一系列成果；新三板、科创板、北交所、区域性股权市场相继成立，退市制度和转板制度的建立与完善，多层次资本市场呈现出一体化发展等。

如何系统、全面、及时地阐述我国资本市场建设的逻辑、历程与成果，总结资本市场建设的中国化经验，不仅是“新文科”建设中国化（樊丽明，2020）的重要内容，还是进行中国特色社会主义和中国梦教育的重要素材（王伟和黄颖，2021）。因此，讲好中国金融故事成为新时代背景下的新使命。

（二）新时代下的新挑战

在新时代背景下，不仅产生了新的教育目标，教育对象也演变出了新特征，其中最为典型的特征就是学生由传统的被动接受式学习转为主动搜寻式学习，这种学生特征的演变降低了学生对于教师的依赖性。另外，受限于物理空间的影响，互联网教育的发展进一步削弱了教师对于课堂的掌控能力。

---

* 基金项目：江苏高校省级优秀基层教学组织（润泽·金融名师工作室）；南京审计大学 2021 年校级新文科研究与实践项目（围绕“我国资本市场伟大历程：建设与演变”的课程建设与案例库建设）；南京审计大学国家级一流专业（投资学）建设专项课题（基于案例视频库建设的投资学思政教育创新研究，项目号：2021JG127）；南京审计大学第四批校级课程思政示范课建设项目（《中国股票市场》）。

在学生与教师和课堂逐步脱离的背景之下，三类比较典型的学生为讲好中国金融故事带来了挑战。这三类典型的学生分别是内卷型、躺平型与摆烂型，其中，内卷型学生功利性较强，专注于简历提升，但是缺乏使命担当；躺平型学生循规蹈矩，能够按照老师要求完成学习任务，但是缺乏思考和学习的主动性；摆烂型学生对于学习表现出佛系心态，容易沉迷于自己的兴趣爱好之中，导致学习下滑。

二、课程教学创新思路

面对上述三类典型学生，为讲好中国金融故事，课程组顺应时代发展趋势，利用最新的教学工具和教育理念，进行了课程教学创新的实践，图1给出了课程教学创新的具体思路。

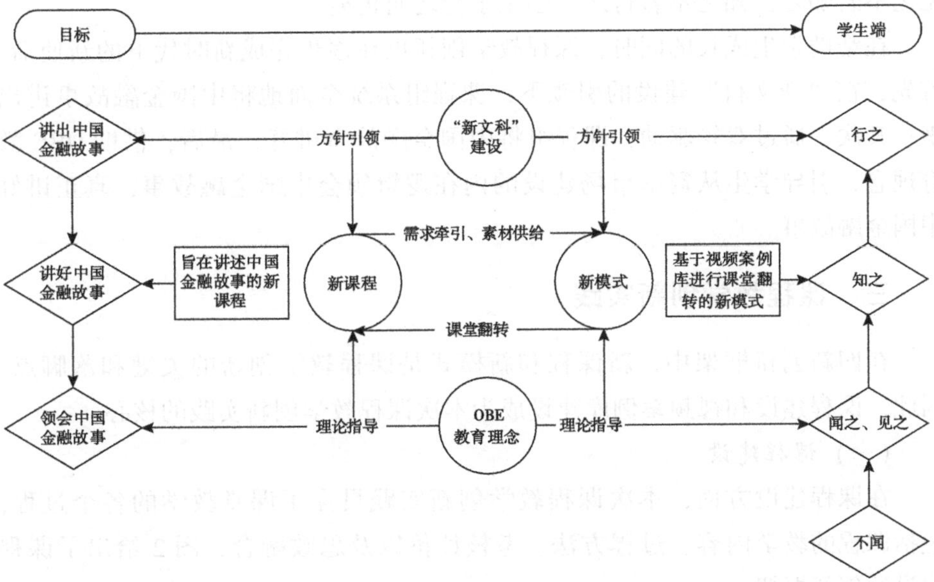

图1　课程教学创新的具体思路

本次课程教学创新可以总结为四新创新框架。具体来看，四新创新框架以“新文科”建设为方针引领，以OBE教育理念为理论指导，以新课程建设和基于视频案例库建设的新模式形成双轮驱动，进行课程教学创新。

其中，在“新文科”建设引领方面，课程教学创新时刻坚持为国育才、思政为魂的基本原则，借鉴“新文科”建设过程中新模式、新课程以及中国化的新理论等思路（樊丽明，2020）。在理论指导方面，课程组基于OBE教育理念（Spady，1994；柏晶等，2017；王永泉等，2019），针对摆烂型、躺平型和内卷型学生，分别采取了兴趣牵引、陪伴成长和能力提升的方式方法，增强学生与教师和课堂之间的联系，并促进学生成长。在双轮驱动中，新课程是指开设一门旨在全面系统阐述资本市场建设中国化经验的课程——中国股票市场；新模式是指通过视频案例库的建设，升级线上线下混合式教学模式，提升课堂教学效率。

在四新创新框架下，基于以学生为中心的OBE教育理念，有助于实现学生由不闻变成闻之、见之，再通过新课程和新模式的双轮驱动，帮助学生由闻之、见之变为知之，同时，在课程建设和视频案例库建设的整个过程中，课程组始终坚持“新文科”建设中为国育才、思政为魂的基本原则，推动学生由知之变为行之，最终实现荀子所说的“不闻不若闻之，闻之不若见之，见之不若知之，知之不若行之。学至于行之而止矣”。

在帮助学生成长的同时，课程教学创新也在逐步完成新时代下的新使命。首先，在“新文科”建设的引领下，课程组系统全面地将中国金融故事讲出来；其次，通过双轮驱动，课程组将中国金融故事讲好；最后，借助OBE教育理念，引导学生从资本市场建设的内在逻辑领会中国金融故事，真正讲好中国金融故事。

三、课程教学创新实践

在四新创新框架中，新课程和新模式是课程教学创新的关键和落脚点，因此，课程建设和视频案例库建设成为本次课程教学创新实践的核心。

（一）课程建设

在课程建设方面，本次课程教学创新实践贯穿了课堂教学的各个过程，包括课程的教学内容、过程方法、考核评价以及思政融合，图2给出了课程建设的创新框架。

1. 教学内容：破旧立“新”中国化

金融学作为一个相对较为传统的基础性学科，由于历史积淀等原因，金融学人才培养方案和《金融学》课程教学安排均存在安排较为固化、内容较为繁重的问题，导致金融学相关教师在原有的框架下无法系统、全面、及时地介绍我国资本市场建设的逻辑、历程与成果。并且，这一难题在党的十八大之后，随着金融改革进入全面深化阶段、资本市场改革建设步伐的提档加速，变得越发明显。

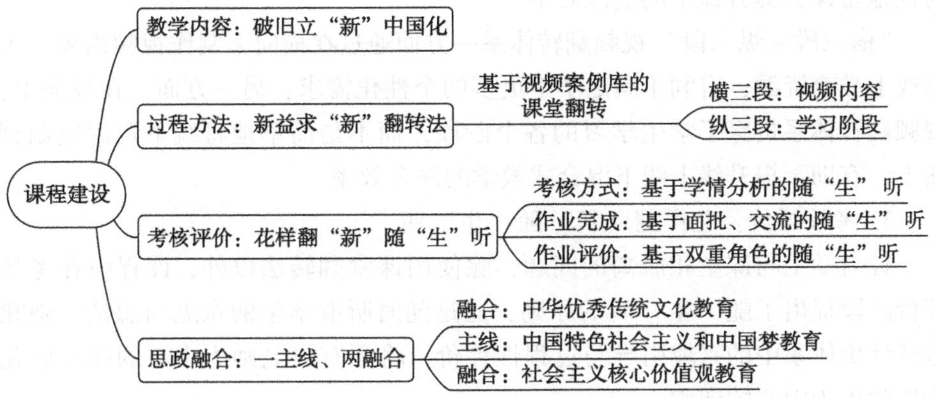

图 2　课程建设的创新框架

面对新的难题，课程组在“新文科”建设的指导下，跳出原有框架，开设了一门旨在全面系统介绍资本市场建设中国化经验的新课程。该课程以习近平新时代中国特色社会主义经济思想为指导，从资本市场建设的问题与目标出发，借助金融学理论，总结归纳资本市场建设过程中的中国化经验，系统、全面、及时地介绍我国资本市场建设的逻辑、历程与成果。

2. 过程方法：新益求“新”翻转法

在产业技术变革的助推下和疫情的外部冲击下，教育模式迅速由以教材为主的教育工业化模式转为以线上教育为主的互联网智能教育模式。但是，在现阶段，线上教育仍然面临一系列问题，例如，目前线上教育仍存在优质线上教育资源稀缺以及教育资源同质化等问题（杨璐和江可，2020），导致线上教育资源无法满足强调个性化发展的学生的需求。除此之外，大量线上教育资源只是线下优质课堂的简单复制，导致线上线下混合式教学的融合效率不高（李政涛，2020）。

为了讲好中国金融故事，课程组借用现代信息技术和 OBE 教育理念，选择符合学生兴趣的、能够承载知识传播的、搭载智能推荐算法的 B 站作为视频发布平台，构建了“横三段—纵三段”的视频翻转体系。其中，“横三段”指的是教学视频的内容体系，包括课程前导入视频、课堂前导入视频、符合学生兴趣的案例视频；“纵三段”则是从学生的学习阶段出发，包括课前基于微课视频的预习阶段、课中基于微课视频反馈的教学阶段以及课后的复习阶段，并且三个学习阶段并不是独立的。例如，课程组会在微课预习视频的尾部设置互动弹幕，搜集学生对于知识点的反馈，进而帮助主讲教师进行有针对性地备课，提升课中的上课效率。

“横三段—纵三段”视频翻转体系一方面通过在横向上制作视频内容，丰富线上教育资源，有利于满足学生更多的个性化需求；另一方面，在纵向上，视频翻转体系贯穿了学生学习的各个阶段，而不是简单地将线下资源复制到线上，有助于提升线上线下混合式教学的融合效率。

3. 考核评价：花样翻“新”随“生”听

针对学生与课堂相脱离的问题，除使用课堂翻转法以外，课程组在考核评价阶段提出了随“生”听的原则，通过随时听取学生的意见与想法，强化考核评价体系中的兴趣引导与过程性评价，将原有以老师为中心的课堂转化为以学生为中心的课堂。

首先，在考核方式上，基于广泛的、跟踪式的学情分析以及实践能力的市场需求分析，课程设置了辩论赛、视频制作、小组汇报、论文撰写等多种形式的、动态调整的考核方式。

其次，在作业完成方面，主讲教师采取面批、微信语音等形式，随时听取学生的疑问与想法，并给出修改意见，帮助学生提升作业质量，并培养学生的辩证思维能力以及实践操作能力。

最后，在评价体系上，除强调过程性评价和制定完善的评价体系以外，课程组赋予学生完成者和评价者的双重角色。一方面，大众评价环节的加入提升了学生高质量完成作业的内在动力；另一方面，评价者的角色增强了学生的代入感。

4. 思政融合：一主线、两融合

在思政融合方面，课程形成了“一主线、两融合”的课程思政模式，表1给出了课程思政的具体设计。其中，“一主线”是指课程以资本市场建设为主线，进行中国特色社会主义和中国梦教育；“两融合”是指在课程教学设计中融入中华优秀传统文化教育以及社会主义核心价值观教育。在实际教学设计中，针对每一个课程章节，课程组均从中国传统的优秀文化中引经据典，利用中华文明智慧引出课堂的具体内容。另外，资本市场建设涉及大量的金融故事案例和人物事迹，在这些案例和人物的讲解中应融入社会主义核心价值观教育。

表 1　　课程思政的具体融合

	主线：中国特色社会主义和中国梦教育		融合：中华优秀传统文化教育	融合：社会主义核心价值观教育（部分）
	内容	课程引入来源	课程引入内容	案例事件与人物事迹
第零章	资本市场历史年表	《子夜》		
第一章	证券交易所的成立	《西游记》开篇诗	混沌未分天地乱，茫茫渺渺无人见。自从盘古破鸿蒙，开辟从兹清浊辨	王波明、高西庆回国建立证券交易所的故事 莫干山会议中青年人的故事
第二章	资本市场法治建设	《韩非子·饰邪》	家有常业，虽饥不饿；国有常法，虽危不亡	刘鸿儒与中国资本市场的故事 “8·10”事件、“327”国债期货事件
第三章	股权分置改革	《吕氏春秋》	万人操弓，共射一招，招无不中	尚福林与股权分置改革的故事
第四章	注册制改革	《道德经》	我无为而民自化，我好静而民自正；我无事而民自富，我无欲而民自朴	欣泰电气欺诈发行案 绿大地欺诈发行案
第五章	资本市场对外开放	《管子·轻重戊》	鲁梁之民俗为绨。公服绨，令左右服之，民从而服之。公因令齐勿敢为，必仰于鲁梁，则是鲁梁释其农事而作绨矣	高西庆与H股开通的故事
第六章	多层次资本市场建设	《论语》	吾十有五而志于学，三十而立，四十而不惑，五十而知天命，六十而耳顺，七十而从心所欲，不逾矩	成思危与多层次资本市场建设的故事 银广夏财务造假等一系列危害市场声誉事件
第七章	做空制度	《资治通鉴》	上（唐太宗）问魏征曰：“人主何为而明，何为而暗？”对曰：“兼听则明，偏信则暗。”	瑞幸咖啡财务造假案例
第八章	T+1交易制度	《围城》	天下只有两种人，譬如一串葡萄到手，一种人挑最好的先吃，另一种人把最好的留到最后吃	市场的一系列投机事件
第九章	价格稳定机制	《孙子兵法·军争篇》	高陵勿向，背丘勿逆，佯北勿从，锐卒勿攻，饵兵勿食，归师勿遏，围师遗阙，穷寇勿迫，此用兵之法也	徐翔与“涨停板敢死队”

（二）视频案例库建设

视频案例库建设是本次课程教学创新实践的另一关键。从本次课程教学创新的最终目标——讲好中国金融故事—来看，一方面，视频案例库的建设可以利用现代信息技术升级线上线下混合式教学模式，提升教学质量，帮助主讲教师在课堂上讲好中国金融故事；另一方面，课程建设中形成的优质故事案例，可以在网络规模效应的作用下，让更多的人听到中国金融故事，其中包括修满学分的“躺平型”学生、其他课程的任课老师以及社会学习者，真正实现在质和量上讲好中国金融故事。

因此，为了更好地帮助在课堂讲好中国金融故事，以及更好地利用网络效应增强中国金融故事的传播力和生命力，视频案例库的建设主要包括完备视频案例库框架和完善视频案例制作流程。

1. 完备视频案例库框架

在“横三段—纵三段”的课程翻转体系下，视频案例库的内容框架主要包括三类，分别是课程导入视频、课堂导入视频和金融案例视频。

其中，课程导入视频主要是从历史视角整理回顾了我国资本市场改革建设的历程，包括视频《我国资本市场历史年表》以及视频合集【从中国股市的牛熊转换看我国资本市场的建设与发展】。这一类的视频不仅能帮助学生了解本课程的基本内容，提升课程教学效果，同时还有助于社会学习者了解我国资本市场发展的基本历程，具有较强的辐射效应。

课堂导入视频是基于课程每一章节的重要知识点，制作微课视频，用于课前预习，帮助学生提前了解相关知识点，从学生学习的角度提升课堂效率。另外，课程组在视频发布时，还会在视频尾部设置问题和互动弹幕，了解学生对于知识点的理解情况，主讲教师通过搜集互动弹幕，掌握学生对于知识点的理解程度，进行有针对性地备课，从教师教学的角度提升课堂效率。

金融案例视频主要选材于课堂教学中的优质案例，结合课堂学生的反馈，进一步补充完善，制作成网络视频案例，供学生课后阅读。这一类的视频主要包括三个合集，分别是【金融人物】、【金融故事】和【历史中的金融故事】。由于这一类视频更加符合学生的兴趣和阅读习惯，使得这一类视频具有较强的传播力，有助于扩大中国金融故事的影响力。

2. 完善视频案例制作流程

为了让本次课程教学创新实践更加具有可复制性，并提升视频制作的质量，让中国金融故事更具传播力和生命力，课程组在视频制作过程中不断完善了视频案例的制作流程，具体包括案例选择、文稿撰写、视频制作以及审核发布四个流程。为讲好中国金融故事，课程组在视频制作的每一步流程设计之中，始终坚持为国育才、以学生为中心的基本原则。

在案例选择方面，课程组确立了四维评价体系，以确定是否选择此案例进行视频案例制作。四维评价体系包括：其一，案例是否可以融入思政元素；其二，案例是否包含金融学理论知识；其三，案例是否具有提升课堂翻转效率的作用；其四，案例是否符合学生的兴趣。

在文稿撰写方面，课程组确立了三个目标：其一，思政教育与专业知识的高效融合；其二，理论知识与改革实践的融会贯通；其三，适应新时代学生的文字风格。为达到这些目标，文稿撰写又进一步细分为课堂反馈、撰写打磨、审核校对三个步骤。首先，通过在课堂讲述中搜集学生对于案例的反馈；其次，再基于学生的反馈确定文稿撰写的结构框架、语言风格；最后，初稿完成之后，再交由另一人对文稿内容、数据真实性、金融逻辑进行审核。

在视频制作方面，在配音、背景音乐以及素材三个角度制定了相关的标准。其中，配音需综合考虑新时代学生的兴趣风格和案例本身的风格。背景音乐引发学生产生共情，提升思政融合效率，并增强学生与视频案例之间的联系。视频素材方面，如果其与文字内容不匹配，极容易引起观众的游离，降低视频的传播效力。因此，在视频素材方面，制作小组主要利用历史素材和动画素材提升视频内容与文字内容的相关度。其中，历史素材能够增强案例的资料支撑，强化案例视频的知识传播属性和严谨性；动画素材则有助于提升理论知识的可读性，帮助学生理解金融逻辑。

在审核发布阶段，主要针对视频的内容、素材进行审核，检查视频内容是否符合思政教育的要求，是否有内容错误，是否符合视频发布平台的相关要求等。另外，为增强学生与视频之间的联动性，在案例视频发布时设置能引起学生讨论的互动弹幕，并且，这些互动弹幕在用于学生预习的微课视频中，还有助于老师有针对性地备课。

四、课程教学创新成果

（一）课程建设：四新创新驱动，课程效能提升

在课程建设方面，首先，课程教学创新实践形成了丰富多元的课程教学资源，其中，包括完整的课程教学大纲、精美的课程教学课件、翔实的课程教学讲义以及丰富的课程案例视频。

其次，一系列的反馈表明本次课程教学创新符合新时代学生的兴趣特征，主要体现在几个方面：其一，每一轮的课程教学均有超过半数的学生选择辩论、视频剪辑等新颖的考核方式，表明这些新型的考核方式是符合学生兴趣

的。其二，本课程教学评教分位列全校前 1.8%，直接反映了学生对于本课程的满意程度。其三，很多学生在上完课之后通过发朋友圈的形式表达了对于本门课程的喜爱。

最后，课程教学创新不仅让老师讲好了中国金融故事，还帮助学生讲好了中国金融故事。例如，目前制作的案例视频均有学生参与，部分学生参与制作的视频累计播放量已超过10万人次；除帮助学生通过视频的介质讲好中国金融故事以外，本课程在能力培养上还帮助学生对我国资本市场建设进行了深入且有价值的思考。例如，部分学生基于本门课程的内容研究了资本市场建设、金融市场营商环境以及普惠金融等话题，部分研究成果获得了省级优秀毕业论文或发表在公开期刊上。

（二）视频案例库：上与下深度融合，教与学双向辐射

视频案例库的建设除了升级线上线下混合式教学模式、提升课堂翻转效率以外，还具有较强的辐射效应。在横向上，制作的视频成为学生学习和教师教学的重要资源，其中的教师学生包括福建农林大学、山东财经大学、广东金融学院、浙江传媒大学、苏州经贸职业技术学院、桂林旅游学院、铜陵学院等。截至2023 年6 月底，课程组以“讲金融的光溢”UP 主身份在 B 站共发布 28 期视频，累计收获了超过 26.8 万人次的播放量，超过 6200 次的点赞量和超过 5900 次的收藏量。

在纵向上，视频制作过程中形成的《案例视频制作手册》为教师网络教学工具的技能培训提供了资源。

五、总结

为讲好中国金融故事，南京审计大学中国股票市场课程组提出了四新创新框架，在此框架之下，课程组进行了新课程以及案例视频库的建设，通过两者的融合，升级了线上线下混合式教学模式，使各种类型的学生均得到了收获与成长，不仅在课堂上讲好了中国金融故事，还让中国金融故事更具传播力和生命力。

参考文献

［1］樊丽明．“新文科”：时代需求与建设重点［J］．中国大学教学，2020（5）：4－8.

［2］王伟，黄颖．讲好金融故事：“金融学”课程思政改革的有效路径

[J]. 思想理论教育导刊，2021 (3)：112－116.

[3] 柏晶，谢幼如，李伟，等．“互联网＋”时代基于 OBE 理念的在线开放课程资源结构模型研究 [J]. 中国电化教育，2017 (1)：64－70.

[4] 王永泉，胡改玲，段玉岗，等．产出导向的课程教学：设计、实施与评价 [J]. 高等工程教育研究，2019 (3)：62－68，75.

[5] 杨璐，江可．疫情防控期间高职院校线上教学的现状、问题与反思 [J]. 教育与职业，2020 (13)：99－103.

[6] 李政涛．基础教育的后疫情时代，是“双线混融教学”的新时代 [J]. 中国教育学刊，2020 (5)：5.

[7] Spady W G. Outcome－Based Education：Critical Issues and Answers [M]. American Association of School Administrators，1994.

心怀“国之大者”，
重塑固定收益证券课程教育新理念

付淑换

一、引言

2022年，面对复杂严峻的国内外环境，我国资本市场发生着深刻的结构性变革，中国特色现代资本市场建设稳步推进。债券市场在过去近40年时间里不断发展，成为中国特色资本市场不可或缺的重要组成部分。截至2022年11月末，存量债券余额达140.96万亿元，再次超出A股总市值。与债券市场快速发展形成鲜明对比的是，各高校对债券市场的理论教学与实践教学始终没有实质性、规模化的突破。固定收益证券课程在大部分高校仍然是选修课，可供选用的教材仍然不多，教学内容没有形成统一的框架。

中国资本市场的发展少不了专业人才的顶层设计，也需要更多专业人员的参与，形成理性投资合力，为建设健全资本市场提供动力。由于我国债券市场起步较晚，经历坎坷，在高校教学中始终没有得到应有的重视，“重股轻债”现象普遍存在，债券市场存在巨大的人才缺口。

心怀国之大者，矢志国之重器。在我国资本市场建设的关键时期，高校应肩负起培养和输送专业人才的重任，反思原有教学体系不足，完善教学框架，重塑教学理念，创新性实现实践教学与理论教学相结合，为债券市场持续性输送专业人才。

二、固定收益证券课程教学现状及相关研究

当前，国内高校有关固定收益证券课程教学，根据选用教材，大致可以分为两种方向：一是从应试角度，针对CFA（Chartered Financial Analysist，注册或特许金融分析师）考试，选用教材也多是CFA考试参考书或其翻译教材，课程内容以普通息票债券定价、债券市场介绍以及债券的风险管理为主，在本科生阶段开展类似课程，有利于学生快速入门，学习债券市场的基本常

识；二是以厦门大学郑振龙等编写的《固定收益证券》为代表，课程内容围绕债券及其衍生品定价展开，特别强调债券市场与利率期限结构间的紧密联系，相关课程对学生的基础能力要求较高，需要学生掌握金融工程、计算机编程以及随机过程等相关理论，比较适合高年级或者研究生等有一定理论基础的学生提升债券专业知识。后者注重培养高层次专业人才，为企业解决债券融资的相关问题，为市场提供专业投资力量，为健全资本市场特别是利率市场发展提供支持。

从金融学等相关专业的培养方案看，固定收益证券在各高校的定位并不统一，有的高校将其设定为专业必修课，而更多的高校维持原有方案，将其设定为选修课，甚至有部分高校没有开设固定收益证券课程。证券投资学在绝大部分高校都是专业主干课，两相比较，可以想见，金融学相关专业学生对股票投资的兴趣和投入更多，而对债券市场了解甚少，毕业后更没有注意到还有债券市场这个非常不错的选择。学生的“重股轻债”与债券市场的快速发展形成鲜明对比，债券市场出现巨大人才缺口，债券专业教育改革势在必行、刻不容缓。

已经有诸多高校教师注意到固定收益证券教学中存在的问题，相关文献分为三类：一是对教学内容中的重要且有歧义的概念进行分析和探讨，包括净价和全价、久期、到期收益率、即期收益率曲线等；二是分析固定收益证券课程在教学中存在的具体问题并提出解决思路，具体问题包括教材难以满足教学需要、教学过程缺少实践环节、授课教师理论水平高但缺乏实践经验、学生相关知识框架不足；三是结合当前教学现状，应对疫情等现实情况，探索双语教学，改进教学模式，加强校企融合等方式，推进固定收益证券课程教学改革与实践。

三、固定收益证券教学中有待解决的问题

梳理已有的教学研究文献，结合多年教学实践，笔者认为固定收益证券课程教学中存在以下几点不足。

（一）知识点表述不统一，甚至存在争议

由于固定收益证券课程开设时间有限，且很大一部分学校多年来都将其设定为选修课，课程中的一些知识点不同的讲授者之间没有形成统一的规范，现将笔者在教学和科研中已经明确的几个概念分述如下：

净价与全价

净价与全价的概念出现在非利息支付日，在利息支付日两者之间没有差

别。按照一价原则，债券价格等于其未来现金流按照相应折现率折现的现值。无论是利息支付日还是非利息支付日，明确了买方获得的未来现金流并对其折现，就可以得到债券的理论价值。因此，在债券定价中，没有净价与全价的区别。

之所以要区分净价与全价，是为了在债券报价过程中，保证报价的连续性，从理论价格中逐日剔除掉确定性的利息部分，避免在利息支付日债券价格出现价格下调的现象，造成报价的不连续。因此，在债券市场报价时使用的是剔除了应计利息的净价，而交易时只能使用唯一的理论价格，即全价。为了说明这个问题，我们举一个简单的例子。

某国债2020年9月20日发行，2023年9月20日到期，该债券每6个月付息一次，票面利率是3.2%。假设该类债券的到期收益率为3.2%。我们分别在2022年9月19日（付息前）和2022年9月21日（付息后）为该债券定价。

2022年9月19日的未来现金流为：

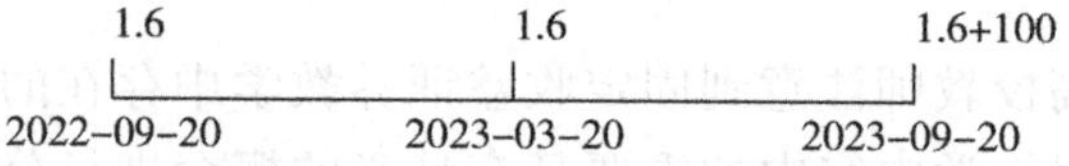

为了简单起见，折现时忽略19日和20日1天的差异，将所有现金流折现到2022年9月20日的价值为：

$$P_1 \approx 1.6 + \frac{1.6}{1 + 1.6\%} + \frac{1.6 + 100}{(1 + 1.6\%)^2} = 101.6$$

在2022年9月21日的未来现金流为：

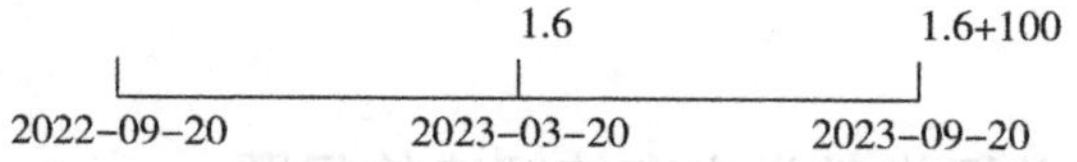

同样为了简单起见，折现时忽略21日和20日1天的差异，将所有现金流折现到2022年9月20日的价值为：

$$P_2 \approx \frac{1.6}{1 + 1.6\%} + \frac{1.6 + 100}{(1 + 1.6\%)^2} = 100$$

我们可以看到，在其他条件都不变的情况下，债券的理论价格，也就是全价就降低了1.6元，如果按照全价报价，在每次利息支付日都会出现这样的价格下调。而如果我们按照净价报价，从价格 P_1 中剔除掉应计利息，就可以保证报价的连续性。

也有文章提到，应计利息是本属于债券卖方的，却在债券发行人支付利息时支付给了债券买方，应该在现值的基础上再加上应计利息。笔者认为，在折现时，属于债券卖方的应计利息也已经折现算在债券价格之中了。因此，不需要再对其进行修正。

久期

关于久期的概念大家最熟悉的是麦考利久期，计算方法是加权平均支付年限。麦考利久期是1938年由美国经济学家麦考利提出的，也是最早提出的久期概念。麦考利久期通过对现金流的支付时间进行加权平均计算得到，因此，麦考利久期只能用于现金流确定的普通息票债券。其含义是通过平均支付年限粗略衡量债券的利率风险。麦考利久期的数学表达式为：

$$D = \sum_{t=1}^{T} t \frac{C_t \ (1+y)^{-t}}{V}$$

其中，D 为麦考利久期，V 表示固定收益证券的价值，y 表示该债券的到期收益率，C_t 表示债券在 t 时刻的现金流。

从债券利率风险管理的角度出发，我们需要了解市场利率水平变化给债券价格带来的具体影响，目前市场上最常用的是债券价格对利率变化的一阶敏感性，也就是现在常用的久期定义，用数学表达式表示为：

$$D = -\frac{\frac{dV}{V(t)}}{dy}$$

其中，D 为久期，$V\ (t)$ 表示固定收益证券在 t 时刻的初始价值，y 表示 t 时刻的到期收益率。

该定义较麦考利久期更加具有一般性，适用于各种类型的固定收益证券，而不只针对普通息票债券，而且与实践中的利率风险管理的目标一致，是更加准确地管理利率风险的指标。

如上所述，久期与麦考利久期之间的差异是明确的，从定义上就可以加以区分。那么，两者同为久期，又存在什么样的联系呢？

首先，两者的目标都是衡量固定收益证券的利率风险，只是麦考利久期在利率风险管理过程中存在两点不足：一是适用范围有限，麦考利久期只能用于普通息票债券；二是麦考利久期不能准确衡量利率变化给债券价格带来的具体影响。而之后提出的久期能够有效解决这两个问题。

其次，麦考利久期提出在先，同样用于衡量利率风险的一阶敏感性指标，虽然定义的角度完全不同，但是仍然沿用了“久期”这一名称。

最后，两者从不同角度提出的衡量利率风险的指标，其数学含义也同样存在一定的关联性。普通息票债券的定价公式为：

$$V = \sum_{t=1}^{T} \frac{C_t}{(1+y)^t}$$

其中，V 表示固定收益证券的价值，y 表示该债券的到期收益率，C_t 表示债券在 t 时刻的现金流。

将上式对 y 求导，可以得到：

$$\frac{dV}{dy} = \sum_{t=1}^{T} (-t)\, C_t\, (1+y)^{-t-1} = -\frac{1}{1+y}\sum_{t=1}^{T} t\, C_t\, (1+y)^{-t}$$

比较麦考利久期的计算公式，可以看出，

$$D = -\frac{1+y}{V}\cdot\frac{dV}{dy} = -\left(\frac{dV}{V}\right)/\left(\frac{d(1+y)}{1+y}\right)$$

因此，麦考利久期是债券价格 V 对 $(1+y)$ 的弹性。

将上式除以 $(1+y)$，就是修正久期：

$$D_m = -\frac{\dfrac{dV}{V(t)}}{dy}$$

可以看到，对于普通的息票债券，由麦考利久期得到的修正久期与敏感性定义的久期完全相同。至此，我们找到麦考利久期与当前常用的久期之间的关联。

到期收益率

到期收益率（Yield to Maturity，YTM）是固定收益证券中最重要，也是最复杂的概念之一。常见的定义有两种：一是到期收益率是同类同级债券的必要收益率，强调可以用已知的到期收益率为债券定价；二是到期收益率是隐含在债券价格中的收益率，该定义强调已知债券价格，可以用到期收益率衡量债券的收益率水平。

以上两种关于到期收益率的定义说明到期收益率主要有两个用途，分别是作为贴现率为债券定价和衡量债券的收益率水平。这两个用途在教学中也得到了足够的重视，在此不再赘述。笔者想要说明到期收益率在实现这两个用途时的不足。

首先，由于投资债券的直接目的是获得收益，除了债券的价格，收益率也是债券最重要的指标之一。除了到期收益率，常用的衡量债券收益水平的指标还有当期收益率（=当年利息收益/债券价格）、持有期收益率（表示从购买债券到售出或持有债券到期期间获得的所有收益）和总收益率等。在这些指标中，到期收益率综合性相对来说是最强的，既考虑到购买债券的初始投入，即当前债券价格，也考虑了持有债券过程中获得的利息收益、利息的再投资收益和持有到期后获得的本金收益。同时，与其他收益率相比，到期收益率是一个与债券价格对应的假定收益率。也恰恰因为债券到期收益率是一个综合性指标，投资持有债券实现到期收益率水平的条件也更加苛刻，必须同时满足三个条件：没有违约风险，投资者持有到期，获得的利息再投资收益率也同样是到期收益率。如果说前两个条件主要取决于投资者和发行人的主观意愿和能力，通常能够满足，那么第三个条件，再投资收益率主要取决于当时的市场条件，是完全动态和客观的，不受主观意志转移的，要在不同时间点实现和购买债券时一样的收益率几乎是不可能的。

其次，作为最普遍的度量债券收益率的指标，不同债券间的到期收益率的可比性也不强。债券的信用等级、剩余期限、本金偿还方式、利息支付方式的差异都会使到期收益率改变。在其他条件相同，而债券的信用等级不同时，到期收益率的水平不仅代表了债券期限匹配的利率，还包含了与债券信用风险匹配的溢价收益，信用风险不同的两只债券的到期收益率没有可比性；其他条件相同，而剩余期限不同的债券，到期收益率中会包含不同的期限溢价，直接比较到期收益率没有意义。分期偿还和一次性还本付息的两种债券，本金偿还方式不同，未来现金流不同，假设条件不同，其到期收益率也没有可比性；如果两只利息支付不同，而其他条件相同的债券，由于息票效应的存在，到期收益率也会存在差异，所以，严格地讲，票面利率不同的债券的到期收益率也没有可比性。但是，票面利率不同的息票效应引起的差异并不太大，债券的到期收益率差异也不会太大。因此，实际操作中，票面利率不同的两只债券，只要到期收益率差异不太明显，就可以认为是合理的。

最后，在债券定价时，到期收益率也不是最优选择。上文提到到期收益率会受到信用等级、剩余期限、本金偿还方式和利息支付方式的影响，信用等级和本金偿还方式在债券发行之初就已确定，且在债券存续期内基本保持不变，但剩余期限和利息支付方式（现金流结构）在整个存续期都在变化，特别是息票效应的存在，现金流结构的变化就会导致到期收益率不同，要找到合适的到期收益率并不容易。而即期利率可以解决息票效应的问题，即期利率是到期之前没有现金流的一笔投资的到期收益率，也就是说，零息债券的到期收益率就是对应期限的即期利率，即期利率是到期收益率的一个特例。即期利率作为贴现率的优点不仅是不用考虑现金流结构的影响，更重要的是市场中还存在与之对应的投资产品。券商可以将其手中的债券通过息票剥离得到不同期限的零息债券，这些债券的到期收益率就是不同期限的即期利率，并作为贴现率用于普通息票债券的定价，其定价公式为：

$$V(t) = \frac{C_1}{1 + r_1} + \frac{C_2}{(1 + r_2)^2} + \cdots + \frac{C_T}{(1 + r_T)^T}$$

其中，V 表示固定收益证券的价值，$r_1, r_2, \cdots, r_T$ 表示现金流对应期限的即期利率，C_t 表示债券在 t 时刻的现金流。

与到期收益率不同，大部分债券都可以找到其剥离产生的零息债券，并用零息债券的即期利率来定价，如果即期利率的定价结果与市场价格不符，市场上的买空卖空力量会迫使价格回归。因此，我们说即期利率作为债券定价的贴现率是一种更精确的方法。

（二）教学内容和框架需要进一步完善和细分

由于历史原因，我国债券市场发展较股票市场滞后。学术研究与课程教学对债券市场的重视度不高，造成目前开设固定收益证券课程的学校相对较少，其地位更不能与主流金融学课程相比。随着我国金融市场的不断完善，债券市场早已成为我国金融体系中不可或缺的一部分，无论是总体发债规模，还是债券品种的丰富程度、债券的重要程度都和股票市场不相上下，甚至从规模来看，国内外的固定收益证券总量都远超股权证券。

从已经开设该课程的学校来看，存在教学内容不统一，授课对象细分不明确的问题。从国内现有的教材来看，固定收益证券的主要授课内容有债券的基本特征、债券市场、债券估值与收益率、利率期限结构。以上内容大多属于债券入门知识，很多以 CFA 考试为目的的课程都会详细讲解，不过笔者认为，在金融学相关专业的本科阶段，这些教学内容应该普及并得到足够重视，以使学生形成对金融市场的整体认知。

除了以上内容，固定收益证券还包括债券衍生品及其定价、动态利率期限结构等，这些知识点对学生的基础要求较高，不仅需要了解债券及其衍生品的定价原理，还需要一定的计算机编程知识和数学基础。因此，这些内容可以安排在研究生教学中，或者基础比较好的本科生在大四作为提高内容选修。

（三）实践教学不足，相关资料不完善

目前高校相关专业对固定收益证券课程的重视度不够，课程定位不清晰，还有一部分学校是以 CFA 应试为主要目的，导致整个教学阶段缺乏相应的实践内容。缺乏实践教学，学生对相关内容的了解缺乏体验，不利于理解债券在整个金融体系中的作用。

债券市场本身的特点也使得开展固定收益证券实践教学难度较高。全球的固定收益证券市场的参与者都是以大型金融机构为主，并且大多选择灵活性更高、费用更加低廉的场外交易。根据2022年中国人民银行发布数据来看，银行间债券市场现券成交271.2万亿元，而交易所债券市场现券成交38.1万亿元，柜台债券市场成交2134.5亿元。银行间货币市场成交共计1527.0万亿元，交易所标准券回购成交403.6万亿元。从以上数据可以看出，个人参与债券的交易机会较少，因此固定收益证券课程不能像股票投资那样进行简单模拟，且债券投资和发行对专业要求更高，实践教学应以现场实习为主，让学生进入相关机构真切感受债券投资。

另外，由于对固定收益证券课程教学重视度不够，相关的教学研究投入有限，因而教学过程中缺乏生动、系统的案例，更没有对应的案例库可供参考学习。而债券市场又是一个创新速度很快的市场，其产品设计灵活性强、产品迭代迅速，要想学生了解最新的市场动态和产品，需要授课教师紧随市场，更新知识，及时补充相关内容。

（四）课程定位不明确，与人才需求脱钩

债券市场作为我国金融体系的重要组成部分，对专业人员需求潜力巨大。为了完善债券市场功能，满足市场对人才的需要，明确和提升固定收益证券课程定位迫在眉睫，对提升人才培养质量、高校服务社会功能具有重要的现实意义。而当前固定收益证券课程在大部分高校仍为选修课，即使是必修课，学分也比较低，不足以引起学生和任课老师的重视。

债券发行和交易专业性强，债券品种纷繁多样，不同的投资主体有不同的投资目的，因而对参与者的专业要求较高，课程教学应与债券市场发展相匹配，显然，目前各高校对固定收益证券课程的投入不够。课程建设需要制度引领，面对市场对债券高层次人才的需求，固定收益证券课程建设缺乏必要的制度指导。

课程教学应着眼于国家战略和金融体系的可持续发展，而不仅仅局限于短期应试需要。作为金融体系的重要组成部分，债券市场的发展对推进我国利率市场化、完善利率传导具有不可替代的重要地位。目前以应试为目的的的教学显然从出发点上就弱化了课程的作用，而以CFA考试为目的教学更加不利于学生了解中国的债券发展，人才培养方向与中国债券的快速发展严重脱钩。

四、明确教学内容和定位，完善教学设计和配套建设

（一）明确教学内容和课程定位

在当前历史环境下，中国债券市场的发展对整体金融环境及利率传导机制的完善具有至关重要的作用。而高校肩负着为市场提供专业人才，提升市场规范程度的重担。将固定收益证券课程设定为专业主干课，提高任课教师和学生的积极性和主动性是必要的。提高固定收益证券课程的地位，也有利于学生形成对金融市场的完整认识，突破实务界和教育界的“重股轻债”困局。

课程建设离不开教学团队的集体智慧，组建稳定的固定收益证券教学团队，加深对教学内容的研讨，对知识点形成统一认识，对本科和研究生的教学内容进行细致划分。在本科教学阶段，教学过程中除了讲授债券基础知识和基本定价原理外，还应该重点讲解利率期限结构以及债券市场对构建利率期限结构的重要性，强调债券市场在整个金融体系中的重要作用，特别是在利率市场化改革中的推动作用，提高学生对课程的认可度和专业自豪感。

在研究生教学阶段，固定收益证券课程内容需要更加精准对接债券市场需求，对不同的债券产品及债券衍生品定价内容进行进阶拓展，强化利用计算机编程对债券及衍生品定价和利率期限结构的建构训练，对债券市场中不同投资者的投资目的和投资策略进行细分，对债券发行各环节深入探讨，拓展学生的应用实践能力，为债券的发行、投资和交易培养高层次人才。

（二）加快教学案例库建设

与国外常用教材相比，国内的固定收益证券教材中案例较少，也没有对应的案例教辅，甚至有关债券市场的案例研究都比较少，更没有形成逻辑严谨的教学案例。为了让学生能够结合理论知识对债券市场有更加具体深入的理解，案例教学是一种直接有效的手段。且案例教学具有适于固定收益证券课程实践性强、更新速度快的特点，有计划地选择一些难点、热点问题设计成教学案例，能够显著提高学生学习的积极性和能动性。案例库建设不仅能够服务于新的教学方法，更是培养符合国家金融市场建设发展大略人才的主要推动力。

债券市场有别于股票市场，固定收益证券课程的案例库建设也应该符合债券市场特征。一是案例库要紧跟债券市场发展趋势，中国债券市场经历了

30多年的风风雨雨，规范性和灵活性逐步增加，债券市场创新迭出，也在经历着前所未有的债券违约浪潮。教学案例库建设要把握债券市场动态，确保学生能够了解当前债券热点，并引导学生结合理论分析债券市场热点。二是案例库要符合中国债券市场特征，我国债券市场起步较晚，虽然从规模上已经位列全世界第三，成为仅次于美国和日本的债券大国，但从债券及其衍生品品种和交易制度看，我国债券市场距离完全市场化还有一定距离，而国外的案例和理论都是在市场完全的机制下讨论的，结合当前中国债券市场的发展阶段，开发符合国情的案例库，有助于学生把握中国债券市场发展趋势，并可期待在未来引领规范市场发展。

（三）组织场景教学，推动产学合作

鉴于债券发行的复杂性和债券交易的专业性，债券市场的参与者以大型机构为主，学生凭借个人参与其中的可能性非常小。授课教师可以利用课堂为学生创设具有代表性的场景，组织学生分角色参与，模拟债券一级市场和二级市场，帮助学生熟悉债券发行流程、交易环节和风险管理等。在场景教学中结合案例库和理论知识，进行分场景分角色的模拟，强化案例在教学中的应用，引导学生思考实际问题，培养学生从事债券相关工作的专业技能。

产学合作是目前整合高校和社会资源非常有效的一种方式，实现教育与产业双提升。教育部的产学合作协同育人项目也为联通产业和高校提供了平台。债券市场正面临着产业发展迅速、缺乏具有竞争力的人才的瓶颈。而传统的固定收益证券课程教学以理论为主，学生了解行业的机会较少，缺乏形象认识，这也是导致学生学习的积极性不高的原因之一。通过产学合作，打通产学合作通道，可有效解决债券市场人才缺乏与高校实践教学的矛盾，实现培养高层次人才和产业提升双赢。

五、结论

固定收益证券的教学工作与债券市场的高速发展已经脱钩，笔者从教学内容、教学框架、实践教学和课程定位等角度梳理该课程教学中的问题，结合债券市场实践，提出加快案例库建设和加强产学合作的必要性。

参考文献

[1] 丁浩，宋峻岭．“固定收益证券”教学中的若干问题剖析［J］．金融理论与教学，2011，106（2）：67－69.

[2] 郭素贞．新冠疫情期间《固定收益证券》课程线上教学的实践与探索［J］．产业与科技论坛，2022，21（14）：2.

[3] 郭素贞．《固定收益证券》教学中的几个概念分析［J］．现代商贸工业，2017，000（035）：174－175.

[4] 胡志飞．《固定收益证券》课程教学改革研究［J］．知识经济，2019，20：2.

[5] 胡利琴．"PAD＋PBL"融合模式在"固定收益证券"教学中的应用探讨［J］．科教文汇，2021，16：3.

[6] 李贵芳，等．校企融合高校如何为企业培养经管类专业人才——以《固定收益证券》教学实践为例［J］．现代企业，2022，12：166－168.

[7] 吴雯婷．双语教学模式下"固定收益证券投资"课程教学改革研究［J］．农业经济与科技，2017，28（12）：194－196.

[8] 刘杰，吴洪德．实践类课程的场景化线上教育研究［J］．中国高等教育，2022，15：3.

[9] 郭庆．我国债券市场的现状及发展趋势［J］．时代金融，2014，6Z：2.

[10] 刘冰，徐娜．以产学合作协同育人推动高质量人才培养［J］．中国高等教育，2022，8：55－57.

[11] 窦影．交互反思式教学模式下大学生社会资本提升路径研究［J］．黑龙江教育：高教研究与评估，2018，6：2.

基于 MOOC 视角的金融审计课程再造研究*

刘　骅

一、引言

2012 年，在教育部颁发的《教育信息化十年发展规划（2011—2020）》中明确指出："促进优质教育资源普及共享，推进信息技术与教育教学深度融合，实现教育思想、理念方法和手段全方位创新。"同年，一种基于互联网、针对大众人群的大规模开放在线课程（Massive Open Online Courses）在全球范围内迅速发展，2012 年也被媒体称为"MOOC 元年"。

在教育信息化、教育资源共享化发展的趋势下，传统教学体系中的各种弊端逐渐凸显，如教学文化缺乏活力、教学内容陈旧、教学方式僵化、教学成果评价单一等。随着信息技术在教育领域的广泛应用，教育信息化将带来对传统教学模式、内容和方法的巨大变革，并直接推动着教育现代化。MOOC 的出现沿承了开放教育资源（Open Educational Resources）开放共享知识的理念，通过信息技术与互联网技术将优质教育教学资源送达世界各个角落，不仅提供免费优质的课程资源，还提供全新系统的学习体验。同时，MOOC 与现行高等教育体制结合的多种形式，为高等教育教学体系改革指明了发展方向。如能将 MOOC 独特的教育观念、教学理念及授课模式有效地植入我国高等教育教学体系中，将极大地变革传统教育方式，催生出全新的教学文化，并将进一步引致高等教育课程体系深刻的变革与重构。

本文通过现有文献的回顾，系统梳理 MOOC 的发展现状与特征，在阐释 MOOC 视角下金融审计课程再造基础理论框架的基础上，运用模糊综合评价方法对影响 MOOC 教学效果的因素进行甄别，并据此提出 MOOC 视角下金融

* 基金项目：本文获南京审计大学高教研究一般项目：新时代一流课程建设与课程思政育人效果提升的研究与实践（2021JG005）；南京审计大学"投资学"国家级一流专业建设专项课题重点项目：投资学一流课程建设与课程思政育人效果提升研究（2021JG113）资助。

审计课程再造的策略组合。

二、MOOC 发展现状与特征

虽然，2012 年被认为是“MOOC 元年”，但纵观整个 MOOC 教育思想的发展历程，大致可以分为三个阶段：第一阶段（1989—2004 年），MOOC 在开放教育资源运动中发端。早在 1989 年，美国凤凰城大学就开始推行在线学位计划，并于 1991 年授予首批在线 MBA 学位。2002 年，联合国教科文组织进一步提出了开放教育资源（OER），通过信息通信技术向教育者、学生、自学者提供基于非商业用途，可被自由免费查阅、参考或应用的各种教育类资源。在这一阶段，“世界是平等和开放的”“知识公益，免费共享”等教育教学理念逐渐得到广泛认同，开放教育资源的各类运动也不断深入推进。

第二阶段（2005—2011 年），MOOC 在联通主义学习理念下兴起。2005 年，加拿大曼尼托巴大学的 George Siemens 首先提出了网络时代的联通主义（Connectivism）学习理念，他认为传统的静态、分类与层级化的知识发展到网络时代已变成动态的、网络化的知识流，相应地学习也主要是在动态联结的知识网络中形成知识节点的过程。2008 年，George Siemens 和 Stephen Downes 在曼尼托巴大学联合开设了“联通主义与联通性知识”课程（Connectivism and Connective Knowledge，CCK08）；同年，加拿大爱德华王子岛大学的 Dave Cormier 和国家通识教育技术应用研究院的 Bryan Alexander 针对 CCK08，首创了 MOOC 这一术语。在此阶段，强调学习者“高度自治”、课程“高度自组织”的教学模式已逐步被广大师生所认知。

第三阶段（2012 年至今），MOOC 在行为主义学习理念下繁荣。2012 年，哈佛大学与麻省理工学院以在线开源学习项目（MITx）为基础，合作组建了旨在以开放与免费形式向大众提供优质的在线课程平台（edX）。在此期间，斯坦福大学的 Daphne Koller 与 Andrew Ng 还创办了课程时代（Coursera）。由此，主张“人人可授课、人人能学习”的在线学习平台相继成立，然而 MOOC 所带来的对传统教育模式的冲击才刚刚开始。

与传统教育教学模式相比，MOOC 的特征具体表现为规模化、开放性和在线式三个方面。首先，MOOC 的规模化特征不仅是指参与课程学习的学生规模较大，而且体现在课程活动的范围覆盖面广。在计算机与互联网技术结合并飞速发展的今天，MOOC 中丰富的教育教学资源，一方面为更多用户提供了价格低廉的课程，吸引着海量的求知者积极参与；另一方面使其课程内容的适用范围更为广泛，并促使更多的学生打破时间和空间的限制参与到学习过程中来。其次，MOOC 实现了一种高端的知识交换模式，在这一开放的教育教学形式中，所有的资源和信息都是开放的，并能通过网络传播，没有时间、地点、人数的限制。此外，MOOC 由很多愿意沟通、协作与合作，以便增进专业知识的学习者共同组成，因而能保证学习者的学习环境、信息来源和评价过程均在一种开放共享的模式中展开。最后，MOOC 的学习者将更为自主与个性化，可以根据各自的习惯与偏好使用多种在线工具或平台参与学习，同时在课程运行过程中，课程设计团队可根据学生学习数据进行在线反馈与分析，对课程设计进行螺旋式的动态调整，从而实现在 MOOC 教学过程中随时随地、主动学习、数据挖掘等多维度的网络化。

三、基于 MOOC 的金融审计课程再造理论基础阐释

从课程性质分析，金融审计是一门理论性和实践性均较强的多学科、跨专业课程。一方面，由于理论性强、学生缺乏审计实践经验，教学中经常出现“难教、难懂、难学、易忘”的现象；另一方面，由于其多学科的交叉性和政策关联性，以及与实际业务联系紧密，且涉及内容广泛，因而在教学中容易出现理论与实践脱节，教师与学生针对具体问题缺乏有效沟通和交流的现象。

从课程教学模式分析，国内金融审计课程多采用以“传递—接受”为特征，强调教师主导作用，并完全驾驭课堂的教学方式。具体表现为，在课前教师依据指定教材，对授课内容的教案与课件进行准备；课堂上教师运用某种教学方法将课程相关内容传授给学生；课后学生对知识内容进行复习，并完成一定量的习题作业；到期末学生参加课程考试，其考试成绩作为判定学生课程学习效果的主要指标，并被记录在案，以为其在校期间评优评先提供参考。显然，在当今社会信息化的环境中，这一传统教学模式的教学内容缺乏丰度，教学方法略显单一，考核方式较为片面。

针对上述跨专业金融课程性质及教学问题，国内部分学者提出了重视实践教学以提升其教学质量的优化思路。例如，汪祖杰（2005）提出了金融学本科实践教学改革思路及实现机制，强调高校金融专业较强的应用性要求其教学应以理论教育和实践教育作为双重目标。王心如（2012）从现代金融人才培养角度分析了如何在金融理论教学的基础上加强实践教学从而提高整体教学质量。欧璇、周娜（2005）认为，改革金融实践教学方法，加强综合性、

设计性、分析性的教学内容，是培养能力强、素质高，富有创新精神金融人才的重要途径。另外，卢传锋（2000）基于自身长期对金融审计课程教学特点、存在问题的认识，提出了立体化改进课程教学方法的思路。

将 MOOC 教育教学模式与高校金融审计课程相嫁接，将 MOOC 特征植入该课程教学过程中，理论上能拓展跨专业课程教学研究的分析视角，丰富和完善金融审计课程教育教学模式研究的理论框架；实践上能解决金融审计教学过程中，由于课程性质及传统教学模式等引致的教学质量不理想问题，并为跨专业课程教育教学方式的改进与创新提供参考与指导。因此，本文构建基于 MOOC 的金融审计课程再造理论框架，如图 1 所示。

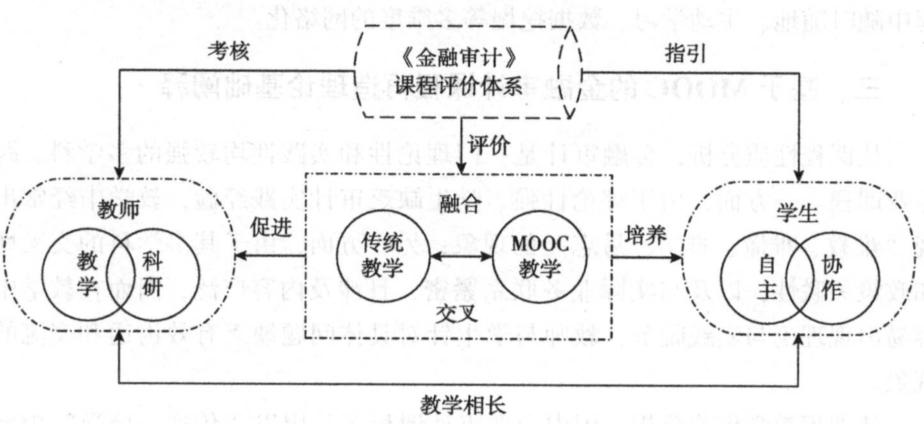

图 1　基于 MOOC 的金融审计课程再造理论框架

从图 1 可以发现，基于 MOOC 的金融审计课程再造的核心是将传统教学与 MOOC 教学进行融合与交叉，最终形成一种针对课程内容与特征的混合教学模式，其创新性主要体现在课程组织形式、课程内容、课程学习方式和课程评价方法四个方面。

首先，在金融审计课程组织形式上强调“翻转课堂”（Flipped Classroom），即将课堂内外师生教与学的时间进行重新设定。在这种课程组织形式下，学生课堂外时间从做作业“翻转”为在线或线下自主或协作学习教师预录的 MOOC 教学视频，教师课堂内时间从讲授知识“翻转”为引导学生互动研讨，从而以任务驱动和协作互动等方式调动学生学习的主观能动性。

其次，在金融审计课程内容上需要“体系重构”（System Remixed），即针对该课程内容覆盖面广、理论与实务结合紧密等特征，先行将相互关联的多元学习资料聚集并上传到 MOOC 平台，进而按照一定的教学目的、内容逻辑对庞杂的课程教学材料进行重新整合，形成既相互独立又彼此关联的课程内容体系，从而保证学生能高效充分地利用 MOOC 资源，变单向知识传递为多维有的放矢的教学过程。

再次，在金融审计课程学习方式上突出“众包交互”（Crowd - Sourced Interaction），即通过线上学习与课堂教学的结合，一方面利用 MOOC 平台，使为数众多的学习者构成一群共同解决金融审计课程中未知问题的群“众”；另一方面在课堂上实现以课程问题为导向的学习方式，形成围绕相关问题进行多元互动的课堂学习氛围。这一“众包交互”的学习方式能使众多学习者在虚拟或现实的学习环境中，利用群体的智慧互助协作，共同研讨、实施并评估问题的解决方案，以更为有效地提升课程教学质量。

最后，在金融审计课程评价方法上强化“自我评价”（Self - evaluation），即在课程考核中突出学生互评与自评的重要性。在一个大规模在线开放的课程体系中，面对巨量学生作业时，采用自我评价方法是一种较好的课程评价策略。实践表明，通过某种激励措施，让学生参与考核的评价过程，能使其认识到课程内容的系统性，发现自身在平时学习过程中容易忽视的知识“盲区”。

四、基于 MOOC 的金融审计课程教学效果影响因素评价

模糊数学的理论基础是模糊集，模糊集合理论的提出虽然较晚（L. A. Zadeh，1965），但最近 10 年发展却非常迅猛，特别是目前在经济社会科学领域的应用极为广泛。

在实际工作中，由于从不同方面对事物进行评价难免带有主观性，因而将模糊数学分析方法引入对现实事物的综合评判中，将提升其评价的效果和客观性。在跨专业课程教学过程中，有一些具备丰富教学工作经验的教师，他们常常会将一些难以言传的经验和技术归结于对诸因素的一种优先权重分配方案中，而利用模糊数学原理，可以借助计算机技术对其进行模拟并保存其过程与结果，以为相关课程教学质量的提升提供科学的决策依据。因此，本文运用模糊关系方程对基于 MOOC 的金融审计课程教学效果影响因素进行评价具有较强的适用性，其模糊关系方程可表示为：

$$X \cdot R = B$$

其中，X 表示权重分配矩阵，R 表示评估判断矩阵，B 表示因素综合评价矩阵，转化成模糊线性方程可表示为：

$$\begin{cases} (r_{11} \wedge x_1) \vee (r_{21} \wedge x_2) \vee \cdots \vee (r_{n1} \wedge x_n) = b_1 \\ (r_{12} \wedge x_1) \vee (r_{22} \wedge x_2) \vee \cdots \vee (r_{n2} \wedge x_n) = b_2 \\ \cdots \quad \cdots \quad \cdots \quad \cdots \quad \cdots \quad \cdots \\ (r_{1m} \wedge x_1) \vee (r_{2m} \wedge x_2) \vee \cdots \vee (r_{nm} \wedge x_n) = b_m \end{cases}$$

在秉持规范性、操作性、针对性和可获性原则的基础上，本文注重以学生为主体、以教师为主导的高校课程教学质量评价规律，不忽视各评价主体在评价活动中的作用，并结合 MOOC 教育教学的基本特征，据此构建基于 MOOC 视角的金融审计课程教学效果评价指标体系。重点从师生特征因素、课程特征因素和平台特征因素三个维度，具体包括 8 个二级指标对金融审计课程 MOOC 教学效果进行评价，具体指标因素如表 1 所示。

表 1　　基于 MOOC 的金融审计课程教学效果影响因素及其评价值

指标因素		很好	较好	一般	差
师生特征因素	教师教学水平（x_1）	0.30	0.45	0.20	0.05
	学生已有知识程度（x_2）	0.35	0.30	0.25	0.10
课程特征因素	课程体系设计（x_3）	0.30	0.45	0.20	0.05
	课程难易程度（x_4）	0.25	0.40	0.30	0.05
	课程时间跨度（x_5）	0.30	0.35	0.25	0.10
平台特征因素	平台影响力（x_6）	0.15	0.45	0.35	0.05
	平台参与度（x_7）	0.20	0.45	0.25	0.10
	证书颁发规范性（x_8）	0.60	0.35	0.05	0
整个因素集综合评价		0.318	0.364	0.227	0.091

由表 1 可以看到，本文将基于 MOOC 的金融审计课程教学效果作为因变量，影响其教学效果的因素作为自变量，运用模糊关系方程计算相关因素的权重分配矩阵，从而了解这些自变量因素对于课程教学效果的影响程度。这些自变量具体包括：师生特征因素（教师教学水平 x_1，学生已有知识程度 x_2）；课程特征因素（课程体系设计 x_3，课程难易程度 x_4，课程时间跨度 x_5）；平台特征因素（平台影响力 x_6，平台参与度 x_7，证书颁发规范性 x_8）。

依据金融审计课程 MOOC 教学效果评价指标体系，2014 年 12 月至 2015 年 5 月，对南京审计学院 2011 级、2012 级和 2013 级金融学专业本科学生，以及金融学院部分教师和教学督导进行实证分析。主要采用结构化问卷与半结构式访谈形式展开调研，对象包括上述班级已修完金融审计课程学分或正在学习该课程的学生，学院内负责金融审计课程教学的教师及校内跨专业课程教学专家。为保证调查对象，特别是本科生能较为熟悉 MOOC 教学的内涵与特征，要求多数被调查者已选修我校所开设固定资产投资审计或高级财务会计两门较为成熟的 MOOC 课程。此外，在采用现场填写、E－mail 或电话等形式进行问卷调查时，金融审计课程组教师均全程参与，以提高问卷回收率和访谈质量。此次为期半年的金融审计课程 MOOC 教学效果评价调研，共发放问卷 300 份，回收 292 份，有效率达到 97.60%。

将调查结果汇总，计算问卷评估值的平均值作为各因素比较值的最终取值（见表 1），并据此结合模糊关系方程测算金融审计课程 MOOC 教学效果影响因素的权重分配矩阵，可得：

$$(x_1, x_2, x_3, x_4, x_5, x_6, x_7, x_8) = (0.205, 0.051, 0.205, 0.128, 0.051, 0.128, 0.179, 0.051)$$

从金融审计课程 MOOC 教学效果三维评价指标因素权重可以看出，课程特征因素的综合权重值最大，达到了 0.384，说明在基于 MOOC 的课程教育教学模式重构过程中，所选课程内容和体系将会直接且主要影响该课程以后 MOOC 教学质量的高低。进一步对二级指标分析后发现，教师教学水平（x_1）、课程体系设计（x_3）和平台参与度（x_7）是影响金融审计课程 MOOC 教学效果的重要指标因素，其权重分别为 0.205、0.205 和 0.179。

究其数据背后的原因不难发现，一方面，MOOC 教育教学模式对目前国内大部分高校而言还属于一种新鲜事物，无论是直接采用 MOOC 形式，还是将其与传统教学模式相嫁接，都需要对已有课程体系和内容进行扩充和调整，使学生更快适应这一规模化、开放性和在线式的教育教学方式。而针对金融审计课程而言，其内容涉及广泛，且理论与实践结合紧密的特征也要求课程体系设计的科学与合理，因此课程体系设计（x_3）的权重值较高。另一方面，学生选择 MOOC 教学课程，特别是金融审计课程作为选修课时，多数学生是被开课教师的授课能力和教学声誉等方面因素所吸引，具体体现在对任课教师教学水平的认可上，所以教师教学水平（x_1）的权重值也较高。此外，MOOC 教学平台的构建需要迎合学生的学习兴趣，使平台界面设计充分人性化，易于师生间的交流互动。而通过 MOOC 形式学习金融审计课程，需在线进行课程学习、作业及考试等多项环节，因此，提升平台的参与程度是推进 MOOC 教育教学质量的重要因素。

五、基于 MOOC 的金融审计课程再造策略分析

对于我国高等院校而言，MOOC 的出现不仅是教育技术的革新，更会带

来教育观念、教育体制、教学方式、人才培养过程等方面的深刻变化。然而，这一创新的教育教学模式对传统教学中“因材施教”的教育理念提出了挑战。传统高等教育环境中，教师通过与学生课堂上面对面的讲授与交流，可以有机会了解不同学生的个性特点和学习习惯，因此能开展针对性的教学辅导工作。而在MOOC模式下，学生通过网络资源学习课程相关知识内容，教师则从“舞台上的智者”（Sage on the Stage）转变成为“一旁的向导”（Guide on the Side），因此很难根据学生的个性、优缺点和知识水平来进行因材施教，这也是诸多网络教育所面临的共性问题。

针对这一问题，在高校金融审计课程MOOC教育教学过程中，应从学生地位、教学生态和评价机制三个方面对整个课程体系进行思考和再造。

首先，凸显学生的主体地位。从课程组织形式上看，MOOC突破了传统课堂教学的时空限制，改变了教学课程的组织过程。高校将传统教学模式与MOOC方式相结合，应强调将教师的“教”建立在学生的“学”基础之上，真正体现学生在学习过程中的主体地位。具体到金融审计课程而言，由于金融审计理论与实务联系紧密，课前学生应在教师的引导下，通过网络教辅材料（主要包括音频、视频和PPT等）进行课程相关内容的学习，通过自己对课程知识的认知、理解与内化后，在课堂上与其他学生和教师进行多元互动与研讨，以加深对基本原理和方法的掌握程度，课后学生继续采用在线平台交流与沟通，充分利用丰富的各类课程网络学习资源，以对知识结构进行查漏补缺，实现相关课程内容的知行统一，最终获得对课程知识的消化、吸收与创新。

其次，完善教学生态系统环境。在MOOC教育教学环境中，若教师与学生、学生与学生、在线学习与课堂教学等系统内各要素之间所构建的学习环境、教研环境和数字环境能形成一个互联互动、良性循环的体系，将极大地促进课程教学的效果。基于MOOC的金融审计课程，应通过MOOC平台将传统二元分化的教研环境与以学生为主体的学习环境结合起来，改变教与学相对分离的状态，使金融审计课程中较为单调枯燥的会计原理和错综复杂的风险监测模型，借助于全方位、多维度和立体化的网络课程教学资源，使其变得生动、活泼与形象，以较好地改变该门课程的学习氛围与教学效果，并有利于提升学生自主学习的主观能动性。

最后，强化课程教学效果考核评价机制建设。无论采取何种教育教学模式，在课程评价机制方面最终都要体现在教学效果以及学生今后的成长等方面。目前大部分高校 MOOC 对学生最终课程成绩考核主要包括在线作业测试、平台互动情况和网络试题库考试等。高校金融审计课程应从中汲取和借鉴相关的考核评价方式和手段，一方面，可以将 MOOC 平台中金融审计课程网络教学资源的学习与学生该课程学分挂钩，以体现对学生自主在线学习过程的认可；另一方面，充分利用 MOOC 网络平台的技术优势，探索依托 MOOC 平台建设科学性、标准化的金融审计课程试题库，使学生的学与考都建立在一套规范的课程网络考核评价范式下。

参考文献

[1] 邱俊如，董瑞丽．基于信息化的财经类专业校企联合实训基地建设探索——以浙江金融职业学院金融专业为例 [J]．金融教育研究，2013 (5)：73 - 77.

[2] 陈肖庚，王顶明．MOOC 的发展历程与主要特征分析 [J]．现代教育技术，2013，23 (11)：5 - 10.

[3] 韩锡斌．开放教育资源：从构建资源系统到营造知识生态——MIT OCW 项目实施十周年庆祝大会侧记 [OL]．<http：//www. theti. org/infoSingleArticle. do？ articleId = 642. >.

[4] 西蒙斯，詹青龙译．网络时代的知识和学习：走向连通 [M]．上海：华东师范大学出版社，2009.

[5] 樊文强．基于关联主义的大规模网络开放课程 (MOOC) 及其学习支持 [J]．远程教育杂志，2012 (3)：31 - 36.

[6] 王颖，张金磊，张宝辉．大规模网络开放课程 (MOOC) 典型项目特征分析及启示 [J]．远程教育杂志，2013 (4)：67 - 75.

[7] 张萌，王谦．对网络教学与课堂教学整合的思考 [J]．金融教学与研究，2013 (3)：78 - 79.

[8] 汪祖杰．金融学本科实践教学改革思路及实现机制的建设初探 [J]．南京审计学院学报，2005 (2)：99 - 102.

[9] 王心如．金融专业创新型人才培养模式初探——基于心理契约视角下的思考 [J]．北方经贸，2012 (8)：37 - 38.

[10] 欧璇，周娜．浅谈金融实践教学在高等金融教学中的运用 [J]．企业家天地，2005 (3)：83 - 84.

［11］卢传锋．关于金融审计教学的思考［J］．武汉金融高等专科学校学报，2000（4）：60－62.

［12］McAuley A，Stewart B，Siemens. Cormier D. The MOOC Model for Digital Practice［DB/OL］．［2013－04－16］．http：//www. elearnspace. org/Articles/MOOC_ Final. pdf.

交叉性课程的教学创新与实践

——以金融工程课程为例

邢　钰

交叉性课程的教学内容一般涉及多个学科领域的知识，因此，交叉性课程需要学生学习不同学科领域的专业知识，这需要学生将不同学科的思维方式结合起来。相比于非交叉性课程，交叉性课程具有三个主要的特点：关注学科综合性、强调学生的合作能力、注重学生的实践能力。交叉性课程融合多个学科的知识。例如在语文课上，学生不仅会学习文学，还会学习心理学、历史、社会学等学科，以帮助学生培养更多方面的思考能力和视野。再如，金融工程这门课程，在教授学生衍生品定价的同时，需要用到数学学科里概率、随机过程、偏微分方程等知识。交叉性课程还强调学生学习时，要重视小组合作以及与他人分享学习经验。团队合作可以帮助学生探究不同学科的内容，并让学生学习如何与他人沟通，形成一个团队的氛围，进而培养学生的协同能力和团队合作能力。交叉性课程还主张学生通过多种形式的实践活动掌握学科知识，而不仅仅是学习理论知识。实践可以帮助学生找到各学科之间的联系，促进学科知识的融会贯通，鼓励学生运用多种学科的思维方式来探索世界。

教学创新是指将现有的教育资源进行灵活运用，发挥其最大效用，以改善现有的教学模式的目的。交叉性课程的教学创新主要有以下几点好处：一是培养学生的学习兴趣。以学生为中心的教学模式可以激发学生的学习兴趣，培养学生成为独立及自主学习者的能力，学习如何融合不同学科的知识，应用多学科的视角来审视复杂的多元世界，从而培养科学的学习习惯与思维方式。二是强化学生的学习能力。教学创新将学习任务延伸到实践中，让学生通过不同的实践活动来实现知识的学习，强化学生的学习能力，同时培养学生的分析思维和解决问题的能力。三是激发学生的科研能力。教学创新也可以为学生提供科学研究环境，拓展学生创新精神，激发学生的科研潜力，促进学生认知能力的发展。四是推进教学水平的提升。采用多样化的教学方式，交叉性课程才能起到最大的作用，以满足学生的学习需求，提升学生的综合能力。教学创新还可以推动教学模式的完善，改革教学方式，增强教学效果，不断提升教学水平。在当今社会，传统的教学模式已经难以满足师生的需求，教学创新的引入，既可以改善教学水平，促进学生的学习，也可以拓展学生的视野，加快学生的成长进程。

综上所述，研究交叉性课程的教学创新与实践可以提高学生在不同学科上的学习效果，激发学生的学习兴趣，增强学生的创造性思维能力，促进学生的多元化发展。

一、金融工程课程进行教学创新的必要性

首先，金融工程教学要求学生具备较强的金融学、计算机科学、数学、统计学等基础知识，而这些基础知识的学习时间较长，学生可能会感到厌倦。因此，教师要创新教学方式，通过计算机辅助教学等方式，或者利用在线学习平台，比如MOOC，以便快速了解金融工程的基本知识。对于金融工程领域中的更抽象、概念性的理论知识，可以通过解决真实性的金融工程问题来更好地理解和记忆，使学生更加轻松、愉快地学习这些基础知识。其次，金融工程教学要求学生具备较强的实践能力，将理论知识付诸实践。通过教学创新，可以模拟不同的金融工程问题，并使用Python、Matlab和R等计算机语言进行实验分析，以帮助学生理解和掌握理论知识，更好地应用到现实当中。因此，教师要创新教学内容，把金融工程的理论知识与实践技能结合起来，让学生在实践中学习有效的学习策略和正确的学习方法，可以帮助学生更好地掌握金融工程的知识。最后，金融工程的教学还要注重学生的创新能力。如果学生没有足够的创新能力，对于金融技术应用领域发展不够敏锐，如对常见的金融技术——人工智能、大数据、区块链等的利用程度较低，将会限制其自身的技术研发能力和应用能力。当前，金融行业正在快速发展，金融科技创新的进程越来越快，学生创新能力不足将导致无法及时掌握新技术的发展动态，无法用新技术对金融行业进行创新。金融科技发展的最终目的是应用，若创新能力薄弱，将很难把新技术应用于金融行业实践中，实现金融创新。因此，金融工程课程急需进行教学创新，教师要创新教学方法，鼓励学生创新，让学生在学习过程中发挥自己的创新能力，从而更好地掌握金融工程的知识。

二、金融工程课程教学中存在的问题

金融工程课程属于交叉性课程，该课程主要是金融、数学与计算机学科的交叉课程。金融工程是一门介于金融学和工程学之间的应用性学科，专注于金融工具、方法、技术以及风险管理等方面的研究。金融工程要求学生掌握大量的数学和计算机知识，这对大多数学生来说是一个较大的挑战。虽然我国的金融工程专业发展已经取得了一些成果，但是目前金融工程课程的教学也存在着一些问题。

（一）课程内容涉及面广，教学难度大

首先，金融工程课程主要包括金融市场、金融衍生品、金融风险管理等多个方面的内容，而这些内容往往是复杂的、杂乱的，对学生的学习成本比较大，也很难把握。因此，教师要将知识点进行分解和梳理，让学生能够系统化和循序渐进地掌握该门课程的知识，这项工作具有很大的挑战性。其次，金融工程课程以数学为基础，要求学生掌握多种相关的数学知识，如偏微分方程、微积分和概率，理解并能够将它们运用到金融工程领域中去，课程难度相对较大。最后，金融工程课程还要求学生具备基本的计算机知识，如Matlab语言、R语言、Python等，以便使用这些语言进行衍生品的计算与价格模拟。金融工程课程的难学之处在于它涉及的领域较广，对教师的教学水平要求较高。

（二）课程的设置不合理

金融工程在整体架构和内容安排上存在一些不合理之处。首先，理论课程和实验课程的衔接顺序不合理，使得理论和实践方法不能有效结合，难以实现有效的综合应用；其次，课程的设置没有充分考虑学生的不同专业背景、知识水平和兴趣特点，忽视了学生的认知水平差异，教授内容的深度和广度难以把握，可能过难或过易，使学生难以把握课程的重点和难点；最后，在金融工程课程的设置中，也存在着专业融合性较差的问题。尽管金融工程课程设置中可能包括跨学科的内容，但学生的学习过程中设计跨学科的学习却十分缺乏。金融工程课程对跨学科资源的利用不足，综合应用不够创新，实践应用层面缺乏深度。

（三）理论与实践教学脱节

金融工程教学中，理论与实践脱节是一个比较严重的问题。由于金融工程是一门新兴学科，学科内容众多，教学资源匮乏，教学素材缺乏，学生对

金融理论知识的掌握程度不高，理论与实践脱节成为一个严重的问题。金融工程教学中缺乏实践性教学资源。金融工程是一门新兴的学科，它的发展比较落后，实践性教学资源还没有形成完善的体系，目前还处于探索阶段，没有形成系统的教学资源，因而实践性教学资源比较匮乏，导致学生对金融理论知识的掌握程度不高。因此，缺乏实践性教学资源成为金融工程教学中理论与实践脱节的一大原因。其次，实践性教学资源的形成依赖于金融市场的变化，但金融市场具有波动性，很多投资者都不愿意将资金投入金融工程的实践性教学资源的形成中，所以研究成果的产出也不多，从而导致金融工程的实践性教学资源比较匮乏。这些原因导致了金融工程教学中缺乏实践性教学方法，从而使得学生对金融理论知识的掌握程度不高。

（四）教学方法不够科学

教学讲究因材施教，以科学的教学理论为指导。首先，学生存在个体差异，比如有的学生更偏爱理论的研究，有的又更偏爱实践的操作，根据这些不同的情况，教师难以采取统一的方法进行教学，更难以使学生们受到相同的教学影响，因此因材施教很重要，教师应帮助每一位学生有针对性地掌握学习内容。其次，教学前未充分调研学生的学习偏好和基础差异，对学生的学习情况特别是学困生的情况还不够了解，未结合学生的学习特性，采取相应的教学改进措施，使教学过程更加有效，也不能有针对性地安排教学活动。最后，教师习惯使用传统教学方式，对现代教育技术方法不够熟悉，使得传统教学方法跟不上时代的发展。综上所述，老师应该重视个体差异、多样化的课堂活动，以及贴近学生的教学方法，更好地调动每一位学生学习积极性。

（五）教学技术不够先进

教师面临着一些教学技术挑战，比如设计合适的教学大纲、使用先进的教学媒体，以及让学生通过各种形式的操作去实现金融理论等。而这些技术挑战对教师来说是非常不容易的。首先，金融工程课程的教师需要整合金融理论、实践知识和流行的金融技术，以便将金融理论从理论知识转化为实际实践能力，给学生提供准确的知识及其实践应用。这意味着教师不仅要学习金融工程理论，而且要学会最新的金融科技技术，如基于数据挖掘的分析、机器学习模型、统计与计算优化方法等。其次，在教学上，教师能够引导学生运用金融科技学习金融工程实践中的重要问题，帮助学生掌握有效的学习工具，使学生能够更好地理解什么是实用的金融工程知识，从而更好地应对现实世界中的金融工程问题，并学会正确避免未来可能面临的金融风险。

总的来说，目前以金融工程课程为代表的交叉性课程在教学上存在着内容较难、学生理解能力不足、课程设置不够合理、教学方法不够科学和教学技术不够先进等问题。但需要指出的是，通过深入了解学生的学习情况，更好地设计和改善教学大纲，以及积极应用新技术和多媒体教学等，我们还是可以找到一些解决方案来解决这门课程在教学和实践上存在的问题。金融工程的目标就是探索核心金融问题，以数学和计算机技术为工具，应用工程化思维对复杂的金融问题进行求解的一门学科。因此，金融工程属于交叉课程，内容包含金融理论和应用实践。接下来，我们将从理论教学创新和实践教学创新两个方面来讨论金融工程课程的教学创新。

三、理论教学上的创新方法

随着经济社会的发展，金融工程的应用越来越广泛，如证券交易、衍生品开发、国际结算、外汇存款、保险、资产投资、期权定价、债券等，以及金融风险管理在内的多个领域。金融工程的理论研究能够帮助学生们更好地理解金融行业的结构，也是金融行业发展的重要动力。因此，教师在教授金融工程课程时，应该重视理论研究的加强，以达到更好地培养学生的实践能力。

（一）加大案例教学的力度

为了加强学生的专业理论知识，从而能够将金融工程的学习理论应用到实际中去，加强对市场的洞察力，教师可以在教学内容上加大对实际案例的细节讲解。例如，可以以金融市场为例，详细讲解欧式期权定价与对冲、期货市场的套期保值、期货服务实体经济等实际案例。此外，还可以鼓励学生多看一些金融工程相关书籍，尤其是一些金融交易案例，帮助学生从实践中学习金融工程理论，并且在案例分析时能够提出自己独到的见解。合理利用线上与线下资源，丰富案例教学的内容，比如参观金融博物馆、观看纪录片《华尔街》，可以让学生接触到国内外的实时金融动态，学习新的投资理念，为自己的职业发展打下良好的基础。由此可见，金融工程课程案例教学有着巨大的价值，在今后的金融工程的教学中应大力挖掘相关案例，建立金融工程案例教学库。

（二）突出教学重点与难点

金融工程课程的教学应突出重点与难点，重点放在金融工程的模型构建与分析上，力求突破难点。课堂是教学的主要阵地，在课堂教学中，应引导学生独立思考，多给学生一些案例，让学生形成自己的思考结果，从而引导他们正确理解金融工程技术和理论。具体的做法是以案例为切入口，先对具体的案例进行阐述，再结合金融工程的理论进行分析，深入了解金融工程模型的构建及应用。针对理论模型这一难点，结合市场数据与金融软件，复原实际交易，突破对难点的理解。此外，加强学生课余的学术论文研读能力，让学生从学术研究论文中理解理论模型的构建意义，学习如何运用金融工程模型来解决实际问题，增强自身的知识储备。教师还应充分考虑线上线下全方位教学，在线上建立讨论群，发挥互帮互助的精神，集思广益，在讨论中突破学生对理论模型的理解难点。

（三）协调学科交叉部分的教学内容

金融工程是一门跨学科的交叉课程，包括数学、计算机技术和金融学等多个学科。为了进一步加强金融工程和数学专业、计算机科学的课程融合，首先应当协调不同学科之间的教学内容，统一课程教学中各学科间的知识关系，让金融工程融入数学、计算机技术和金融学等学科中，使各学科之间的协作性能得到提高。其次，应当制定合适的教学策略，选择合适的教材，结合实际对金融背景的学生进行适当的培训，传授数学专业、计算机专业的知识，使其能够更好地应用金融理论。此外，应当及时进行课程更新，注重掌握金融业务的发展趋势，使金融工程课程更加符合时代的需求，加深学生对金融理论的理解，以便学生今后能够更好地适应金融事业的发展。

（四）定期组织学生讨论

金融工程课程的教师可以通过多种方式组织学生进行研究讨论。例如，可以定期组织学生探讨有关全球金融危机、金融创新及金融监管等金融问题，让学生们在团队中互相分享观点，提出新的想法，以期解决实际的问题，获得足够的感悟与见解。同时，也可以要求学生进行报告，根据特定的主题进行讨论，由教师和同学共同参与，给予学生充分思考解决问题的时间。此外，还可以通过网络视频讲座，让学生听取国内外金融专家的观点，以了解最新金融发展动态，加深学生对金融问题的认识。最后，教师还可以利用在线资源，布置练习题，给学生们打下坚实的理论基础。

（五）教师应加强理论学习

教师应该加强金融工程理论的学习。在教学中，教师应该把重点放在理论研究上，以帮助学生更好地理解金融工程的基本原理，并能够更加熟练地运用金融工程理论。教师应该加强对金融工程理论的研究，经常更新教学内容，使学生能够更好地理解金融工程领域最新的方法和技术，特别是金融科技的前沿知识，以更好地指导学生的学习。此外，教师还应该加强对学生的指导，结合学生的实际情况，给学生提供个性化的指导，以帮助学生更好地理解金融工程理论，并能够更加熟练地运用金融工程理论。

四、实践教学的创新方法

金融工程课程的实践教学创新是为了更好地满足金融工程专业学生的实际需求，以提高学生的金融实践能力和创新能力。金融工程专业的学生在毕业后将要从事金融实践工作，因而必须具备良好的金融实践能力。实践教学创新可以更好地帮助学生掌握金融实践的知识和技能，让学生更好地掌握金融实践的技能，从而提高学生的金融实践能力与创新能力。因此，金融工程课程实践教学创新是必要的。以下是金融工程课程实践创新的一些方法。

（一）建立金融工程实践教学模式

在金融工程实践教学中，要加强理论与实践相结合，引导学生从理论到实践过程中去领悟金融工程的本质，形成较为完整的金融工程知识体系，并能够充分发挥金融工程的作用。教师应以跨学科课程为基础，建立金融工程实践教学模式。金融工程课程应该更加重视交叉学科理论的学习，并在跨学科的思想中构建金融工程的实践模式。具体而言，教师应该指导学生通过跨学科理论的应用，对市场行为和金融事务进行综合分析，并以此为基础进行金融工程的分析和设计。对于金融工程专业学生来说，熟练掌握数据分析和处理技术及其相关工具是掌握数据分析和处理技能的关键环节。因此，实践教学模式中要以增强计算机数据分析能力为主要目标之一，要为学生开设SQL、R、Python和Matlab等开发语言、数据库管理和可视化工具等实践性课程。

（二）鼓励学生参与实践活动

学生在实践中要学会系统构建金融工程的解决方案，能够从不同角度做出创新性的思考，进而解决实际中的金融问题。教师应鼓励金融工程专业学生在学习理论知识后，去参与实践活动，如校内社团、投资俱乐部、面向金融行业的知识竞赛等，以加深自己对数据处理与分析技巧的理解，增强自身的实践能力。学校应该加强与企业的合作关系，鼓励学生充分利用实践机会和实战技能训练，增强自身的计算机数据分析能力，为未来的职业发展奠定坚实的基础。学生也可以通过在金融机构、投资咨询公司、IT公司等企业的实习机会，用自己的双手去尝试处理真实的数据，增强自己的计算机数据分析能力，从而增加实践经验。

（三）教师开展产学研项目研究

大学应该加强与企业的沟通，了解企业的发展需求，及时把握学科专业的最新动态，明确自身的办学定位，着力构建与企业的合作关系，积极开展产学研项目研究。首先，在教学方面，大学要根据企业实际需求设计课程，把企业实际需求落实到教学实践中，培养出能够在金融工程专业方面就业的人才。同时，还要与企业开展相关的实习基地建设，让学生们在实习期间融入企业，充分体验和感受企业文化，加深学生的实践能力。其次，在科学研究方面，大学还可以与企业建立联合研究中心，开展对企业数据分析、金融产品开发等领域的研究，以及对新技术的应用等研究，积极开展产学研项目，结合实践加以深入探索，提升大学的学术影响力。最后，大学要加强与企业之间的技术交流，主动去熟悉企业最新的研究成果，不断提升学校的教学和科研水平，吸引更多的企业对学校的支持。所以，大学要建立金融工程专业的实习基地，需要从多个层面加强与企业之间的沟通和合作，把学校教学和科研形成一体化，以最大限度地满足企业的需求，促进两者的共同发展。

（四）加大师资培训力度

金融工程是一门涉及金融学、经济学、数学、计算机学和工程学的复合学科，其跨学科性特别明显，高水平的师资队伍对于金融工程专业的发展至关重要。因此，随着金融工程专业的发展，师资培训力度也需要加大。学校应该邀请行业内的资深专家来校授课，让教师能够获得最新的金融技术和经验。另外，学校也可以邀请金融机构的专家来给教师和学生做报告，让师生可以了解金融市场的发展趋势及未来发展方向。学校还可以组织教师参观金融机构，参加金融行业的培训班，让教师更加深入地了解金融行业。教师应当多参加国内外金融领域的重要会议，加强与国内外顶尖大学的交流合作，清楚地了解金融工程行业的最新发展动态。通过多种方式，引进高水平的师资力量，在高校中树立影响力。因此，金融工程专业应该采取有效的措施，引进高水平的师资队伍，为其发展提供有力的支持。金融工程专业应该加大对高水平师资队伍的招聘力度。一方面，可以举办一些研讨会或者学术论坛，增加该领域的学术氛围，吸引更多的优秀人才加入金融工程的研究；另一方面，可以结合金融工程专业的实际情况，为优秀人才提供良好的薪酬福利，吸引更多的优秀人才加入金融工程专业的研究。

（五）设立金融工程创新实验室

金融实验室是金融工程专业学习、研究和实践的重要场所之一，它可以帮助学生们掌握金融理论、技术和应用，并建立起独立思考、理解和解决金融实际问题的能力。为了在实践中更好地学习金融工程的创新技术，可以利用本校资源，设立金融工程创新实验室，利用实验室来开发金融工程创新技术，实现金融工程解决问题的新思路，将金融工程的理论知识运用到实践中，更好地满足金融行业的需求。专业教师应该根据实际教学情况设计一套金融工程实验室课程方案，将所有金融理论课程、实践课程、技术课程以及相关交叉课程依次结合，使学生能够从课程学习中受益。例如，建立一个实际投资交易的培训平台，模拟实际的金融市场，让学生在虚拟的市场环境中实践自己的投资策略，从而掌握金融工程的技术及模型，形成良好的投资习惯。金融工程实验室应当引入相关金融软件，以支持学生在实验室中进行金融模拟实验，让学生了解金融软件的特性和工作原理。金融工程实验室可以邀请行业内的专业人士开展讲座，以便学生们能够听取国内外金融专家的观点，加深对金融问题的认识。同时，实验室还应每学期组织相关专业实践活动和研讨会，让学生们更好地把金融理论知识和实践经验结合起来，培养学生们更加强大的金融应用能力。

五、结论

交叉性课程不仅结合多个学科，而且还要求学生利用不同学科之间的联系来表达见解。金融工程课程的教学创新可以促使学生跳出固有的观念，鼓励学生主动思考，激发他们的创造力，以新的眼光探索金融行业的发展。金融工程的教学创新具有挑战性，要想达到更好的教学效果，教师要注重对理论知识的学习，做到理论联系实践，加强实践训练，提高学生的金融工程分析能力。本文探讨了金融工程课程教学中面临的主要问题，提出了提升理论和实践教学的创新方法，以期能够提升金融工程课程的教学创新成效。

参考文献

［1］刘泽滨，李用俊，吕辉．应用型本科院校金融工程学课程教学改革研究［J］．教育研究，2022，4（11）：128－130.

［2］唐恩林．人工智能背景下金融工程专业实践教学模式构建［J］．兴义民族师范学院学报，2022（5）：6.

［3］黄薏舟．一流本科课程建设背景下混合式教学在金融工程课程教学中的应用［J］．大学教育，2022（5）：4.

［4］潘海峰．金融科技背景下金融工程专业立体式实践教学体系构建研究［J］．牡丹江教育学院学报，2021.

［5］黄璐，倪兴兴，薛松超，等．数字金融背景下的金融工程专业实验教学探索与实践［J］．实验技术与管理，2020，37（12）：5.

“国际结算”课程教学内容与教学方法改革研究

陈 冰

一、“国际结算”课程特点

随着全球化的发展，国际间政治、经济等交往越来越频繁，同时计算机技术以及跨境电商的发展，国际结算作为国际间经济交往的重要环节，其业务内容和重点一直在不断发展变化。伴随而来的是高校开设的“国际结算”课程也应随之变化，以更适应经济发展的要求。

高校开设“国际结算”课程的主要有金融专业和国际贸易专业，其目的是培养在金融机构、外贸企业从事实务和经营管理工作的应用型人才。课程涉及的领域较广，除了包括贸易结算中支付工具和支付方式的选择和运用以外，还包括业务中金融单据与商业单据的缮制与流转。另外，国际结算还会涉及大量国际贸易实务、国际银行业业务规范、国际惯例等多个领域的专业知识，是一门专业性、实务性都较强的课程。

二、当前“国际结算”课程的教学内容与方法及存在问题

（一）课程教学内容及存在问题

从全国范围内来看，各高校“国际结算”课程的开设已较为成熟，各种《国际结算》教材也层出不穷，课程结构和内容基本相似。主要包括三个方面：票据、结算方式和单据业务。其中结算方式主要有汇款、托收、信用证、保函、保理和福费廷业务。有部分教材会将保函、保理和福费廷业务纳入贸易融资中介绍。其中，信用证业务占全部内容的40%左右，占比很大。除对信用证的基本概念、分类、业务流程的介绍外，还有相当一部分篇幅要介绍信用证项下的单据处理，包括单据的制作和审单。除此之外，还有部分教材会增加一些电子支付平台的介绍。但随着国际贸易和科技的发展，该课程的原有的教学内容已经滞后，主要表现在以下几个方面。

1. 跨境电商的兴起

跨境电商、市场采购、离岸贸易、海外仓等新的贸易业态在近几年取得了巨大的发展。特别是近三年受到新冠疫情的影响，外贸企业传统的贸易形式受到很大影响，但依托开辟线上市场，跨境电商等新业态逐渐成为推动中国外贸增长的新动力。根据商务部的报告，2022 年全年跨境电商进出口额（含 B2B）为 2.11 万亿元，同比增长 9.8%，其中出口 1.55 万亿元，同比增长 11.7%。[①] 越来越多的中国制造业企业依托跨境电商实现产品的外销。而跨境电商的发展不仅需要制造业企业自身的技术进步、销售手段创新，更重要的是要有强有力的技术支撑。除了基站建设、物流效率以外，资金、交易、递送、支付等也是制约跨境电商发展的重要问题。

在这个背景下，国内的科技企业充分发挥它们的技术优势，通过大数据、人工智能等行业先进技术，构建更适合跨境电商的新架构，为企业提供从“建站管理”到“跨境支付”等方面“一站式”的全方位服务。

2021 年，国务院办公厅印发《关于加快发展外贸新业态新模式的意见》，提出便捷贸易支付结算管理。深化贸易外汇收支便利化试点，支持更多符合条件的银行和支付机构依法合规为外贸新业态新模式企业提供结算服务。鼓励研发安全便捷的跨境支付产品，支持非银行支付机构“走出去”。[②] 2022 年 6 月，中国人民银行印发《关于支持外贸新业态跨境人民币结算的通知》，支持银行和支付机构更好地服务外贸新业态发展。同时，2022 年美联储数次加息，货币政策收紧，全球美元回流，人民币的跨境支付在货物贸易和直接投资中的比重大大增加。各商业银行在这个背景下纷纷推出跨境人民币结算业务，对传统结算方式进行改革创新，为企业提供跨境收付款、收单、融资等多种便利化金融服务。除此之外，如 PayPal、国际支付宝等第三方电商支付平台在跨境收汇和购汇结算中也发挥了重要的作用。而以上这些内容目前我们都没有纳入教学范围。

2. 结算工具的电子化

目前，我们的教学内容中第一部分就是票据，主要介绍狭义的金融票据，包括汇票、本票和支票。在授课过程中，主要讲授各种票据的制作、相关票

---

① 中国政府网 .2022 中国经济年报［EB/OL］. http：//www. gov. cn/zhuanti/2022zgjjnb/index. htm.

② 中华人民共和国中央人民政府 . 国务院办公厅关于加快发展外贸新业态新模式的意见［EB/OL］. http：//www. gov. cn/zhengce/content/2021 -07/09/content_ 5623826. htm，2021. 7.

据行为等。内容上主要集中在传统纸质票据业务，并配合部分票据案例。

早在2009年10月28日，中国人民银行建设并管理的电子商业汇票系统(Electronic Commercial Draft System，ECDS）就正式投入运行。这个系统可以实现电子汇票出票、承兑、背书、保证、提示付款、追索等业务全流程电子化。自2010年人民银行在全国推广ECDS系统以来，电子票据业务量逐年增长，各金融机构均已开展电子票据业务。而关于ECDS的相关内容目前并没有在大部分教材中体现，授课时一般也只是浅提一下，并不会做更深入的说明，这就使得课程内容大大落后于金融机构实务。

与之类似的还有电子数据交换系统（Electronic Data Interchange，EDI)，它是将贸易、运输、保险、银行和海关等行业的信息，用一种国际公认的标准格式，通过计算机网络，使有关部门、公司与企业之间进行数据交换和处理，并完成以贸易为中心的全部业务过程，又被称为"无纸交易"。这个技术在国外已经非常成熟，随着全球贸易的展开，国内企业也主动引入EDI来维护业务关系、保障企业数据安全。目前的授课内容仅在"概述"的"国际结算电子化发展趋势"这个部分提到EDI，也是只做概念性介绍，这与实际业务是割裂的。

3. 教学内容没有区分度

目前，我校有三个专业开设"国际结算"课程，分别是金融学（CFA方向)、国贸专业和金融专业，前两个是3学分必修课，后一个是2学分选修课。这三个专业的培养方案不同，学生的学科背景不同，因而授课内容和重点也应有所区别。比如对国际贸易的学生来说，他们又另外开设"外贸单证业务"课程，因此授课时这部分就可以简化，甚至省略；而金融专业的学生没有接触过单据，这部分就必须要讲，并且需要进行实操。而目前的教学大纲中只对2学分和3学分、不同课时的课程做了区分，并没有从教学重点和内容上进行区分。因此在这方面需要进行较为细致的改革。

4. 信用证业务比重较大，挤占了其他业务的授课课时

目前的教学内容中，信用证业务比重较大，比较严重地挤占了其他业务类型的授课课时。主要表现在以下几方面：

首先，由于信用证业务本身较为复杂，涉及的业务主体、流程、类型、风险等非常多且非常细节，学生很少接触这样的实务内容，本身理解和接受就存在困难，因此要把信用证业务讲清楚就很占用课时。对于3学分51课时的学生来说，勉强能够增加一些信用证项下审单的内容，但如果是2学分34

课时的，就只能减掉审单部分。但审单是银行在信用证业务中的必要流程，这就造成学生虽然学了信用证，但又不清楚这个业务在实务中的具体操作是什么的问题。

其次，挤占了贸易融资部分的课时。不管是对银行业还是外贸企业来说，贸易支付方式只是结算的一个部分，更重要的是结算工具的贸易融资功能，特别是国际保理业务和福费廷业务，它们的融资功能远远超过了结算功能。但目前授课时，基本只能介绍这两种业务的特点、流程是什么，其他内容就只能一带而过。另外，传统的信用证和托收及其项下也有很多融资方式可以选择，商业银行在这方面还做了很多产品创新，甚至是可以为企业量身定做，这些内容目前都没有能够增加进来。

（二）教学方法及存在问题

首先，在我校的“国际结算”课程教学中，由于未引进实训软件，所以目前仍是以课堂讲授为主。学生在学习过程中通常是对照教材上的图、表，结合教师课件、板书的流程图等来理解每种结算方式的业务流程、各当事人之间的关系及权利和义务。一般每个章节我们都会辅以案例教学，但由于案例的实务性较强，且会涉及大量国际经贸惯例和法律，而学生的知识存储并不足以独立分析，所以案例分析部分也通常是以讲授为主，再引导学生思考和讨论。很明显，这样的教学方法只能让学生对单一知识点有所了解，却不足以让学生产生强烈的学习兴趣并主动参与讨论。

同时，该课程需要较多地使用英文资料，所有单据、票据，各种业务申请书、信用证、函件都是全英文的，部分英文基础比较好的学生会很喜欢该课程，愿意花时间和精力进行拓展学习，而另外一些学生只能勉强完成作业和期末闭卷考试，没有更多余力拓展，特别是2学分选修课的学生，大部分只是为了获得学分，对课程本身缺乏兴趣。这些问题都使得我们要积极地探索教学方法的改革，让学生能够对这门实务性课程产生兴趣，并愿意主动参与各种课堂活动。

三、“国际结算”课程教学内容与方法的改进

（一）教学内容的改进

1. 增加跨境支付相关内容

首先，应增加跨境支付的基础知识，包括定义、类别、主要方式以及业务操作流程。如前所述，跨境电商的发展是近年来国际贸易增长的主要驱动

力，而跨境支付是跨境电商业务链中的重要一环。跨境支付指的是分属于不同国家的付款人和收款人，各自使用不同的币种和支付工具，由跨境金融服务商帮助其串联付款工具，进行货币兑换，进而结算货款的行为。它的主要参与者包括境内外银行、汇款公司、国际信用卡组织、跨境收款公司和第三方跨境支付平台。在跨境支付业务中，B2B 的支付大多数是直接采用 T/T 的形式，B2C 的支付多通过信用卡或网银在线支付、第三方支付平台或者移动支付等方式完成。

其次，应增加人民币跨境支付系统（简称 CIPS）的内容。CIPS 是为境内外金融机构人民币跨境和离岸业务提供资金清算、结算服务的重要的金融基础设施。该系统的一期和二期分别于 2015 年 10 月 8 日和 2018 年 5 月 2 日成功投入运行，截至 2022 年第一季度末，已接入 76 家直接参与者和 1228 家间接参与者，连接 178 个国家和地区，实现对全球各时区金融市场的全覆盖，能够满足各类跨境贸易、投融资业务等结算需求。它的建成运行是我国金融市场基础设施建设的里程碑，标志着人民币国内/国际支付统筹兼顾的现代化支付体系取得重要进展。[①] 这部分内容在讲授时，不能仅仅简单地把 CIPS 的建设过程进行介绍，更多的是要基于这个系统的具体运行过程，引导学生进一步深入思考这个系统对人民币国际化的深远意义。

2. 缩减信用证业务比重，增加审单、贸易融资相关内容

目前来说，信用证业务中内容的讲解和练习占了较多课时，可以考虑减少信用证内容的作业量，改为课堂讨论、发言的形式，在学生的参与中用更少的课时将信用证的分析讲解清楚，这样就可以增加审单的练习与操作。由于审单需要学生提前了解单据知识，因而审单业务可以安排在单据章节的后面。这就意味着结算方式部分的课程结构需要进行调整，主要调整为将汇款、托收、信用证作为传统结算方式，接着就介绍单据知识，然后就可以进行审单的操作，之后安排新增的跨境支付业务。

此外，我们考虑按照当前商业银行的主流贸易金融业务结构的设计，将内容分成贸易结算和贸易融资两部分，银行保函业务单列。贸易结算就是上面提到的汇款、托收、信用证、跨境支付业务；贸易融资主要包括打包放款、提货担保、押汇、保理业务、福费廷业务等。这样，学生能够更加明确结算

---

① 中国人民银行. 人民币跨境支付系统（二期）全面投产［EB/OL］. http://www.pbc.gov.cn/goutongjiaoliu/113456/113469/3531144/index.html.

方式和融资方式的区别和联系，也避免了内容的重复，比如托收项下有托收出口押汇和进口押汇，而信用证项下也有出口、进口押汇，原来授课时需要在不同的章节讲两次，而学生还会产生混淆，修改以后，将押汇作为一种融资方式集中讲，并将托收项下和信用证项下进行区分，便于学生理解和记忆，同时，这样安排也方便对贸易融资进行整体的案例教学。我们可以在充分讲授各种融资方式的基础上，给学生提供案例资料，引导学生根据不同企业规模、产品、抵押物等的区别，让他们针对企业的需求进行融资产品设计。通过这样的方式，可以让学生清楚地了解银行的业务如何完成，也能让他们对各种融资方式的综合运用有深入理解。

3. 增加课程思政

2020年6月，教育部正式颁布《高等学校课程思政建设指导纲要》，提出高校要从学科建设、课程教学、教师能力等方面开展课程思政建设，这为高校专业建设提供了新的思路与方向。"国际结算"作为专业课，实务性、技术性较强，课程思政可以考虑从以下几方面入手。

首先，思政可以与时事紧密联系。比如在"概述"部分介绍SWIFT系统时，就可以结合2022年初俄乌冲突爆发后，美国对俄进行经济制裁时要求欧盟禁止俄罗斯的银行使用SWIFT系统，之后美国与欧盟、英国、加拿大等共同发表声明，宣布将俄罗斯7家银行排除出SWIFT。这条新闻可以作为很好的案例引入，引导学生思考：一是为什么美国自己不能禁止？二是SWIFT究竟是什么？它为什么可以起到经济制裁的作用？最后在全面介绍该系统的基础上提出问题，即我国未来是否有可能面临这样的问题？如果有，那么我们现在要做什么来预防？由此引出对我国跨境支付交易的安全问题的思考。这个案例还可以在人民币跨境结算系统的讲授中再次提出，结合数字人民币的发展，引导学生讨论CIPS建设的作用、面临的风险等问题。

其次，票据是国际结算中比较特殊的业务，它是为数不多的以"法"来规范的业务。除了票据以外，绝大多数结算业务都是有国际惯例来约束的。因此，在这部分讲授中，就可以通过票据典型案例的介绍，扩展学生的法律知识、增强其法律意识，培养他们知法、守法的公民意识。

最后，在各种结算方式中都有商业银行或其他非银行金融机构的积极参与，且银行在其中扮演了非常重要的角色。很多结算案例中都会有由于国内银行从业人员对于国际准则、惯例、其他国家法律法规的不了解，甚至是对英文文义的误解，从而对国外发来的单据处理错误，导致国内企业收汇失败。

在教学中，我们应当引导学生思考，中国改革开放以来积极地参与国际经济交往，国际地位在不断提升，我们需要积极主动地了解和掌握国际贸易的各种规则。但同时，我们也要思考如何能够对国际准则的制定施加影响，提高我们的话语权。另外，作为从业人员，我们要去思考如何能帮助企业减少收汇风险？这就需要我们不仅具备较高的专业知识和技能，更要有风险意识和经验，引导学生重视职业道德和职业素养的提升。

4. 其他需要增加的内容

一是增加电子票据和电子数据系统的介绍，这个可以使用案例形式，组织学生事先收集这两个系统的运行方式、过程等资料，然后课堂模拟系统操作，这样可以增强课堂效率，且学生参与感较强。

二是增加不同专业该课程的区分度。对金融专业学生来说，重点是从银行角度切入，为客户提供更多的结算和融资选择，侧重于产品的开发、创新；对国际贸易的学生来说，则是从企业的角度，如何更好地利用结算和融资方式，侧重于产品的应用。

（二）教学方法的改进

1. 任务驱动教学

任务驱动的教学方式强调激发学生的自主学习能力和团队合作，可以通过设计任务、分配任务、理论讲授、角色扮演、动手操作、分组总结、教师点评的路径达成。[①] 例如，在信用证业务的授课中，学生们经常对信用证项下各个银行的责任与义务出现混淆，那么在讲授这部分内容时，就可以先给学生列出信用证业务的当事人名称，让他们利用“中国大学慕课”等网络平台上已有的“国际结算”课程的信用证章节配合教材，先对信用证业务的当事人有初步了解，然后在课堂上让他们进行角色扮演，分组扮演不同的银行，结合流程案例，让他们进行结算业务操作。通过这种方式，就可以大大加深他们对业务环节的理解和掌握。

2. 案例教学

案例教学在国际结算课程中已经是老生常谈，但实际教学过程中，案例的选择和教学设计是非常关键的。从目前的教学过程来看，学生普遍对案例分析非常感兴趣，但基础知识不牢、知识面不广等问题，很大程度上影响了

---

① 安静. 国际结算课程“教学做”一体化的设计与实践［J］. 牡丹江大学学报，2016，25（3）：178－181.

他们对于案例的深入分析。因此，需要提供大量国际结算相关的资料供学生自学作为补充，如各种结算方式适用的国际惯例、国际商法、票据法等资料。这些资料虽然在课上会给学生进行讲授，但由于涉及面较广，课上不可能面面俱到，深入具体地介绍，只能讲授较为常见的部分，所以大量的内容还需要学生课下主动自学。

另外，对案例的甄选，笔者认为授课过程中，可以选择较为简单的小案例，每个案例涉及的知识点可以少一点、具体一点。比如票据业务的案例主要集中在票据转让过程中，票据权利的转移，转让人、受让人的权利缺陷等问题；托收业务的案例主要集中在交单条件的选择，以及进口商的商业信用问题；信用证业务中信用证的性质、修改、保兑条款、分批装运等是常见的案例内容。这些都可以用小型案例，案例与知识点一一对应，在授课中作为知识点的辅助，可以帮助学生更好地掌握和理解某个业务环节可能存在的风险。

在贸易融资部分可以为学生提供大的案例、复杂的案例，让他们把零碎的知识点串联起来，提高更全面、宏观地分析问题的能力。比如介绍完押汇、打包贷款、提货担保、出口发票贴现等内容以后，就可以给学生一个出口企业的资金困难问题，然后要求他们综合运用上述的融资方法，设计出适合该企业的融资产品。案例没有标准答案，学生可以根据对知识的理解进行发散性思维，这种方法可以很大程度上提升他们的创新能力，让他们敢于创新、勇于创新。

除此之外，我们还可以充分利用福步外贸论坛等网上资源，让学生自己去寻找材料，编制结算小故事、小案例，然后互相提问，提升他们的课程参与度和对课程的兴趣。

3. 实践教学

目前我院没有独立的国际结算实验教学平台，但在商业银行信贷业务实验平台的对公业务中有相当一部分贸易融资的内容，所以，笔者认为可以利用这个部分作为国际结算课程的实训教学内容，补充到教学过程中，将原来的学时分成课堂讲授和课内实践课时两部分，这样可以充分弥补实训环节的不足。

该课程与商业银行及外贸企业的关系非常密切，所以也可以使用诸如亚马逊等国贸业务模拟平台，或者福步外贸论坛的单证模板，以课后作业的形式让学生进行制单审单的模拟操作，教师可以全程跟踪，并及时解答学生的疑问，以丰富学生的动手能力。

四、课程考核方式改革

在课程内容和教学方式上进行上述改革以后，课程的考核方式也应该随之变化。现在的考核方式是平时成绩占40%，期末考试占60%。由于课程本身的属性特殊，知识点非常细碎，很难通过一次闭卷考试将可能内容全面覆盖，因此考试不能充分反映学生对于课程的掌握程度。

考虑增加平时成绩的占比，增设过程性考核。具体而言，平时成绩中，原有书面作业的比重降低，占10%左右；课堂参与案例讨论活跃度，占15%；综合性案例的设计分组完成，占10%；过程性考核以票据和单据业务为主，以减少期末这部分内容在卷面的比重，主要考核各种单据的操作，占比15%；期末闭卷考试，占50%。另外可以增设加分项，比如自行编写结算小案例、小故事等，可以个人完成，也可以小组完成。

五、结语

总而言之，“国际结算”课程的建设应该始终坚持以培养应用型人才为目标，以商业银行和外贸企业的人才需求为指引，不断更新教学内容，探索更适用的教学方法，加强对学生职业道德和职业素养的教育，激发学生的学习热情，拓展学生的知识领域，提高学生的综合素质。

参考文献

[1] 闫一鸣．“互联网+”背景下《国际结算》课程教学模式探索[J]．商业经济，2022，7：191－193.

[2] 侯方淼，李浩爽，郭秀君．“慕课”应用于“国际结算”课程教学的实践探索——以北京林业大学为例[J]．中国林业教育，2020（6）：75－78.

[3] 李丹，黄锐．地方本科院校国贸专业《国际结算》实践教学改革探析[J]．科技资讯，2022（18）：204－206.

[4] 安静．国际结算课程“教学做”一体化的设计与实践[J]．牡丹江大学学报，2016，25（3）：178－181.

[5] 周宏芸．基于跨境电商的国际结算课程线上线下混合教学改革研究[J]．对外经贸，2020（7）：142－144.

[6] 马晶晶．国际结算课程思政设计探索 [J]．河南教育，2021 (12)：76 - 77.

[7] 程锐．人民币跨境支付系统面临的威胁与安全体系的构建 [J]．信息安全研究，2023 (1)：93 - 96.

[8] 中国政府网．2022 中国经济年报 [EB/OL]．http：//www. gov. cn/zhuanti/2022zgjjnb/index. htm.

[9] 中华人民共和国中央人民政府．国务院办公厅关于加快发展外贸新业态新模式的意见 [EB/OL]．http：//www. gov. cn/zhengce/content/2021 - 07/09/content_ 5623826. htm，2021. 7.

教学反思与课程创新设计

——以金融计量学为例

顾舒敏

引言

随着计算机技术的普及以及大数据的快速发展，大学生对金融数据分析的兴趣越发浓厚。这就要求新时代的大学生要具备大数据知识和金融数据分析能力。我国产业转型升级、信息技术进步对应用型人才的需求，这就对大学生教学和课堂教育质量提出了更高层次的目标要求。

“以学生为主体，以教师为主导，充分发挥学生的主动性”是高校教学的重要原则，如何解决学生学习主动性不强、课堂效率不高、课程定位模糊等一系列问题，是金融计量学课程创新设计的重点，以期让学生在课堂中获得更高的参与感和幸福感。

一、教学过程中存在的“本土化”问题

（一）学生学习兴趣不足

金融学的学生统计学基础水平一般，在学习金融计量学的数理理论部分比较吃力，尤其是对模型的各个检验方法的原理。同时教材中案例分析较少，对学生课后阅读理解带来不小的难度。这种挫折感使得学生学习兴趣不足，只能望洋兴叹，甚至在课程初期选择退课。

（二）课程与金融学专业结合不足

在金融计量学的学习过程中，学生接触到的金融时间序列数据与金融学专业中描述的随机变量名称的意义较为“割裂”，比如非利普斯曲线、货币政策的中介目标、投资组合收益、资产定价等，这使得课程处于金融学专业人才培养的要求的边缘，需要更加紧密的结合。

（三）学生学习目标与课程目标不一致

学生已开设课程涉及的学习目标、学习成效、教学活动、评价体系等因

素之间是相对隔离的，没有做到一致性建构，无法为学生提供更为有效的学习支持，使学生的学习能力无法持续提升。

二、“兴趣—融合—目标”的课程创新设计

针对金融计量学教学过程中存在的“本土化”问题，本文从“兴趣—融合—目标”三个方面进行创新设计，从金融时间序列的特征、相互关系出发，在理论上简化模型推导与定理证明，在实证操作中引入多次金融事件进行数据处理和案例分析。一方面，将理论与实践相结合促进学生的知识转化，培养应用复合型人才；另一方面，推动学生从金融学基础专业课的学习中挖掘选题，作为毕业论文撰写的指南针。

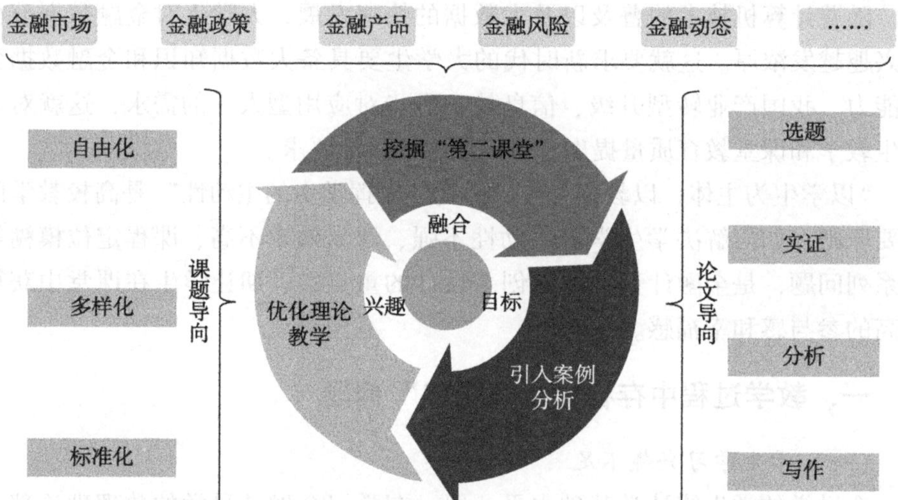

图1　金融计量学“兴趣—融合—目标”的课程创新设计

（一）优化理论教学，强化课题导向

我校最新的金融学专业人才培养方案要求学生具备金融研究能力，尤其是能够及时、客观地归纳和实证检验金融市场现象与规律，并通过对金融数据和相关信息综合分析得到合理有效的结论。因此，从金融计量学课程的理论部分来看，其本质应当为了解金融学专业的理论前沿和金融市场发展动态，了解金融领域的最新发展状况及金融活动的规则和惯例而服务，这点与时间序列分析课程的教学导向相反。

金融计量学课程重点不仅在于计量，更在于金融。金融学专业的学生通

过三年金融学、经济学、统计学、投资学等专业基础知识的学习，具备良好的知识应用能力和问题分析能力。因此优化理论教学，将课程“本土化”事实上就是要求课程导向性从课题挖掘出发，并非从时间序列的理论出发，而导向性的差异直接影响到学生对于金融计量学课程的学习兴趣。

因此，在课程设计中，从教学软件选择自由化、教学模式多样化、成绩考核标准化三个方面体现课程的课题导向（见表1）。

表1　　金融计量学课程设计优化

三个方面	主要内容	特征
教学软件选择	（1）以操作简便、功能强大的 Eviews 为主 （2）兼容 R、Python、Matlab 等市场应用广泛的其他软件	自由化
教学模式	（1）理论：优化数理统计要求，以课题为导向 （2）实践：加强建模方法和实证操作，以数据分析为重点 （3）“第二课堂”模式	多样化
成绩考核	（1）平时成绩：案例分析 （2）期末成绩：课程论文	标准化

此设计以课题为导向，一方面转变学生传统的学习习惯与逻辑思维，强调解决实际问题与分析能力的重要性；另一方面对学生实证操作更具有包容性，选择自己擅长的软件可以将学习重点放在实证分析而不是工具学习上。更重要的是，课题导向的设计可以激发学生的学习兴趣，从生活实践中探索身边的金融时间序列，寻找隐藏的金融规律，挖掘背后的金融意义。

（二）挖掘“第二课堂”，推动课程融合

随着社会经济的快速发展，复合型人才受到各行业越来越多的青睐。“第二课堂”由教育学家朱九思于1983年首次提出，是指在第一课堂外的时间进行的与第一课堂相关的教学活动。2018年，教育部、共青团中央联合印发的《关于在高校实施共青团“第二课堂成绩单”制度的意见》确立了“坚持融入人才培养大局、坚持服务学生发展需求、坚持发挥第二课堂优势、坚持突出基层主体地位”的基本原则。

高校“第二课堂”是培养大学生综合能力的重要途径，对大学生创新创业能力培养具有重要意义。我校金融学专业人才培养方案也进一步要求学生具备金融实践能力，尤其是能够甄别、整理和分析各种国内外金融市场信息并通过对金融大数据进行统计分析，为金融机构等相关部门解决实际问题提供决策依据。这对学生金融计量学“第二课堂”的学习提出了更高的要求。

金融计量学是一门关于“理论—实证—实践”的综合性课程，因此教学内容不应该局限于教材，而是需要去挖掘“第二课堂”（见表2）。理论部分可以从其他基础课程中挖掘，实践部分则更在于对社会实践产生深层次的认知和思考。在“第二课堂”的挖掘过程中，我们发现金融计量学与宏观经济学、金融学、证券投资学等多门专业基础课程存在较多的理论交叉与综合应用，说明其推动了课程融合。

表2　　金融计量学“第二课堂”挖掘

“第二课堂”	主要内容
专业基础课	宏观经济学、金融学、证券投资学等
金融市场	证券市场、同业拆借市场、大额可转让存单市场等
金融政策	中央银行采取的货币政策等
金融产品	货币、有价证券、外汇、黄金等
金融风险	流动性风险、系统性风险等
金融动态	……

（三）引入案例分析，以论文为考核目标

上述设计使得金融计量学成绩考核方式不再使用传统的闭卷形式，而采用课程论文为考核方式（见表3），对各个层次设定合理且具体的考核要求。

表3　　金融计量学课程论文要求

层次	要求
选题	针对目前现实问题、热点问题和前沿问题进行研究
实证	综合运用所学的金融计量方法，解决实际问题
分析	有自主的见解，对问题分析透彻且全面
写作	格式规范，字数在3000字以上

金融计量学的考核评价体系可以分为选题、实证、分析、写作四个层次来综合考量学生在以选题为导向的课程设计下的学习成果，同时对“第二课堂”也有一定的评价能力。

表4　　金融计量学案例分析示例

理论模型	参考案例
AR	基于AR模型的人均国民总收入预测
VAR	基于VAR模型的对外贸易与经济增长关系研究
VECM	汇率波动与货币政策对人民币国际化的影响
GARCH	新型冠状病毒疫情下利率波动性研究

基于课程论文的考核形式，在第一课堂的教学过程中应当引入适当的案例分析，针对 AR、VAR、VECM、GARCH 等模型提供参考论文进行集体讨论学习，促进学生对金融动态形势的了解以及思考（见表4）。

三、教学反思与展望

金融计量学课程作为专业选修课，背后需要深入挖掘的内容还有很多，比如案例分析中融入课程思政元素，以期帮助学生树立正确的职业道德观。与此同时，我们还需要思考如何抵抗在突发事件下的教学不确定性，利用 MOOC、翻转课堂等网络教学模式重新设计教学内容。

通过学生的上机作业、案例分析、课程论文等学习成果，发现在课程创新设计后学生的学习兴趣有了明显提高，结合其他专业课的学习思考，综合能力与素养有所提升。在“双一流”建设背景下，大学生人才的培养与高校课程的创新建设密不可分，笔者基于课程的属性特征，提出“兴趣—融合—目标”的创新设计，丰富金融计量学课程教学思路，探索人才培养计划的具体实现路径。

参考文献

［1］张明瑞，张伟．创新创业教育背景下高校第二课堂育人理念探究与路径创新［J］．高教学刊，2022，8（34）：30 -33.

［2］肖婷，董雨，刘瑞．“双一流”建设视域下研究生第二课堂课程体系的构建［J］．研究生教育研究，2022，71（5）：56 -61.

［3］蔡新．基于 AR 模型的人均国民总收入预测［J］．中国管理信息化，2021，24（23）：152 - 153.

［4］宋雅雯．基于 VAR 模型的对外贸易与经济增长关系研究［J］．特区经济，2022，400（5）：80 -85.

［5］孙少岩，孙文轩．汇率波动与货币政策对人民币国际化的影响——基于 VECM 模型的实证分析［J］．经济问题，2018，462（2）：43 -48.

［6］章楷乐，张艺，李金金．新型冠状病毒疫情下利率波动性研究——基于 ARMA -GARCH 模型［J］．时代金融，2020，769（15）：95 -97.

“双碳”目标下能源经济学课程的思政融入与设计*

王田田①

一、引言

优化能源消费结构是中国“双碳”目标实现的重要路径，如何在优化能源消费结构的同时，防范能源价格风险，维持经济持续稳定发展则是摆在我国政府、投资者以及相关监管部门面前的现实问题。能源经济学作为分析能源市场与经济发展相关关系的重要学科，可从能源的供应、需求、价格、效率以及贸易等多个角度出发，探索相关政策对能源、环境以及宏观经济发展的影响，具有较强的时效性、综合性和交叉性。

在具体内容上，能源经济学基于传统化石能源以及可再生资源的供应与需求状态，对其价格制定、使用效率以及国际市场间的贸易形势进行分析，刻画能源与经济、环境之间的相互影响网络。经济危机、地缘政治冲突、新冠疫情等“黑天鹅”或“灰犀牛”事件均会对能源市场造成冲击，进而对居民生活以及宏观经济发展造成影响。因此，与时事局势密切相关的能源经济学课堂是能够更好地融入思政教育的课堂。本文围绕能源经济学课程内容，设计能源经济学课程中的思政教育切入点，引导学生树立绿色经济与绿色发展的理念，激发其能源安全与忧患意识，培养其能源节约理念，强化其责任意识与奉献精神。

二、能源经济学中的思政融入与设计

（一）从能源需求结构调整角度，驳斥中国能源威胁论

早在21世纪初，由于担心中国快速发展会影响部分西方国家的国际地

* 基金项目：南京审计大学课程思政示范课建设项目（2022－20）。

① 王田田，女，河南济源人，博士，讲师，研究方向：能源经济、能源金融。

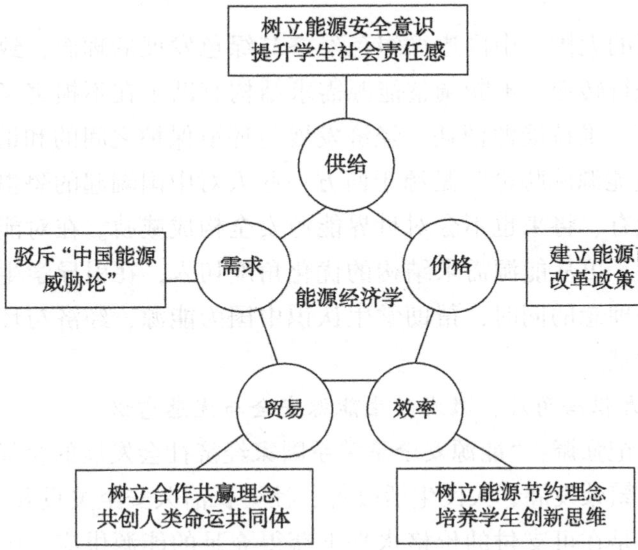

图1　能源经济学课程的授课要点与思政融入点

位，一些别有用心的国际机构不断制造和渲染“中国能源威胁论”，认为中国耗用了世界上相当比例的能源，是国际能源的“掠食者”，已对全球能源市场造成了威胁。从能源消费总量来看，中国确实是资源消耗大国，但从人均水平来看，中国的人均能源消费及进口均低于世界平均水平，更远低于一些发达国家的水平。例如，根据世界银行的统计数据，美国每年的人均能源使用量在7000kg石油当量左右，而中国的人均能源消耗只有美国的1/3。

经济增长、社会发展、能源价格、经济结构以及技术进步均是影响能源需求的重要因素。与高收入国家以及发达国家相比，中国的能源消耗约65%应用于工业部门，其经济发展对能源消耗比较依赖。但中国一直在不断地优化自己的产业结构，尤其是党的十八大以来，各地区各部门坚持以供给侧结构性改革为主线，着力构建现代化经济体系，产业结构不断优化。国家统计局数据显示，中国三次产业结构由2012年的9.1:45.4:45.5已调整为2021年的7.3:39.4:53.3，转型升级成效显著。

与此同时，中国在积极地调整能源消费结构，鼓励使用清洁能源。2021年10月，《国务院关于印发2030年前碳达峰行动方案的通知》中指出要在保障能源安全的前提下，大力实施可再生能源替代，加快构建清洁低碳安全高效的能源体系。预计到2025年，非化石能源消费比重达到20%左右，单位GDP能源消耗比2020年下降13.5%，单位GDP二氧化碳排放比2020年下降18%。

作为负责任的大国，中国遵循绿色经济与绿色发展的理念，致力于向可持续发展模式进行转变。不断调整能源需求结构有助于在不损害经济的前提下保护生态环境，维持能源消耗、经济发展与环境保护之间的和谐发展。所以，制造“中国能源威胁论”是源于西方一些人对中国崛起的恐惧，中国过去不曾、现在没有、将来也不会对世界能源安全构成威胁。在对能源需求部分内容的讲授中，可从能源需求结构的优化角度切入，在引导学生树立绿色经济与绿色发展理念的同时，帮助学生认识中国为能源、经济与环境和谐发展作出的积极贡献。

（二）从能源供给角度，激发学生能源安全与忧患意识

习近平总书记强调：“能源安全是关系国家经济社会发展的全局性、战略性问题，对国家繁荣发展、人民生活改善、社会长治久安至关重要。”保障国家能源安全指的是在可支付的价格水平下获得充足的能源供应。中国的资源禀赋具有“富煤贫油少气”的特征。根据《中国统计年鉴2021》，煤炭供应占据我国一次能源供应总量约67.6%，是我国能源供应的主要来源，原油与天然气的供应占比分别只有6.8%与6%。受资源禀赋条件限制，中国70%以上的原油与40%以上的天然气需要进口，对外依赖度极高。

“双碳”目标的实现要求减少煤炭的消耗与使用，尽管在煤炭去产能、煤改气等一系列措施下煤炭消费占一次能源消费的比例在逐渐降低，但煤炭依然是我国能源的保供主力。2021年，随着经济恢复，能源需求在逐渐增长，而“双碳”目标的提出限制了煤炭的生产。能源需求增长与供应减少之间的矛盾使得中国煤炭价格在2021年10月飙升至约2100元每吨，是2020年平均价格的3倍。中国的电力供应约70%来源于火力发电，煤炭则是中国火力发电的最主要燃料。2021年煤炭价格高涨时，发电成本上涨，中国各省份不得不出台一系列限产限电措施，给经济发展与居民生活带来了严重影响。2022年俄乌冲突爆发后，全球的能源供应局势更加紧张，能源供应安全成为全球能源进口国共同面临的问题。

面对中国的油气高进口依存度，以及依然高比例的煤炭需求，中国会靠自己的力量解决能源供应不足的问题。《国务院关于印发2030年前碳达峰行动方案的通知》指出要推进煤炭消费替代和转型升级，合理调控油气消费，并大力发展新能源。可持续发展、环境保护、能源供给成本和供给结构的变化决定了全球能源多样化发展的格局。未来，在发展常规能源的同时，新能

源与可再生能源将会被更加重视。国内丰富的能源资源，以及高速发展的可再生能源行业会有力保障国内的能源供给。

石器时代的结束并不是因为石头没有了，新能源时代的到来，也不是因为化石能源没有了。“双碳”目标下，中国会大力支持可再生能源行业的发展，全力保障能源的供应安全。在该课程能源供应的部分，可从中国的能源供给结构，以及错综复杂的国际能源供应形势入手，引导学生正视中国的能源安全问题，使学生清楚地认识到我国能源安全所面临的严峻形势，树立能源安全观和国家安全意识。

（三）从能源定价市场化改革角度，强化学生的能源政策自信

能源产品的价格主要由市场的供给和需求决定，任何能够影响能源需求和供给的因素都能直接或者间接影响到能源价格。该部分内容会围绕三大化石能源（煤炭、石油、天然气）以及电力市场与学生共同探讨能源市场的价格变动以及定价形式。由于不同国家的资源禀赋条件与经济发展结构均存在较大差异，能源在不同国家及地区的价格表现也不一致。例如，中国的液化天然气（LNG）进口价格相比欧洲与美国存在明显的溢价特征，即LNG进口价格高于欧美市场。有相当一部分研究认为这与我国非市场化的天然气定价方式有关，因为从经济学角度，受政府管制的能源价格并不能有效反映市场的基本信息。

为与国际接轨，中国一直在不停地市场化自己的能源价格。例如，中国的煤炭价格从2013年起已不再受政府管制，汽油、柴油价格采用与国际原油价格挂钩的定价形式，LNG出厂价格自2014年9月起也完全放开由市场决定。但在消费终端，居民使用的燃气价格、电力价格则完全由政府决定，采用的是阶梯定价形式，即把用户用电量或燃气消耗量设置为若干个阶梯档位或分段进行计价。无论是极寒还是极热天气，阶梯式居民家庭用能价格可以保持相对稳定，既可有效保障居民维持基本生活水平的用能需求，又可限制能源的浪费，是符合我国国情的定价形式。

在北美市场，无论是上游的能源生产，还是下游的能源消费，都完全由市场决定。市场化的能源价格确实能够充分反映市场的基本供求信息，让市场运行更有效率，但在突发的供求变动条件下，对居民的生活用能并不友好。例如2021年2月，美国得克萨斯州经历了一场罕见的冰灾，冰灾造成了得克萨斯州的发电系统停止运营，使得该州居民遭受了断水断电、房屋受损、食物匮乏等不同困境。与此同时，多个用户收到来自电力公司的天价电费账单，

个别用户电价甚至达到9000美元每兆瓦时，一度引起全球热议。竞争激烈的零售电力市场给予居民更多的选择，却也暗含了更多的风险。

无论是不断市场化的能源定价机制改革，还是依然受政府管制的终端居民用能价格，都是我国为保障民生，同时增加自身国际影响力的合理举措。在对能源价格章节进行授课时，不但要对能源的影响因素进行全方位探讨，而且要从能源价格制定与能源战略重大工程角度，强化学生对国情和时势的了解，使学生充分理解能源市场化改革的必要性，引领学生深刻认识所学知识对于国家能源行业发展的意义，建立能源政策自信。

（四）从能源效率提升与能源数字化管理角度，培养学生创新思维

从经济学意义上定义，一国的综合能源效率是国民经济单位产出的能源需求，即单位产值能耗，也叫能源强度，反映了一国经济发展水平对能源的依赖程度。提升能源效率被定义为减少提供同等能源服务的能源投入，即降低单位产值能耗。据国家能源局测算，“十四五”期间，单位GDP能耗降幅每扩大1%，每年便可减少能源消费超过0.5亿吨标准煤，二氧化碳排放也相应减少1亿吨以上。其实自2012年以来，我国单位GDP能耗已累计降低30%，能源效率提升显著。即便如此，我国单位产出能耗较世界平均水平仍相对较高，约为世界平均水平的1.5倍，经济合作与发展组织（OECD）国家的3倍，下降空间依然很大。此外，当前我国每年低效和浪费的能源约占消费总量的20%，贯彻能源节约理念是树立全社会合理能源消费观的前提。

能源效率的提升离不开对资源利用的科学管理。有研究报告显示，从20世纪70年代首次石油危机至21世纪初，发达国家通过实施能源需求管理使单位产值能耗降低50%左右。当前随着现代信息技术的发展，数字化技术在提高资源利用效率、推进国家的资源总量管理与科学配置方面可以起到显著的作用。例如，基于智能电表的数据搜集与处理，电力消费者可以更加灵活地响应来自电力系统的信号，能源供应企业能够更加科学地进行电力系统负荷管理。数字技术在交通运输行业的部署有助于形成更智能的车辆互联网络，网约车、共享出行、自动驾驶等新型出行方式也在多方面影响着公路运输的用能。

从能源需求角度，数字化作为一种强有力的手段，可以提高交通运输业、建筑业、工业的效率、生产力和节能效果。从能源供给角度，能源数字化转型能够破除能源各行业之间的壁垒，提高能源系统的灵活性并实现整个系统的整合。该章节可从现代信息技术发展角度，引入分布式电网、数字能源、

智慧能源等新型能源系统概念，向学生介绍大数据、区块链、物联网等新型信息技术在能源行业的使用。基于现代信息技术在能源效率提升以及能源管理中的应用，该部分内容有助于激发学生对未来的智慧能源、互联网能源发展模式的展望，有助于培养学生的创新思维。

（五）从国际能源贸易与能源金融化角度，树立合作共赢理念

一次能源，尤其是化石能源具有高度的地缘性，世界主要能源消费地与能源资源拥有者存在严重失衡现象。如北美、西欧、亚太三个地区的石油探明储量不超过世界总量的22%，而其石油需求却占世界石油需求总量的近80%，这使得国际能源贸易在各国发展中具有特殊的战略意义。在人类命运共同体理念的指导下，积极开展能源合作有利于实现开放条件下能源安全，促进世界共赢。中国以“一带一路”建设为重点，稳步推进与周边国家的能源合作，建立石油天然气贸易中心促进能源的市场化，开发面向全球的原油期货均是在积极融入世界能源市场。

2015年，中国第一个石油天然气交易中心在上海成立。该交易中心是在国家发展改革委、国家能源局直接指导下，由上海市人民政府批准设立的国家级能源交易平台，主要开展天然气、非常规天然气、液化石油气、石油等能源产品的现货和中远期交易，提供交易、交割、结算、技术、征信、金融、资讯、场所、设施等综合服务。中心着力于打造具有国际影响力的能源交易与合作交流平台，力争成为具有全球影响力的石油天然气交易及定价中心。随后，重庆石油天然气交易中心（2017）、深圳天然气交易中心（2020）也相继挂牌成立。即便相较于欧美市场成熟的油气贸易体系，我们依然存在诸多不足，但上海石油天然气交易中心开发的油气价格指数在国际市场的影响力已逐渐显现。

2018年3月26日，中国第一个面向全球且以人民币进行结算的原油期货合约在上海国际能源交易中心正式挂牌交易，这是中国能源市场，以及金融期货市场的里程碑事件。首先，作为全球第一大原油进口国和第二大原油消费国，中国推出原油期货是基于本国实体经济发展和进一步改革开放的需要。其次，中国版原油期货上市，可为石油石化及相关企业提供保值避险工具，为整个石油产业链带来新的发展机遇。最后，推出人民币计价的原油期货后，中国可一定程度减少在原油贸易中对美元的依赖，降低与美元相关的汇率风险。

《中共中央关于制定国民经济和社会发展第十四个五年规划和二〇三五年

远景目标的建议》中指出要依托我国大市场优势，实行高水平对外开放，开拓合作共赢新局面。建立交易中心、开发原油期货不仅有效提升了我国能源市场的话语权与定价权，也是我国全面提高对外开放水平、推进贸易创新发展、增强对外贸易竞争力的重要举措。该部分内容将依托《世界能源统计年鉴》，通过国际市场间化石能源区域间贸易流向，组织学生讨论全球能源贸易格局变化，思考中国提升能源市场影响力的必要性，引导学生理解和平利用地球上的能源和资源也是各国人民的共同愿望，坚持和平发展，互利共赢是世界各国相处的最佳模式。

三、能源经济学课程中的思政融入方式

能源经济学课程借助现代信息化教学手段，通过“线上专家指导 + 线下互动实践”创新教学方式，通过研讨式、案例式、翻转式、PBL 等教学方法帮助学生树立正确的世界观、人生观和价值观。具体表现在以下几方面。

（一）借助信息化教学手段阐释思政元素

信息化教学手段为能源经济学课程思政内容的展开提供了多元化的教学方式。中国能源学会的中能科讯新时代能源发展学习平台为能源经济学思政教育提供了重要的网络资源。该平台持续整理能源市场的相关直播、论坛、报告，搜集了有关可持续能源发展、双碳目标实现路径、能源清洁技术突破等近四百位资深专家的报告。另外，中央宣传部、中央全面深化改革委员会办公室组织指导的专题片《守住绿水青山》也是引导学生理解习近平总书记关于“生态兴则文明兴”“绿水青山就是金山银山”等论述的重要资源。通过与学生共同解读纪录片与报告内容，可引导学生正确认识中国能源发展形势以及国家战略要求，激发学生的学习兴趣。

（二）采用研讨式教学引导学生树立绿色发展经济理念

课程采用研讨式教学方法引导学生对能源经济学进行深入研究，激发学生的学习兴趣与主动参与的积极性。人类文明的每一次重大进步都伴随着能源使用的更新换代。能源的大量开发利用是造成环境污染和气候变化的主要原因之一，中国正面临着严峻的能源与气候挑战。无论是能源问题还是气候问题，归根结底是发展问题。本课程从经济学角度，与学生共同探讨能源在低碳发展、绿色发展背景下的重要性，引导学生树立绿色经济发展理念，鼓励学生对能源经济学进行深入研究。

（三）引入典型案例提升学生创新思辨能力

案例教学的最大特点在于能够以与课程内容相关的案例为切入点，将课

程内容中的理论知识以生动直观的教学案例方式进行解读。能源经济学课程时刻关注能源市场的最新发展动态，通过腾讯会议、直播等现代信息技术手段邀请能源行业的专家、学者与学生针对能源经济学领域实时发展动态进行远程讨论。帮助学生听见课外声音，了解国家最新能源政策与前沿技术的发展现状，增强能源发展自信。并辅以翻转课堂式的讨论与答辩，鼓励学生对能源市场典型案例，例如新冠疫情下的负油价、俄乌冲突下的全球能源格局变化等发表自己的看法，有效提高学生的学习兴趣与创新思辨能力。

（四）通过创新实践小组增强学生团队协作意识

该课程设计了低碳主题的调研活动，鼓励学生组建碳金融、碳经济小组，在课程教师指导下，参与暑期社会实践或大学生创新创业实践项目。课程考核方式也包括小组的讨论与展示，要求学生围绕新冠疫情、"双碳"目标，以及俄乌冲突下的能源格局变化收集资料，进行讨论，并制作 PPT 展示小组的讨论成果，可增强学生的自主学习与团队协作意识。

四、能源经济学课程思政融入成效

绿色经济与绿色发展是中国特色社会主义生态文明发展道路的重要理念。中国承诺在 2030 年之前实现碳达峰，在 2060 年实现碳中和就是在向全世界表达中国发展绿色经济的决心。通过对能源需求、供给、价格、效率以及贸易数据的搜集、展示、分析，学生能够正视"双碳"目标下中国能源市场发展面临的机遇与挑战，树立正确的能源安全观。

在知识的学习与领会方面，学生不仅能掌握需求弹性、价格弹性、能源强度等能源经济学领域的常用概念，而且能够运用经济学中的预测方法根据历史数据对中国未来的能源供给、需求进行简单预测，并充分认识到能源管理在提高能源效率方面的重要性。在课程的应用与分析方面，学生根据课堂所学知识，围绕"双碳"目标下的能源政策，积极探讨大数据、云计算、区块链等数字技术对中国能源市场发展的影响。并以小组为单位进行课堂展示、辩论，从思辨的角度积极发表自己对中国低碳经济发展的看法，个人表达以及团队协作能力均得到有效提升。

参考文献

[1] 魏一鸣，廖华，等．能源经济学［M］．北京：中国人民大学出版社，2019.

［2］国务院关于印发2030年前碳达峰行动方案的通知［R］. 国发〔2021〕23号.

［3］杨雷. 能源的未来——数字化与金融重塑［M］. 北京：石油工业出版社，2020.

［4］刘婧，姜宗建. "两山论"理念下"低碳经济学"教学模式创新研究［J］. 山东教育（高教），2020（11）：36-37.

［5］唐旭，王建良，冯连勇. 能源经济学本科课程的研讨式教学改革探索［J］. 教育教学论坛，2018（2）：115-118.

［6］杜占江. 基于案例教学的信息管理学课程思政教学实践与研究［J］. 产业与科技论坛，2021，20（23）：149-150.

［7］Wang Tiantian，Wu Fei，Zhang Dayong，Ji Qiang. Energy market reforms in China and the time-varying connectedness of domestic and international markets［J］. Energy Economics，2023，117：106495.

同步在线教育课程内涵解读与建构启示*

——基于亚里士多德“四因说”的解读

姜淑慧　张　杰　薛　琨①

21 世纪以来，信息技术的高速发展、远程教育理论的丰富、远程教育实践的不断探索、课程教学模式的重大改革等，促使远程教育的传播形式不断发生改变。远程教育课程开始突破早期通过邮件寄送录音的传统模式，开始转向 MOOC、SPOC、微课等形式的在线教育课程。随着混合式教学、翻转课堂、跨界教育、协作学习等出现，尤其是 2019 年底暴发的公共卫生安全事件（新冠疫情）发生之后，“同步交互”功能成为在线教育课程发展的重要需求。

国外高校开展同步在线教育课程较早，有不少实例，如怀俄明大学外展学院已经面向美国 59 个城市提供同步学习课程，并成功培养 30 余名大学在校本科生和毕业生。美国马拉纳塔浸会大学在 2013 年开始尝试开展同步在线教育课程。国内学者主要关注异步在线教育，主要集中在以下几个方面：一是在总结归纳国外在线教育经验基础上，提出我国发展在线教育的策略（方旭、铁银环，2021；周力虹等，2021；钱玲等，2019；周静、赵志靖，2018；梁林梅、夏颖越，2016）；二是从信息技术角度出发，提出重构在线教学模式的方法（刘革平、王星，2020；胡德鑫、李琳璐，2021）；三是提出我国在线教育课程的评价标准（陈凡，2022）。但单纯的异步在线教育课程在教学效果

---

* 基金项目：江苏高校哲学社会科学研究一般项目“新文科背景下实践教学的教师指导效果动态评价模式构建研究”（2022SJYB0349）；南京审计大学高教研究课题“以教促评：基于多维数据的高校人才培养质量评价研究”（2022JG019）；南京审计大学经济统计学一流专业项目“SPOC 视域下经济统计学专业复合型应用型人才的培养路径研究”（2021JG108）；南京审计大学投资学一流专业项目“学生创新实践能力提升路径研究”（2021JG122）。

① 姜淑慧（1986—　），女，山东青岛人，助理研究员，硕士研究生，研究方向为教育技术与智能空间。

张杰（1984—　），男，湖南湘潭人，副研究员，硕士研究生，研究方向为高教管理。

薛琨（1986—　），工程师，在读博士，南京铁道职业技术学院信息中心，研究方向为在线课程开发和高等教育。

上与同步在线教育课程相比，存在一定的差异，如果能将同步在线教育课程与异步在线教育课程有效融合，教学效果更好（胡天慧等，2022）。尤其是同步在线教育课程进行形式创新，能达到更好的教学效果，在线同步视频教学能显著提升在线教育效果（郭文革等，2022），在线交互行为是同步在线教育课程效果的突破口（刘威童、乔伟峰，2022）。

总体来说，在国内关于在线教育课程的研究主要集中在异步在线课程教育上，对于同步在线教育课程的研究较少，同步在线教育课程目前只停留在比较分析、框架建设、课程设计等方面，涉及哲学层面探究同步在线教育课程存在原因的研究极其稀缺，而这是同步在线教育课程能否发挥时代价值的根本。要取得更好的在线教育效果，有必要开展同步在线课程教育。只有弄清同步在线教育课程“存在”的根本原因（四因），才能研发出适合教育发展和教育规律的在线课程。本研究在深入解读亚里士多德“四因说”思想的基础上，用“四因说”解读同步在线教育课程的内存逻辑，并从中得出同步在线教育课程的建构启示，以起到推动在线教育模式变革、更好地服务高等教育发展的作用。

一、亚里士多德“四因说”的思想解读

“四因说”是亚里士多德在《形而上学》一书中提出的，“四因说”是亚里士多德从形而上学层面了解世界的重要哲学理论，是解决“存在”原因的一种主要学说，它能够从哲学的角度探讨在线教育课程存在的根本原因，解决在线课程的发展需求问题，为同步在线教育课程的建构指明方向。

（一）“四因说”的内涵

亚里士多德认为，关于事物的原因可分为四类：本因、物因、动因和极因：本因，即最初或最后的一个“为什么”，或称为“本体”，“本因”是事物原因的“第一原因”，它是以自身为依据存在的，是其他事物被认知或发现的依据。物因，也即物质或基础的原因，是事物得以生成和发展的推动原因。例如，木头变成家具，一定是有促进木头形状、排列顺序和摆放位置的物质或基础原因（砍伐的机械、雕刻的工具等）。动因，也即变动的来源，它是事物由于动作、变化和运动产生某种形式的原因。例如，一块丝绸布料（质料）是做成旗袍（形式）还是做成衬衫（形式），是由消费者的选择所决定，消费者则是旗袍生成的“动因”或者“形式因”。极因，也即一切创生与变动的终极原因，“极因”的存在是认为万事万物都有存在秩序和发展趋势，最终

都会朝向一个目的或结果，它更加强调事物一种“理性”的存在。例如，一个人选用丝绸布料做旗袍而不做桌布最主要的原因是她当下对旗袍的需求大于对桌布的需求，选择旗袍是根据自身和环境综合因素形成的最终目的或结果，个人对旗袍的需求便成为布料做成旗袍而不做成桌布的“极因”或者“目的因”。

“四因说”四个原因之间的关系是什么呢？“四因说”四个原因之间是相互独立的，“四因说”中的四个原因均是用于解释事物“第一原因”的科学，只是由于研究者的学派属性和时代背景等不同，解释的角度和出发点就不同。例如，本因源于早期关于世界本原的经典学说、物因源于“元素说”、动因源于“质料运动学说”、极因源于“存在说”和“理性说”。“四因说”的四个原因之间是相互联系的，本因和动因二者结合是质料的表现形式或者实体的表现形式，展示出的是实实在在具体的事物，是质料（实体）与某种形式结合的产物；从本因到动因需要一种“运动”的表达方式或者是需要一种物质力量进行推动，推动这个过程的因素就是物因。本因在物因推动下形成动因过程中，存在一个目标或目的指引，这个目标就是极因。例如，一块木头（本因）在各种工具（物因）的作用下做成了一张书桌（动因），用于学习（极因）。

（二）“四因说”解读同步在线教育课程的内在逻辑

“四因说”能够从多个维度阐释同步在线教育课程存在的四种原因（或意义），不仅仅停留在使用同步在线教育课程的层次，而是通过思维的层层分析与碰撞，拨开云月，直击发现同步在线教育课程的本质，更好地促进教与学。“四因说”用于解读同步在线教育课程的内在逻辑（见图 1）：本因强调事物本质构成，同步在线教育兴起的本因则是课程构成要素（传统在线课程要素 + 同步交互要素），启示是课程资源模块的生成；物因强调事物变化的物质基础，同步在线教育兴起的物因则是推动课程发展的物质基础（ZWCS、腾讯课堂等），启示是多种交互工具的应用整合；动因强调事物形式产生缘起，同步在线教育课程的动因是课程形式缘起（从传统在线教育课程到异步在线教育课程到同步在线教育课程的形式变化），启示是师生深层交互融合；极因强调事物发展终极目标，同步在线教育课程的极因是课程的终极目标（终身教育、全人发展、关注幸福），启示是师生内在需求表达。

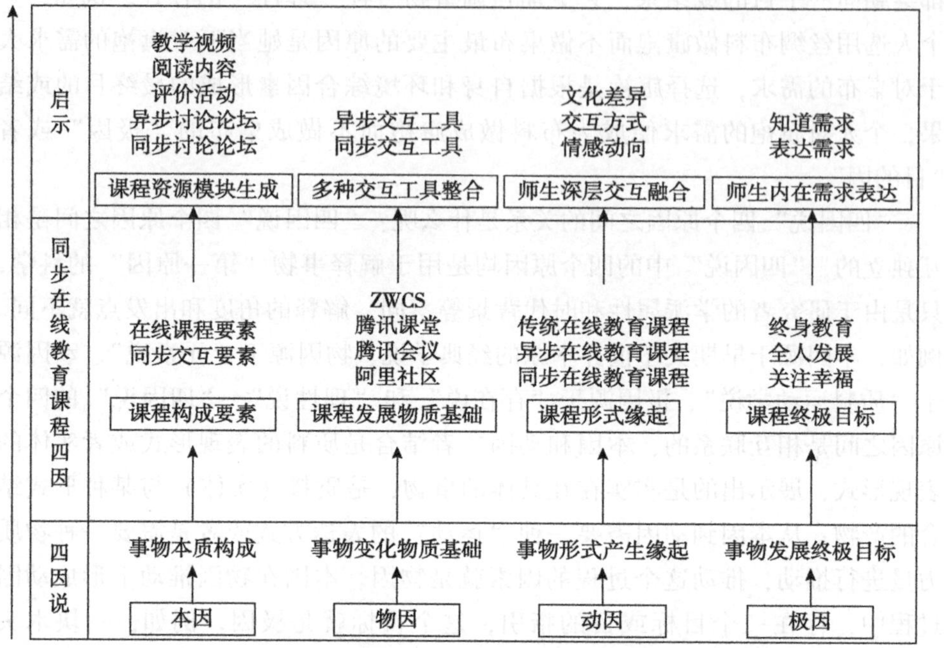

图1　“四因说”解读同步在线教育课程的内在逻辑分析框架

二、基于亚里士多德“四因说”的同步在线教育课程内涵解读

（一）本因：同步在线教育课程的构成要素

同步在线教育课程本因强调的是课程兴起的“第一原因”，即同步在线教育课程兴起不是偶然，而是必然，主要是在线教育“课程实体”（构成要素）更加顺应教育变革需求。同步在线教育课程基于传统在线教育课程，是对在线教育课程的继承和发扬。因此，它的构成包含传统常见的在线教育课程的构成四要素：事先录制好的教学视频、课本阅读、评价活动、讨论论坛。同时，它也有自己独特的构成要素，即虽然学习者和教师在学习空间上是分离的，但“师生间相互交互能够在预定时间内发生”，即同步交互要素。

为了“师生同步交互”核心构成要素的实现，国外很多高校和研究机构不断尝试同步在线教育课程。例如，得克萨斯大学心理系，在 2013 年开始面向大约 1500 名学习者提供“普通心理学”同步在线教育课程，此课程只有少量学习者和教授线下学习，多数学习者都是线上同步参与。经过实践发现，从学习者参与度到课程完成率都超出了预期效果，同步在线教育课程越来越受到很多高校和教育机构的热捧，成为在线教育新的弄潮儿。

事实上，同步在线教育课程的“师生同步交互”能从根本上解决传统在线教育课程学习阻碍提高个性化教学质量目标的实现、阻碍技术本身内在教育价值的实现等弊端（姜淑慧，2014）。因为同步在线教育课程有利于激发学习者自主性、创造性，促进学习者与学习内容的交互、学习者与教师的交互以及学习者与学习者之间的交互，从而保障个性化教学质量目标实现。同时，同步在线教育课程“师生同步交互”技术实现的不断探索，也在突破传统在线教育课程的技术应用局限，保障了技术本身内在教育价值的实现，最大限度地将技术服务于教育。

（二）物因：同步在线教育课程的推动力量

同步在线教育课程的物因，指的是推动同步在线教育课程发展的物质基础。同步在线教育课程“师生同步交互”核心要素功能的实现目前研究者主要寄希望于“缩放网络会议视频”（Zoom Web Conferencing Software）技术。例如，KIM 在高等教育新闻网站“高等教育洞察”声明利用“缩放网络会议视频”增加对话功能，将成为高等教育技术改革的重大力量。同时，新冠疫情发生后，腾讯课堂、腾讯会议、阿里社区等大众需求 APP 的诞生，更是加速推动信息技术的实践应用。因此，笔者认为，各种信息技术的发展以及新冠疫情引发的师生学习需求，是促使同步在线教育课程发展的“物因”。

目前，很多高校和教育机构尝试通过“缩放网络会议视频”技术突破高质量的“师生间相互交互”这一传统在线教育课程技术难题。例如，美国欧道明大学和乔治梅森大学联合创办了“同步—异步在线教育课程系统”，提供各学科学位课程；马拉纳塔浸会大学在 2013 年开始尝试“校园之桥”的同步在线教育课程研究，为大一新生提供一整年的同步在线教育课程，该项目通过实况转播住宿课程，远程学习者通过“缩放网络会议视频”实时学习和参与课程互动。

“缩放网络会议视频”可以从技术层面解决“师生同步交互”的传播问题，实现同步在线教育课程的同步交互问题。目前，在线教育课程的发展越来越完善，构建高水平的交互活动系统是促进在线教育课程发展的关键和根本。随着云计算、大数据等技术介入在线教育课程，越来越多的研究者也开始关注基于大数据和云计算技术的在线交互研究，试图通过大数据的静态存储能力与云计算的动态计算能力相结合实现交互数据的深入挖掘。因此，笔者认为，“缩放网络会议视频”技术、云计算和大数据技术三种技术的有效结合，能更好地促进同步在线教育课程师生深度同步交互，更好地满足师生对在线教育课程的现实需求。

（三）动因：同步在线教育课程形式的缘起

同步在线教育课程的动因，指的是同步在线教育课程“变动”的形式原因，即同步在线教育课程这一发展形式出现的原因。当前在线教育课程形式主要分为三类：传统在线教育课程、异步在线教育课程和同步在线教育课程。传统在线教育课程是在教学过程中，学习者和教师在学习空间上分离，师生交互通过网络实现。传统在线教育课程是源于互联网发展产生的，20世纪90年代末，诞生了一系列以网络为介质的远程教育平台，此时的在线教育课程开始突破传统教育时空限制，但多数是将提前录播好的课程发布在网上，因此，受网络设备、视频设备、课程类型的限制，范围相对较少。

21世纪初，在线教育课程进入了井喷时代，发展模式开始出现分化，一种模式是继续遵循传统在线教育课程模式，采用录播视频形式，并开始关注师生互动问题。这种模式在一定程度上实现师生交互，但交互不能实时或在预定的时间内发生，被称为异步在线教育课程，典型的是2011年开始席卷教育界的慕课（MOOC）、微课等课程。虽然相对传统在线教育课程有了很大飞跃，但由于师生很难约定在同一时间在线学习，学习者的学习积极性和学习效果会大打折扣。另一种模式是将现在流行的大数据、云计算、视频缩放技术等先进的技术融入当前的在线教育课程中，试图构建师生交互能够在预定时间内发生的在线教育课程，被称作同步在线教育课程，特点是实现了师生实时互动、与真实课堂更加接近，能够真正帮助师生在预定时间内随时参与课堂讨论和课程答疑，提高学习者学习的自主性，达到更好的学习效果。

当然，无论是异步在线教育课程还是同步在线教育课程，二者均隶属于在线教育课程，具有在线教育课程的一般特征。但同时，同步在线教育课程形式是对传统在线教育课程形式和异步在线教育课程形式的改革和发展，是在传统在线教育课程和异步在线教育课程的基础上，更好地实现实时交互，更有利于在线教育课程的开展。

（四）极因：同步在线教育课程的终极目标

同步在线教育课程的极因，指的是同步在线教育课程的终极目标。笔者认为，同步在线教育课程的终极目标是通过远程教育推动终身教育，来促进人的全面发展。换句话说，同步在线教育课程作为远程教育未来发展的重要方向，需要承担起“终身教育”这一职责，突破传统终身教育等同于成人教育、终身教育只停留在文件上等弊端，真正实现任何时间、任何地点的全员育人、全程育人、全方位育人的全人发展。

同步教育课程的特点要求也必然决定了其终极目标实现的可能，同步在线教育课程继承了远程教育的跨越时空特点，更有利于各方面、各项内容的优质教育资源得以共享，为“全人发展”提供基本的物质保障。同时，同步在线教育课程采用同步论坛和异步论坛相结合的方式，学习者既可以即兴参与同步讨论、答疑等实时交互，也可以随时提出问题在异步论坛进行分享，更进一步模拟了现实课堂教育，学习者可以在熟悉的学习环境参与学习。

事实上，同步在线教育课程要促进“全时空性全人发展”这一终极目标实现，就必须具备突破传统课程的观念束缚，通过各种方式帮助学习者在任何时候、任何地点都可以通过主动学习发展自己技能和才智。首先，课程中要融入正确的价值取向，让学习者明白可以通过课程的持续学习获取能力创造更好的世界；其次，课程内容具有内在逻辑性和连贯性、课程资源种类丰富性且具有可持续性，学习者学习实践可以全覆盖其生命的全时空；最后，通过各种课程的整合、联通，形成大课程系统数据库，系统内部课程既可自由联通，也可相互独立，社会教育活动自觉内涵，促进全人发展。

三、亚里士多德“四因说”对同步在线教育课程建构启示

（一）本因启示：课程资源模块的应用生成

“四因说”中的本因强调的是第一原因，是事物的本质构成。对同步在线教育课程而言，其本质构成是课程资源模块的应用生成。斯隆联盟报告（Sloan Consortium Report）指出，在线教育课程的大部分课程内容通过在线方式传递，通常没有面对面的交流，在线教学内容比例至少为80%。在线教育课程是由面对面教学和在线教育课程教学两部分组成，只是在线教育课程占据整个课程比例较高。课程资源模块应用生成，主要指的是在线教育课程资源，在线教育课程内容一般具有可实践性、课程资源具有可生成性，因此，在线教育课程资源模块应用生成并不是一成不变的，而是在不断课程实践中动态调整和生成的。

同步在线教育课程资源模块应用生成包含哪些内容呢？基于此，教师需要根据教学目标、课程特点和学习者需求，选出适合同步在线教育课程的最好的教学课程模块，通过专家反复研究实践，吸取各方面意见，录制教学视频、定制阅读内容、开展评价活动、设置异步讨论论坛、选择同步讨论方式等，将本

身复杂抽象的各种资源转化成生动具体的为学习者所接受的课程资源。

教学视频录制过程尽量简约，减少无关视觉信息（如过多无关动画等）干扰，直接呈现核心课程结构；阅读内容定制结合教学视频，是对教学视频内容的拓展和升华，可以选取跨界知识，从多学科、多视角、多维度帮助学习者更好掌握视频内容；评价活动多元化，在线教育课程学习评价相比传统课堂学习更为复杂，并不是简单的纸笔考试所能解决的，需要通过过程性评价（平日师生交流情况、课堂作业完成情况等）和终结性评价（学习者最终作品完成情况、学习者学完课程后能力情况等），必要时也可以通过考试的形式进行测试；异步讨论论坛，可以根据国际著名教育技术理论家梅瑞尔（David Merrill）提出的“五星教学理念”，以问题或完整的任务为中心引导学习者对课程话题进行深入的思考和讨论；同步讨论方式，主要为了模拟真实课堂互动，及时解决教与学过程中遇到的各种问题，促进学习者有效学习。

（二）物因启示：多种交互工具的应用整合

“四因说”中的物因强调的是事物形成的推动力量或物质基础。对同步在线教育课程而言，多种交互工具的应用整合是推动其形成的物质基础。目前，网络的发展、智能化手机、同步视频缩放会议技术的发展，促使同步在线教育课程的构建技术越来越成熟。学习者在学习的过程中，可以通过手机短信、微信和 QQ 等文字信息交流遇到的问题，也可以通过电话、微信和 QQ 语音视频等实时交互方式进行情感交流，解决一些复杂的交互问题，还可以嵌入视频缩放会议技术，发送实时共享屏幕，实现真正意义的视频会话，达到真正的“面对面”学习效果。同步交互的优势是给学习者创造身临其境的感觉，能够更好地与学习者进行学习交流和情感交流，及时解答学习中遇到的各种问题和困境。

同步在线教育课程并不是说所有的交互都是同步的，也包含传统的异步交互，异步交互的优势是给予学习者更充裕的时间思考问题，提出的问题更深刻、更具有挑战性。异步交互的工具很多，常见的有 E－mail、博客、微信公众号等，不同工具作用不同，如 E－mail 常用于各种课程提醒信息、通知信息，微信公众号和博客常用于发布课程学习内容、共享学习资源、参与讨论等。教师只有根据课程内容特点、学习者学习需求、交互工具兼容性及可用性等多方位因素考虑，将同步交互工具和异步交互工具有效整合到同步在线教育课程中，保障每一种交互工具都能将其效用发挥到极致。

无论是同步交互工具还是异步交互工具，归根结底都属于技术应用。单纯的技术并不能促进教育发展，只有融入好的教育理念，才能真正对教育作出贡献。因此，在交互工具整合的过程中，要充分考虑到学习者民主意识和创造精神的实现，用现代技术构建和谐、合作、共生、共存的交互环境。这也要求教师首先要鼓励学习者利用各种工具自由表达观点和想法。其次，教师需要及时解答学习者提出的各类问题，并给予指导和评价。最后，教师要及时发现各种工具对课程和学习者的适应性，及时改善各种工具不适问题，真正将工具应用到实处。

（三）动因启示：师生深层交互的有效融合

“四因说”中的动因强调的是事物形式变动原因。对同步在线教育课程而言，师生深层交互的有效融合是推进课程形式变动的原因。因此，为了更好地交互，可以从关注学习者的文化差异、采用多种交互方式、关心学习者情感动向三个维度实现同步在线教育课程师生深层交互有效融合。

1. 关注学习者文化差异

文化是每个学习者固有的标签属性，是根植于每个学习者的思想和行为的，同步在线教育课程需要面对来自不同国家、不同地域、不同文化的学习者。因此，同步在线教育课程的构建需要通过分析学习者的文化背景、弄清学习者的学习风格。美国文化人类学家爱德华·霍尔（Edward T. Hall）基于词语表达在沟通中的重要程度，将文化分为高语境文化和低语境文化。高语境文化交互（沟通）更依赖于手势、面部表情等客观环境和非语言因素，低语境文化交互（沟通）更依赖于口头表达等语言因素。因此，面对高语境文化学习者，交互时教师可以选择偏向于异步交流模式；相反，如果面对低语境文化学习者，教师可以多采用同步交流模式。

2. 采用多种交互方式

同步在线教育课程构建过程中交互主体很多，从交互对象来说，主要有师生交互和生生交互。常见师生交互有一对多形式，即一位教师同时与多名学习者交流，也有一对一形式，即一位教师与一位同学进行交流。在师生同步交互的过程中，教师承担的是参与者、组织者角色，要及时耐心解答学习者的疑问，帮助学习者完成有效的知识建构。例如，如果是个别具体问题，教师可以采用一对一形式解答问题；如果是普遍存在问题，教师可以采用一对多的形式进行回答。生生交互有一对一形式，即一位学习者与另一位学习者就学习内容交互；也有一对多形式，即一位学习者抛出学习问题多位学习者参与讨论；还有多对多形式，即某一群体抛出问题另一群体参与讨论。生生交互的过程中，教师更多承担的是监督者和引导者的角色，教师要及时发现并利用学习者感兴趣的热点话题，培养学习者的协作能力和创新能力。因此，教师要时刻营造民主、和睦相处、具有创造型的氛围，最大限度地激发学习者的积极性和自主性。

3. 关心学习者情感动向

学习者的情感动向也是影响在线教育课程深层交互的内在因素，学习者在积极情绪引导下，参与交互的热情度高，课程的完成效果就好。有研究者专门研究了学习者情感动向与在线学习效果的关系，认为情绪智力是影响学习者交互情感动向的重要因素。情绪智力指的是个体监控自己及他人的情绪和情感，并通过识别、利用这些信息指导自己的思想和行为的能力。因此，教师在互动过程中，要及时关注和发现每个学习者的情感动向，尽力照顾好各类学习者的学习情绪。如果遇到不良情绪的学习者，不妨通过游戏教学、小组研讨、任务驱动、问题引导等教学方式，鼓励其参与沟通与交流，缓解不良学习情绪，减少认知负荷，尽快投入学习中。

（四）极因启示：师生内在需求的明确表达

“四因说”中的极因，强调的是事物形成的终极目标。对同步在线教育课程而言，师生内在需求的明确表达是同步在线课程形成的终极目标，能够帮助师生终身教育、终身幸福。那么，如何在课程学习过程中激发师生内在需求呢？

1. 师生内在需求的明确表达的逻辑起点是知道自己的内在需求

课程学习中如何引导师生明确知道自己内在的需求呢？笔者认为，可以借助哲学家康德在《逻辑学讲义》和《纯粹理性批判》中提出关于人类生存的“四大基本问题”，即“人是什么、我能知道什么、我应当做什么和我可以希望什么”来解答这一问题。在教学过程中，教师要认真思考“我在课程中的角色是什么、我能通过课程让学习者知道什么、在课程教学中我应当做什么、我可以希望课程有什么效果”；在学习过程中，学习者需要认真思考“我要学习什么、课程能让我知道什么、为了学好课程应当做什么、通过课程学习我希望成为什么样的人”。通过“是什么、知道什么、做什么、希望什么”层层叩问，了解内在真正需求，为“全人发展”做好铺垫。

2. 师生需要借助在线平台明确表达个人内在需求

同步在线教育课程的优势在于它的“交互”功能。从交互的过程来讲，同步在线教育课程包括交互参与者、交互内容、交互工具，最优良的状态是师生能够自主选择合适的交互工具进行无障碍的内容交互。这就要求教师对学习者有充分的了解，开课之前通过调查问卷或者利用 Survey Monkey、学习管理系统等信息搜集工具进行信息搜集，并建立学习者信息数据库，对学习者的基本信息、学习行为和交互习惯进行初步的了解；然后，选用多数学习者都喜欢的交互工具进行定时同步研讨，讨论学习中的重点问题和难点问题，让学习者分享个人课程学习经验或体验；最后，针对部分学习者或部分问题，灵活选取讨论版、E-mail、微信、电话等交互工具进行交流。总之，课程学习过程中良好的师生关系、便捷的交互工具、合适的交互内容是师生表达个人内在需求的三个重要因素，也是关系同步在线教育课程成败的关键因素。

四、结语

同步在线教育课程是在线教育发展的趋势，从亚里士多德“四因说”解读同步在线教育课程内涵并提供同步在线课程建构启示，是从同步在线课程“存在”的本质缘起、发展保障、推动力量、目标实现等维度系统推进同步在线课程质量提升，更能满足时代发展对教育改革的需要。当然，尽管同步在线教育课程具有很大的发展优势，但相比异步在线教育课程，同步在线教育课程研究和实践在国内开展并不多，其完全融入当前在线教育和面对面教育存在一定的困难，如受技术问题、预定时间、在线学生参与度等因素限制。目前比较常见的同步在线教育课程是将同步在线教育课程要素作为异步在线教育课程的补充，融入异步在线教育课程、学术会议或混合课堂中，以此实现特殊需要的同步在线互动。例如，在会议中实时引入专家讲话、在课程中针对具体内容嵌入实时互动等。当然，虽然同步在线教育课程在师生实时互动方面有着重大的优势，更有利于增强学习者的高阶思维能力，但并不代表其能取代异步在线教育课程，两者各具特色，在未来发展中，二者可以相得益彰，为更多不同需求的学习者提供更多在线学习的机会，实现最优的发展。

参考文献

[1] 方旭，铁银环．加拿大高等院校在线教育的发展及对后疫情时代我国在线教育的启示［J］．黑龙江高教研究，2021（8）：45-50.

[2] 周力虹，权谦，韩滢莹．美国 iSchools 院校图书馆学硕士在线教育现状调查与启示［J］．图书情报工作，2021（4）：111-122.

[3] 钱玲，徐辉富，郭伟．美国在线教育：实践、影响与趋势——CHLOE3 报告的要点与思考［J］．开放教育研究，2019（3）：10-21.

[4] 周静，赵志靖．美国高校在线教育的最新发展及启示［J］．黑龙江高教研究，2018（2）：53－56.

[5] 梁林梅，夏颖越．美国高校在线教育：现状、阻碍、动因与启示——基于斯隆联盟十二年调查报告的分析［J］．开放教育研究，2016（1）：27－36.

[6] 刘革平，王星．虚拟现实重塑在线教育：学习资源、教学组织与系统平台［J］．中国电化教育，2020（11）：87－96.

[7] 胡德鑫，李琳璐．跨界与融合：在线教育与高等教育变革的联动机理与样态重构［J］．高校教育管理，2021（1）：77－86.

[8] 陈凡．如何制定在线教育标准：美国的经验［J］．外国教育研究，2022，49（1）：47－59.

[9] 胡天慧，刘三女牙，粟柱，等．学习者同步和异步交互模式的比较与整合研究——基于社会网络和多层网络分析的方法［J］．电化教育研究，2022（5）：53－60.

[10] 郭文革，张梦哲，续芹，等．同时“在场”与在线“面对面”——对国外26篇在线同步视频教学研究的综述［J］．中国远程教育，2021（2）：27－35，77.

[11] 刘威童，乔伟峰．在线同步学习效果的影响机制：交互行为的中介效应——基于清华大学大规模在线调查数据的分析［J］．现代教育技术，2022（3）：110－118.

[12]［希腊］亚里士多德，吴寿彭译．形而上学［M］．北京：商务印书馆，1959.

[13] 姜淑慧，MOOCs与SPOCs：在线课程发展的不同路径与共同问题［J］．远程教育杂志，2014（4）：106－112.

[14] 蒋双双，王卫军，刘玮．基于在线课程的持续性交流设计［J］．现代教育技术，2017（10）：26－32.

[15] M. G. Moore. Three Types of Interaction［J］. The American Journal of Distance Education，1989，3（2）：1－6.

[16] Allen I E，Seaman J，Garrett R. Blending in：The extent and promise of blended education in the united states［R］. Sloan Consortium，2007：10－22.

通识教育、专业教育与课程思政

陈　昆

一、大学教育应该更注重通识教育还是专业教育

这个问题是教育的重点问题，教育的核心是要理解大学的使命。1941 年，梅贻琦在《大学一解》一文中讨论了这个问题。梅贻琦明确表示，大学教育的重点是“通才教育”。他说：“窃以为大学期内，通专虽应兼顾，而重心所寄，应在通而不在专。”由此可见，职业选择只是生活的一部分，人的全面和长期发展更为重要。因此，大学通识教育比专业教育更加重要。

17 世纪和 18 世纪的科学和工业革命，科学知识取代了宗教知识和哲学知识，成为高等教育的重要组成部分。由于科学的进步和社会经济发展的需要，大学学科的发展越来越专业化和工具化。大学已经成为实施职业教育培养专业人才的主要场所，其目的是为社会和经济发展培养专业人才。到 20 世纪上半叶为止，专业教育在高等学校取得了长足发展。但是随着知识的迅速增长，这种教育的弊端越来越严重。学生在大学学到的专业知识很快就过时了，这无助于他们未来的工作。相反，这项工作所需的能力却没有在大学得到培养和发展。

此外，过分强调专业教育也带来了一系列问题。当人们追求物质利益时，就很容易忽视精神追求和对生命价值的思考。随着人的物化，教育成为发展经济的工具，在发展人的心智、提高人的素质、促进人性的自由发展方面，教育越来越偏离其宗旨和使命。在市场经济体制下，由于资金不足，高等教育必须进入市场，必须与商业部门和政府合作，培养专门的、高度专业化的专业人才，这些缺陷都对职业教育的理念提出了质疑，通识教育的理念由此重新受到重视。那些寻求教育自由的人给了教育一种与时俱进的新的含义，即通识教育，其目的是消除知识碎片化和过度专业化造成的狭隘思维，促进人的全面发展。

在这种情况下，通识教育应运而生。通识教育是从自由教育发展和延伸

而来的，其目标是消除知识专业化带来的知识分化，缓解人们过度追求利益和效用造成的狭隘性和功利性。

第一个将通识教育和大学教育联系起来的人是美国博登大学的帕卡德教授。他认为大学应该提供共同的教育，并以此作为职业教育的基础。他说："我们学院预计给青年一种 General Education，一种古典的、文学的和科学的，一种尽可能综合的教育，它是学生进行任何专业学习的准备，为学生提供所有知识分支的教学，这将使得学生在致力于学习一种特殊的、专门的知识之前对知识的总体状况有一个综合的、全面的了解。"这种 General Education 就是通识教育，这也是通识教育的宗旨。随着社会的发展和研究生教育的普及和深化，本科阶段的通识教育已经成为一种教育理想，这不仅是为了消除与职业教育有关的弊端，而且也是为了更加注重民主自由社会中人人应接受的教育。

1978 年《哈佛文理学院通识教育报告》（*Harvard University of Arts and Sciences Report on General Education*）也指出，通识教育的目标包括明确有效的思维和写作技能，通过对知识领域的深入研究获得的推理和分析技能，理性的道德和价值判断，全球视野和思维。2007 年《哈佛通识教育报告》（*Harvard General Education Report*）还指出，本科通识教育的目标是加深对人类和自然世界的理解，让学生更加关注自己的信仰和选择，以更加创造性的方式解决问题，对周围世界有良好的洞察力，明确理解个人、职业和社会生活中可能出现的问题。由此，通识教育的内涵上升到了更高的层次。

二、耶鲁大学通识教育的实践

"通识教育"的原文是"Liberal Education"。"通识教育"在教育内容上意味着"通识"，这是针对专业科目和职业教育的"通识课程"，"Liberal Education"强调西方"Liberal Arts"教育传统，可以直接延伸到中世纪的传统。"自由主义"一词更能体现"通识教育"的精神，即自由精神的培养。

这里的"通识性"是以现代大学的专业性为对象的。耶鲁大学（Yale）的任务是培养某些专业人员或高级工作人员，以从事某项特定任务，实施自由教育，充分发挥学生潜能，自由选择学习方向，不陷入功利主义，为人生的成长指明方向，为社会和人类的进步作出贡献。

事实上，耶鲁大学的早期本科教育是通识教育，没有任何专业教育与职业教育，随着现代社会的分工越来越完善，专业教育理念成为主流，通识教育受到冲击。但是在美国，自20世纪80年代以来，通识教育重新受到重视。

通识教育不同于专业教育和职业教育，这种教育通常包括文学作品、哲学、历史、艺术、科学方法和原则，它体现在自然科学、社会科学、人文艺术教育等基础学科上。在此基础上，学生可以选择不同领域的特定课程来完成本科教育。

这样的“通识教育”重视基础学科的学习，不为低年级的本科生设置“职业性”专业，真正的专业学习和研究通常在研究生院进行，商学院、法学院、医学院、神学院被视为职业学校，不招募本科生。在现代信息时代，通识教育特别重要。在这个时代，人们获取知识非常方便。仅仅传授知识显然是不够的，最重要的问题是将这些极其丰富的信息转化为具体成果的能力。为此，需要通过通识教育培养和发展独立的判断能力，并从复杂的信息中选择有用的内容。因此，这里的“通识性”被理解为人类自身的一种修养。通识教育培养智力、培养思维和理解能力，并培养一流的头脑。

正是有了这种追求“通识教育”的教育，耶鲁的毕业生将来进入研究生院和社会时，在任何领域和任何专业都会有更深远的思想和远见。人们常说，在美国的中国学生极其聪明，然而，最终外国学生在研究方面做得更好。耶鲁大学强调本科阶段的“通识教育”，这可以看作是一个答案。正如一句古老的中国谚语所说，本科阶段的通识教育发挥着功夫在“诗外”的作用，使人终身受用。通识教育似乎毫无用处，但它为人们未来的职业奠定了基础，并为他们的终身事业做好了准备。

三、通识教育与专业教育的结合：培养能够把握未来的人才

世界的迅速变化冲击了高等教育。今天，大学、学科、专业甚至知识的界限越来越模糊，使得未来很多东西都很难把握。在这种情况下，我们的教育者需要思考如何培养面向未来的学生。

现在的社会发展，三四年可能会有很大的变化。一方面，教育需要有超前意识；另一方面，本科人才的培养不应该局限于满足当前的社会需求。培养出来的人才应该能够预测和把握未来，在未来的发展中发挥主导作用。教育部联合各部门推出的“拔尖计划2.0”旨在培养未来的中国科学家和思想家。未来人才需要具备的素质：从分析历史、批判现实出发，发现现实问题，要具有创新思维，能够以现实为导向进行知识整合和自我建构，具有好奇心和科学精神，特别是具有独立学习能力。

广义的通识教育不仅应为专业选择做好充分准备，还应成为专业知识充分发挥其最大潜力的广阔背景。专业教育只有在广泛的通识背景下才能实现其目标，才不会切断各个学科之间的联系。广义的通识教育就像是一个完整的、不可分割的有机体。专业教育就是这些组织之一，其目标是在整个有机体中发挥特殊功能。

专业教育应该教导学生可以做什么和如何做，而通识教育教导他们应该做什么和应该取得什么结果。广义的通识教育是对复杂组织关系的认识，它为专业教育提供意义和指导。

在一定程度上，广义的通识教育涵盖所有专业教育。专业教育与通识教育两者的目标在一定程度上是一致的。本科专业教育的目标是培养学生在某些专业领域的竞争能力，包括分析推理能力、思维能力与写作能力、与别人交流和合作能力、理性的道德判断能力。这些也是通识教育的目标。因此，专业教育是实现通识教育目标的一种方法。但是，并非本科教育的所有目标都经由专业教育来实现。例如，自由和人文传统、公民意识和共同价值观的继承等。由于所有的本科教育目标不能通过职业教育来实现，必须设置关注普遍关系和价值观的特殊课程，这就是通识课程。因此，大学所有专业教育的共同基础就是通识教育课程。

一般来说，通识教育与专业教育相结合是必要的。专业教育还需要强调培养学生的沟通能力、批判性思维、知识的自我建构等，注重将通识教育理念融入人才培养的全过程。

通识教育课程的基本目标是培养“人”，其次是发展知识和能力。根据我国高校的实际情况，要解决以下三个问题：一是加强学生的公民道德教育，培养良好的公民意识；二是引导学生树立正确的世界观、人生观和价值观，塑造学生完美的人性；三是注重培养学生的可持续发展能力，包括学习能力、实践能力、创新能力、理解能力和沟通能力。

四、课程思政：更高层次的通识教育

高等教育受科技工具主义思潮的影响，工具理性主义日益突出。学科和专业分化越来越严重、教育体制性和价值性的疏离，导致教育目标异化和场域缺失。当然，科学发展需要学科和专业一定程度的分离，但由于学科分离带来的对基本教育目标的忽视，导致自然科学和人文科学之间的巨大分离。

我们经常会看到这样的现象：一些理工科学生对人文社科表现出不屑、

人文社科类的学生缺乏科学思维。随着各个学科的发展，跨学科交流、专业合作和跨学科融合在所有学科发展中变得越来越重要。

思想政治教育是培养精神信仰、塑造人格、养成道德的教育活动，贯穿于教育和实践的各个方面，目前迫切需要把思想政治教育融入大学生专业学习的各个领域，深化各类课程的思想政治教育，通过传授知识来加强思想政治教育。

把思想政治教育融入教育教学全过程，构建全员育人、全方位育人的大思政格局。高校思想政治理论课在引导学生树立马克思主义世界观、人生观和价值观，加深对有中国特色社会主义的理解，发挥着不可替代的作用。思想政治课程具有比较完善的教学手段、完备的学习内容和教育要求，表现为显性教育。其他课程提供的隐性育人内容也是不可或缺的资源，那些建立在学科史和实践活动中鲜活的教育资源更具吸引力、更亲切、更具活力。

由于对专业分化的误解和应对不当，不同专业的教师之间出现了价值异化和场域异化，导致相互信任不足、观点冲突和抵消效应，这是思想政治教学危机的根源。只有各专业、各教师深刻认识教育的本质和育人的终极目标，充分认识各门课程无形的教育资源，建立良性的共生、共轭、共振机制，才能促进教育共同体的有效运行。

思想政治教育作为一种特殊的教育活动，对人的价值观和人生观的形成具有重要作用，其最终目的是实现社会进步和人的自由全面发展。思想政治教育的价值表现为个人价值和社会价值。前者表现在思想政治教育通过关心人培养人，满足个人的精神需求，实现人的全面发展。后者表现在凝聚力量，促进共识，统一思想，实现社会融合，促进社会稳定。

高等学校的课程是在社会专业化的背景下产生的，必修课、专业课、公共课都存在一定的偏向，要么偏向自然科学，要么偏向人文科学，这种精细化和专业化是社会发展对人才培养的客观要求。在现代社会，许多政治、经济、科技问题变得越来越复杂，无法用单一学科解决和完成，迫切需要跨学科的交流与合作。课程思政是建立在科学与人文之间的桥梁，通过融通、相互促进，挖掘其他课程的伦理资源、道德话题、精神信仰，在真理性、实用性、审美性的基础上实现真善美的统一。

大学课程是科学知识的载体，无论是专业课、思政课，还是通识教育课，都包含着人类对自然规律、社会规律和人的思维规律的探索和反思，以实现人的自由而全面的发展。课程思政较好地实现了大学课程工具理性和价值理性的统一，它追求教育的本质和育人的终极目的。

五、通识教育与经典阅读

经典是人类文明发展的最大成果，也是理解人类文明发展的便捷途径。一部经典的基本价值是它跨越了历史，历久弥新。也就是说，经典是不会被历史抛弃的，而经典的阅读永远不会过时，这是因为经典包含了揭示人性的生命哲学，所以它们总能激发灵感。正如哈钦斯所说，人性是普遍的，因此，真理无处不在。经典提供了永恒的知识，所以无论何时何地学习都是一样的。

阅读经典像是和一个饱经沧桑、充满智慧的老人交谈。通过你诚挚的询问，他将全方位地向你展示他对生活的理解，并回答你面临的几乎所有问题。当然，这个答案必须在你和他的真诚对话中达成，他不会直接告诉你。古典语言永远深沉，充满寓意，你必须冷静地思考。因此，古典的阅读不照顾匆匆的过客，想在这里迅速获得人生智慧之宝的人可能收获不到多少。

古典著作提供的知识是普遍知识，是大学教育的主要功能。也就是说，大学不应提供某种职业知识或技能，因为这些东西可以从专门的研究机构或职业培训机构获得。因此，大学应该与职业教育和研究机构分开。大学的主要工作是传播常识，只有这种知识才能代表人类文明的精髓，它们蕴含着丰富的生命智慧，值得大学传承。因为这种智慧代表着对人性的深刻理解、对美好世界的探索以及对生活的构想，每个人都应该学习，只有投身其中才能有所收获。

经典的价值在于为追求生命意义的人提供知识和营养。那些不追求生活意义的人不会对经典感兴趣。阅读经典的真正价值在于给我们提供一个内在的视角，只有当我们对生活有感触时，我们才能理解经典的意义。每一部经典都是其所属领域的无法超越的巅峰，只有研究它们，我们才能更接近学术领域的核心，取得更大的成就。因此，对于那些对生活没有求索欲望的人来说，不适合阅读经典。同样，过于功利的人不适合学习经典。古典学习需要人们有长远的眼光、冷静的头脑、不懈的学习和智慧的思考，缺乏这些基本素质也不适合古典学习。

参考文献

[1] 张俊峰．西南联大通识教育成功实施探因［J］．安庆师范学院学报（社会科学版），2010（6）．

[2] 李曼丽，汪永铨．关于通识教育概念内涵的讨论［J］．清华大学教育研究，1999（1）．

[3] 季诚钧．试论大学专业教育与通识教育的关系［J］．中国高教研究，2002（3）．

[4] 李屏．我国大学通识教育课程的现状、问题与对策［J］．吉林省教育学院学报，2008（11）．

[5] 潘新兴．对大学通识教育与专业教育关系的分析［J］．时代教育，2015（7）．

[6] 何红娟．“思政课程”到“课程思政”发展的内在逻辑及建构策略［J］．思想政治教育研究，2017，33（5）：60－64.

金融学教师课程思政能力提升路径研究*

孟德锋　严伟祥①

一、引言

“全面推进课程思政建设，教师是关键”，2020年教育部印发《高等学校课程思政建设指导纲要》（以下简称《纲要》），要求“加强教师课程思政能力建设”。这是培养习近平总书记要求的“有理想信念、有道德情操、有扎实学识、有仁爱之心”的“四有”好教师的关键环节。高校教师是落实党的教育方针和传播先进思想文化的主力军，只有提升高校教师的课程思政能力，才能真正将立德树人的育人育才任务做实做好，才能真正培养出德才兼备、品学兼优、懂礼守法的社会栋梁之材。

对于高校教师课程思政能力，孙清潮（2021）将其分解为教师的政治素质、教育理念和教学方法三个维度，何源（2019）则认为这一能力表现在课程思政的内容拓展、课堂教学和师生互动三个方面。目前，高校教师存在课程思政理念缺乏、责任淡薄、能力欠缺等突出问题（刘清生，2018），因此，要提升高校教师课程思政能力。陈始发、张丽（2020）认为需要高校教师树牢主体意识、增强执行能力、健全支撑能力体系；刘清生（2018）认为需要强化协同育人理念、增强内容融合能力、创新方式方法能力、提升教师自身素养等。

高校教师课程思政能力的提升需要结合具体学科专业的特点进行。金融

* 基金课题：国家社会科学基金重大项目《金融服务养老的理论框架、国际经验、中国路径研究》（项目编号17ZDA072）；江苏省研究生教育教学改革重点课题《金融科技背景下金融专业研究生双导师协同培养模式创新研究》（项目编号JGZZ19_ 054）；江苏省高校优势学科建设工程三期项目应用经济学（苏政办发〔2018〕87号）；南京审计大学国家级一流专业（金融学）建设专项重点课题《金融学课程思政建设研究》（项目编号2020JG136）。

① 孟德锋（1979—　），男，河南沁阳人，南京审计大学金融学院副教授，硕士生导师，博士，研究方向为金融风险管理和金融教育；严伟祥（1975—　），男，安徽省安庆人，南京审计大学金融学院副教授，硕士生导师，博士，研究方向为金融科技与资本市场。

学专业是应用经济学类专业之一，培养经世济民、胸怀天下的应用型复合型金融人才，需要金融学教师关注经济金融领域发展趋势，深刻理解国家政策导向，坚定理想信念和文化自信。这要求金融学教师不断提高自身的课程思政意识和能力，不仅要明确金融学课程思政目标对自身思政能力的要求，也要清楚自身思政能力不足可能对金融人才培养产生的不利影响。本文对此进行讨论，提出金融学教师提升自身课程思政能力的有效途径，以期为金融学课程思政建设提供有益思路。

二、金融学课程思政建设对教师思政能力的要求

大数据、云计算、区块链等金融科技迅速发展，金融产品和服务创新层出不穷，不仅对金融人才提出了更高的技能需求，而且使高校学生信息来源多样化，学生的知识获取和学习方式也更加多元化，还加快了各种价值理念和社会思潮的传播、碰撞。金融学课程思政建设恰逢其时，需要高校教师坚定爱党、爱国的理想信念，提高对金融现象和规律的理解水平，并将其融入金融人才培养中。《纲要》指出，要“围绕政治认同、家国情怀、文化素养、宪法法治意识、道德修养等重点优化课程思政内容供给”，这是社会主义核心价值观的体现，为金融课程挖掘思政元素圈出了重点领域，也为提高金融学教师课程思政能力指明了方向。

（一）增强金融学教师的党性修养和政治认同

金融学课程思政首要任务是提升金融学党员教师的党性修养和普通教师的政治认同，这是关系“为谁培养人”的大是大非的根本性问题。中国高校是党领导下的中国特色社会主义高校，这一政治属性决定了高校教师的政治立场、思想觉悟和价值理念必须同党中央保持一致，必须为党、为国家、为人民服务，做好学生价值引领的垂范。

党领导下的中国经济发展走的是一条中国特色社会主义市场经济之路，顺应经济形势出台的各项重大经济决策政策保证了中国经济持续、健康、稳定发展。金融学是应用型学科，关注经济金融领域重大现实问题，金融学教师需要从金融形势变化和政策导向上深刻领会把握习近平新时代中国特色社会主义思想，自觉运用马克思唯物主义辩证法探索数字金融发展规律并应用于金融理论的创新发展，结合自身金融相关实践分析党的经济金融政策带来的积极影响和变化，在鲜活的经济金融发展实践中提升自身的党性修养和政治认同，坚定中国立场，坚持中国特色社会主义方向，加强政治自省和体察，

才能提高金融学课程思政的主动性和自觉性，才能在潜移默化中感染和带动学生，提高学生对党的认同感、自豪感。

（二）提升金融学教师的家国情怀和人文素养

中华五千年文明史诞生过各具特色的货币形态，也产生了以人伦信用为基础的信用文化，而改革开放40多年金融领域变化更是层出不穷，金融机构种类和数量不断增多，近年来金融科技推动的金融服务创新如火如荼，央行发行的数字货币更是领先世界。这些都为金融学课程思政提供了极好的素材，需要教师结合教学内容合理选材、透彻讲解。

"经师易得，人师难求。"金融学教师不仅要讲好金融理论逻辑，而且也要熟悉金融发展史、了解最新金融动态、加深金融发展史背后的中华优秀传统文化基因的理解、悟透金融制度政策变化和金融发展规律之间的关系等。不说博古通今，至少知晓来龙去脉，变"经师"为"人师"。例如，中国封建社会流通的金属货币——铜钱具有内方外圆的典型特征，和中国人典型的"严于律己、宽以待人"的内方外圆的处世之道有很强的联系；2020年中国人民银行开始试点的数字货币，是进一步升级的货币形态，不仅货币本身的价值进一步消失，而且作为价值符号的作用也更加弱化。站稳中国立场，讲好中国故事，不仅能提升金融学教师自身的理论素养和思政能力，更能进一步通过课程思政提升学生的家国情怀与人文素养。

（三）完善金融学教师的法治意识和道德修养

中华优秀传统文化的道德观念和现代市场经济的法治意识，都强调规则意识，"不以规矩，不能成方圆"。金融的发展和各个国家和地区的法律制度完善有关，良好的法律制度能保证金融体系规范运行。培养法治意识和道德修养有助于提高金融从业人员遵纪守法、爱岗敬业的正确价值观。

"亲其师，信其道；尊其师，奉其教；敬其师，效其行。"金融学教师在法治意识和道德修养上的言传身教、身体力行，相对于思政专业教师，对学生的影响更大。金融学教师不仅要能熟知金融法律和职业道德具体要求，而且更要思考金融负面事件背后的成因机制，从正反两方面做到"知其然，知其所以然"，提高对金融创新与金融监管、收益与风险等金融概念之间关系的深刻领悟，以及对各类社会热点的金融事件、经济现象的分析解释能力，才能在授课中发挥主动性，引导学生遵纪守法，严守道德底线，加强课程思政实效。

三、教师思政能力不足对金融人才培养的不利影响

金融学课程思政的效果，取决于教师有没有课程思政意识、想不想课程思政的意愿、能不能课程思政的能力，以及做得好不好的课程思政行为。这需要从考核评价、政策导向上去引导和激励金融学教师加大学习投入、提升课程思政的意愿和能力，真正把金融学课程思政落地、落实。金融学教师思政能力不足，不仅会使金融教学缺乏创新动力，使课程思政流于形式，而且仅注重金融技能培养的传统教学模式会产生重术轻道、过度西化、过多量化模型化等问题，对金融人才培养产生不利影响。

（一）重术轻道缺乏课程思政深度

近年来，网络空间中出现了一些在校或已毕业的大学生、高校教师散布不当的言论，反衬出思政建设不到位导致他们价值观扭曲的现象。这和长期以来过于强调学科专业导向的重术轻道的人才培养模式有关。

传统上的高校教学以学科、专业分工为基础，学科分类越分越细，金融学专业课教师主要担任专业课程教学，思政任务由专门的思政课程完成，导致思政课、专业课“两张皮”，金融学教师难有课程思政意识。在这一培养模式下完成博士学业、走上金融教学岗位的教师继续重复这一模式，而且在科研论文、课题的职称评审导向下，忽视专业课教学，也进一步弱化了课程中的思政内容提炼和传授。

这一教学模式下，一些有经验的教师实际上已经在进行课程思政，他们把人生感悟、传统文化和金融实践经验融入课程内容，使课程内容丰富而且富有启发性，但多数青年教师缺乏教学经验、对党的方针政策理解不透、人文素养积累不足，为了避免教学错误只能就专业谈专业，这使得课程思政完全取决于教师个体的偏好、意识和能力，随机性、随意性较强，不系统、不固定，缺乏课程思政应有的深度。

目前，相对于发展时间长、知识结构合理、系统化的金融学专业课程体系，金融学课程思政建设的时间不长、模式不固定，课程思政资源的开发有限，和专业课程内容的融合仍在磨合探索中。金融学教师缺乏思政教育的学习以及课程思政经验的交流分享，对金融学课程思政的价值理念、知识结构和呈现方式等的理解都有待深入，这些都限制了课程思政的效果。

（二）过度西化降低中国文化自信

改革开放以来，我国高校人才培养体系基本上沿用西方的学科专业培养

体系，在短期内建立了基本完善的学科、专业、课程、教材等整套的人才培养体系，但其弊端近年来逐渐显现。就金融学教材而言，因为我国社会主义市场经济起步晚，金融发展慢于西方发达国家，因此早期国内自编的金融学课程配套教材过于抽象、空洞，中期抛弃国内教材直接采用国外原版教材进行金融教学，造成不可避免的思维模式西方化的现象，这也导致金融学课程教学弱化了中国金融发展史的内容，使学生对西方发达的金融市场从业人员高工资、高福利产生不加批判的向往，金融学高层次人才国外留学、国外就业的现象突出。

现在国内自编的金融学教材则吸收了国外教材采用实际案例、应用导向强的优点，开始减少理论说教篇幅、采用国内金融案例、增加实际问题分析的专业内容，应该说有了很大进步。虽然现有的教材在专业内容上赶上或者接近国外教材，但是从课程思政角度来说，教材中仍然缺乏课程思政的相关内容。这可能和课程思政提出时间不长，各个出版社的新金融课程教材编写没来得及加入课程思政内容有关。

金融教学一致提倡科研反哺教学，科研问题一般都是金融领域的热点前沿问题，对这些问题的研究产生的成果应用到教学中可以激发学生学习兴趣，提高实际教学成果。但是，西方发达的金融市场为其金融领域的研究提供了天然的试验场，大量权威的金融学期刊还是以英美为主，国内金融学教师盯着国外英文金融期刊发表自己的研究成果在职称评审、科研奖励中更受重视，这一导向下金融学的科研仍以西方金融学的理论为主，问题可以是中国的，但是思维是西式的。这种模式下对中国文化的自信多少还是底气不太足的。

（三）过多量化弱化学生德法培养

2000年以来随着金融市场复杂化、金融风险多样化，利用金融工程进行金融风险管理、金融产品创新，使得金融领域的量化、模型化趋势显著。特别是互联网金融、金融科技的发展进一步提高了对金融人才的信息技术的新需求。因此，在金融人才培养的理论和实践教学中，理解公式原理、提升编程技术等技能甚至取得国际权威机构认证的金融行业某一类证书，成为学生就业获取金融机构高薪岗位的基本途径。

金融学专业成为高考热门专业，和专业就业率高、金融行业整体福利待遇高都有很大联系。以金融机构对金融技能的需求为导向，学生们也不免专注于考证热、模型热，更多考虑提升自己的技能。金融学教师在教学过程中如果没有思政意识和相应的法治道德方面的思政教育，学生就会缺乏相应的法治意识和道德修养的培养和强化，缺少敬畏法律之心、缺乏金融伦理之念，在走上工作岗位后可能就会注重金融产品的创新收益而淡化可能的违法违规风险。

四、提升金融学教师思政能力的有效路径

教书育人和立德树人是课程思政建设和高校人才培养的根本目标。在新时代我国经济社会变化加快的背景下，金融学教学方式需要适应向“以学生为主”的模式转变，引导学生建立正确的价值理念、有效的思维模式和创新方法，这需要不断提高金融学教师的思政能力，提高学生培养中价值引领、知识传授和能力提升的任务，真正做一个“传道、授业、解惑”的“人师”。

（一）与时俱进提升对党的方针政策领悟能力

习近平总书记指出，“高校教师要努力成为先进思想文化的传播者、党执政的坚定支持者，更好担起学生健康成长指导者和引路人的责任”。金融学教师的思政能力必须要政治合格。新时代中国共产党领导下的中国特色社会主义建设是鲜活的马克思主义，丰富的实践为我们加深认识和理解党的宗旨、方针、政策提供了极好的学习机会，也为我们投身党的教育实践提供了很好的施展才华的平台。

金融学教师要做好课程思政，必须与时俱进，提升对党的大政方针政策的领悟能力。一是要提高思政意识。党员教师要以先锋模范为榜样，自觉加强党性修养，学习党史、践行党的任务、指示；普通教师要以社会主义核心价值观、爱党爱国为主线，强化对党的领导的政治认同和深刻理解。二是要提高对党的各项政策的领悟和解读能力。积极参加各级党组织的“百年党史”讲座、培训，还要充分利用好各种网络资源，如学习强国软件、微信公众号、微博等，扩大信息来源，提高政治敏锐性，积极学习、领会、参与、使用这些资源，通过发表体会和评论参与互动。三是要提高党的方针政策的阐释能力。金融学教师可以把自己的感悟以讲座、讨论会等形式讲给学生、讲给同事，扩大交流、热烈讨论，在讨论中发现新的认识视角，深化对党的政策的领悟，进而提升自身的思政能力和水平。

（二）因事而新增强对时事的中国立场阐释能力

中国共产党领导的中国特色社会主义实践具有鲜明的时代性、开放性特征。当今世界处于百年未有之大变局，第四次工业革命带来的新技术不仅推动了经济发展，加快了金融领域改革与创新，而且也对传统的国际经济、政

治秩序带来了重大影响。中国提出的“人类命运共同体”的理念也正在被国际社会所接受。国内党带领人民群众解决新时代人民美好生活需要与不平衡不充分发展之间的矛盾的实践过程也充满机遇与挑战。国际、国内每天都在发生重大事件，需要金融学教师不断更新认识、加深领悟，而且要站稳中国立场、讲好中国故事。

金融学教师需要和学生建立师生共同体。新时代需要新思维，党课学习中金融学教师需要以自己的学习为中心，专业课授课过程中则需要以学生为中心，加强与学生的协同，增进与学生的互动、交流与沟通。金融教学过程中金融学教师与学生互动可以通过两种渠道、两种形式进行。一是利用好课堂教学主渠道进行理性沟通，加强金融专业理论知识和逻辑的阐释与反馈，培养学生心中“良师”角色；二是利用好微信群社交软件辅助渠道进行情感沟通，加强社会热点解读、分享人生感悟、解析学生价值观困惑，增进师生人际关系，建立学生心中“益友”角色。在加强理性沟通和情感沟通基础上，建成教学相长的师生共同体。在沟通交流中，金融学教师要以马克思主义立场、中国利益为基础，分析、讨论社会热点等共同话题，“润物细无声”，引导、启发、深化学生爱党、爱国的中国特色社会主义道路自信、理论自信、制度自信、文化自信，增强课程思政的潜移默化的实效。

（三）德法兼修增进对现代的规则意识引领能力

金融学专业课理论内容为学生从事金融行业打下基础，而金融学课程思政则会让学生的法治意识、道德修养、意志品质、人格价值观等产生长期影响、受用终生。就像电脑操作系统中系统程序和应用程序的差别，不管应用程序如何改变，金融学课程思政植入学生心目中的系统程序能一生发挥作用。

中国经济快速发展带来了社会的转型变革。传统封建社会几千年形成的伦理道德观念的精华部分需要教师和学生不断传承，依法治国等现代法制和法治意识需要师生共同去建立。金融学教师一方面要结合金融监管、金融法律的相关理论知识剖析金融领域热点事件，加深自己对热点事件来龙去脉的理解，引导学生加深对法治的理解和敬畏；另一方面要结合职业理想和职业道德教育，结合中国金融发展历史，将古代金融伦理道德的精华和现代的职业道德意识融会贯通，引导学生树立正确的金钱观和价值观，能批判分析、预测并把握金融科技带来的多元化价值取向的主流，提高学生的职业道德意识。只有德法兼修，金融学教师才能提高自身的修养和人格魅力，才能取信于学生，才能教出人格健全、遵纪守法、惩恶扬善的社会主义合格接班人和优秀的建设者。

五、结语

“古之学者必有师。师者，所以传道、授业、解惑也。”金融学课程思政建设，有利于纠正重术轻道的偏向，完成立德树人的金融人才培养任务。教师是课程思政的主体，只有提高金融学教师的思政能力，才能真正实现立德树人的课程思政目标。

金融学课程思政建设需要在党性修养和政治认同、家国情怀和人文素养、法治意识和道德修养等方面提高金融学教师思政能力，而教师思政能力不足不仅会重术轻道缺乏课程思政深度，而且过度西化降低中国文化自信，过多量化弱化学生德法培养，因此，提升金融学教师思政能力，不仅要与时俱进提升党的政策方略领悟能力，因事而新增强对时事的中国立场阐释能力，更要德法兼修增进现代的规则意识引领能力，只有这样才能发挥好金融学教师价值引领、知识传授、能力培养的作用，提高金融学课程思政实效，培养出理念先进、知识丰富、能力超群的金融人才。

参考文献

［1］孙清潮．提升教师课程思政意识和能力的三个重要维度［J］．陕西教育（高教），2021（1）：4－5.

［2］何源．高校专业课教师的课程思政能力表现及其培育路径［J］．江苏高教，2019（11）：81－84.

［3］刘清生．新时代高校教师“课程思政”能力的理性审视［J］．江苏高教，2018（12）：91－93.

［4］陈始发，张丽．论全面提升高校教师课程思政建设能力［J］．马克思主义与现实，2020（5）：183－189.

加强研究生思政教育的路径研究

张　杰[①]　刘俏芝[②]

一、引言

思想政治教育是高校育人的重要环节，也是高校学生践行社会主义核心价值观以及党的思想理论教育的重要载体之一。党的二十大报告将科教兴国、人才强国、创新驱动发展三大战略摆放在一起，提出了全面建设社会主义现代化国家的基础性、战略性支撑是教育、科技、人才。其中，教育的优先发展是培养人才的保障，人才是推动科技的重要资源，是建设创新型国家的保障。研究生培养是高等教育的重要任务，最主要的目的是培养能在发展现代科技技术、建设创新型国家中发挥重要作用的适应社会发展需要的高层次人才。然而，高层次人才如果没有相应的“德”，可能会对社会发展产生负面作用。研究生在思想上尚未完全成熟，在思想观念方面还存在很多误区，会影响研究生对事物判断及自我行为的控制。很多研究生在日常生活中由于缺乏正确的世界观教育，使得他们没有正确地认识到自己所处的时代环境以及自身的价值取向，需要进行正确的思想引导。在研究生培养过程中，高校要始终将社会主义核心价值观覆盖于研究生培养的各个环节，把立德摆放在首要位置。

研究生思政教育的内涵是在国家培养高层次人才高度基础上，积极发挥高校的充分育人功能，充分挖掘研究生培养过程中涉及的各个环节的思政教育资源，在传授知识和培养能力的过程中，引导学生树立正确的世界观、人生观和价值观，努力将学生培养成国家需要和社会主义现代化需要的接班人。研究生思政教育的构成主要有专门从事思政教学和研究的教师的思政教育、

---

① 张杰（1984—　），男，汉族，湖南湘潭人，经济学硕士，南京审计大学金融学院学科与研究生办主任，副研究员，研究方向为研究生教育。

② 刘俏芝（1983—　），女，汉族，湖南岳阳人，高等教育学硕士，南京审计大学澄园书院党政办主任，讲师，研究方向为大学生思想政治教育。

负责专业课程教育的教师的专业课程思政、负责研究生日常管理的研究生辅导员的日常思政、负责研究生个人培养计划和指导学习和科研的导师的思政教育、负责研究生培养大纲设计的整体的思政教育、研究生从事实践活动的实践思政教育等。研究生的思政教育涵盖了研究生的教学、管理和服务等内容，既涉及导师、专业教师的教学，也涉及辅导员等人员的管理和服务工作。其中，除日常管理和服务外的其他思政教育，如思政课程的学习、专业课程思政、实践思政教育、培养大纲设计的整体的思政教育等可以统称为思政教学，也是思政教育的关键。长期以来，研究生思政教育的主要任务就是引导其树立正确的世界观、人生观和价值观，但由于思政教育的内容需要紧跟时代，并结合实践，导致教师思政教育能力不足或者教育内容流于形式。高校教师在开展思政教育工作时可以借助多种手段引导研究生，更好地将健康的世界观、人生观、价值观带入生活之中，从而选择正确的价值导向和生活方式。在研究生的思政教育过程中，教师的教学内容应交叉覆盖研究生所需具备的相关学术知识、专业技能以及情感态度等因素，使研究生能够对所学理论知识和工作实践相结合，不断提高自己在研究生教育阶段对自身专业的认知程度以及对知识的掌握程度。加强思想政治教育工作就必须加强与思想政治理论课教师教学内容的深度融合与整合，同时将思想政治理论课教学与思想政治教育有机地统一起来，从而提升研究生思想政治教育能力。

党的十八大以来，研究生教育改革不断深入，合格的研究生的标准和要求也在不断提高。当前，我国研究生教育改革不断演化的背景下，研究生培养想要取得较好的成效，高校需要在为研究生提供良好的外在物质条件保障的前提下，营造良好的人文环境和精神氛围。研究生的思政教育需要从整体教育过程出发，进行整体布局。研究生的思政教育需要融入一些适合研究生成长发展需求的理念或价值观作为指引。我国研究生教育培养的人才多数都是国家需要的高层次人才，这些高层次人才需要有良好的思政予以引导，才能在国家各项事业建设当中发挥应有的作用。这就需要高校在培养研究生过程中，不断加强研究生思想政治教育工作，在潜移默化中影响研究生，进而影响他们未来从事的工作和职业发展。尤其对于当前我国面临的国际政治、经济等形势面对的一系列问题和挑战，研究生教育也面临着更高要求，思政教育在研究生教育中需要得到加强和完善。作为社会主义事业建设的重要环节的研究生教育应当为国家培养优秀青年，服务社会建设事业而努力。只有这样研究生才能够在成长过程中得到充分锻炼与教育，培养出优秀人才，为国家建设事业作出贡献。

加强研究生思政教育是高校面临的迫切问题。如何开展好研究生的思政教育工作涉及多方面内容及多个部门之间的协调配合，是一项相对复杂的系统性工作。近年来，一些高校纷纷将思政教育纳入研究生教育综合改革进程中来进行，通过建设思想政治理论课建设工作基地、推进思想政治理论课改革创新与课程思政相结合等多种方式来加强研究生思政教育。但就目前而言，研究生思政教育仍存在不少问题，如培养方案中缺乏思政教育方案、思政教育缺乏机制体制的保障、思政教育的师资队伍建设不到位等。研究生与本科生相比具有自身特点，如思想更加成熟，独立思考能力更高，面临的任务除本科生的以课程学习为主外，还有一系列科研任务等，以导师指导为主，且由于各个学科性质存在差异，学位类型和培养模式均不同，导致研究生思政教育很难进行统筹安排。单纯的灌输式思政教育无法满足研究生思政教育的需要。高校需要充分考虑研究生特点，充分考虑研究生的学习需要、科研和学术需要、恋爱、就业等实际问题，探索研究生思政教育的路径，将思政教育融入研究生培养的全过程。本文在分析研究生思政教育重要性及特点基础上，分析研究生思政教育存在的问题，并从研究生培养涉及的环节出发，从培养大纲和教学大纲、课程思政、经费投入及师资培训等方面提出研究生思政教育的路径，旨在提升研究生思政教育效果，培养德才兼备的高层次人才。

二、研究生思政教育存在的问题

当前，我国社会多个方面的变化速度非常迅速，人们的思想观念也在不断更新变化。这给研究生思政教育如何适应时代要求带来了新问题，主要问题集中在以下三个方面。

（一）研究生培养方案和教学大纲中缺乏思政教育元素

研究生培养方案是高校对研究生培养、考核、管理、评价等一系列工作内容的总体规范，是对研究生提出总体要求及教学内容的书面规定，其内容是对培养过程中各方面教育要求进行细化规定。培养方案是高校对研究生进行综合教育的基本依据，在研究生的思政教育工作中发挥着重要的载体作用。研究生所处的人生阶段与本科生不同，在自身发展和认知能力方面有巨大差异。长期以来，除学校统一规定的思政教育课程外，高校在制定不同专业的研究生培养大纲和具体每门课程的教学大纲时，较少体现思政元素。究其原因，高校在制定研究生培养大纲和教学大纲时，主要是由导师和专业理论课程教师参与制定，很少吸收专业思政教师参与。导师和专业理论课程教师可能在自身领域有较深研究，但对思政内容的掌握可能并不深入，对培养大纲和教学大纲哪些地方能与思政教学相结合难以进行系统梳理。高校需要根据研究生特点设计差异化的教学目标，并制订相关培养方案。研究生思政教育要能满足研究生所处人生阶段的特殊需要。在大学本科思政教育系统性培养方案的基础上，研究生思政教育应该更加注重思想的递进性和内容的探究性。但在实际教学的过程中，高校很难实现本科和研究生思政教育的差异化，往往存在着教学内容严重交叉、培养方案空洞难实践等问题。研究生培养方案和教学大纲当中难以形成完整的研究生思政教育体系，存在着明显照搬本科思政教育方案、对相关思政教学内容进行统一授课的现象。研究生的教学大纲中，思政教育内容往往没有体现研究生的专业特点。培养方案的设计当中，思政教育内容没有形成完整的体系，没有和专业教学结合，思政教育元素也往往没有体现到培养方案的实践教学过程中。整个思政教育体系的内容在培养方案和教学大纲中体现较为分散，导致思政教育在进行过程中出现内容上的疏漏，忽视了学生思政教育过程中所存在的问题和对所学习知识的渴望以及应用能力方面存在差异性，进而导致思政教学的针对性、实用性不强。

（二）研究生思政教育的评价考核机制不健全

我国研究生教育历程已经有几十年的历史，经过实践中的不断探索，在多方面取得了较大进步。但在研究生思政教育的评价考核机制上依然存在很多问题。各大高校在践行研究生思政教育培养机制时，基本采用单一的知识灌输和试卷考核模式，教学内容仍是以传统思政内容为主，较少考虑研究生阶段的特殊需求。思政教学内容针对性不足，实践环节较少，未能紧跟时代的发展需要。培养出来的学生只是机械性地完成各阶段标准化任务，很难适应当代研究生思想政治教育环境。由于每门课程的属性和教学容量不尽相同，能嵌入思政的元素和数量也不相同，这导致在评价研究生具体课程的思政教育效果时，难以采取简单的量化方式，设置思政教育效果评价指标难度较大，难以反映学生的真实获得感。高校过于重视研究生的科研能力、实践能力及知识的掌握，在专业课程考试当中难以体现思政元素，使得思政教育的效果评价流于形式，随意化现象严重。研究生相对本科生而言，思想更为成熟，人才培养的目标层次更高，且由于研究生教育体制的特殊性，生源类别多样、年龄跨度较大，采取本科阶段的成建制的专业或班级进行思政教育和考核体制难以适应研究生思政教育的需要。研究生思政教育的考核评价需要结合专业特点和人才培养目标，探索多样化的考核手段。

（三）研究生思政教育经费难以保障

高校思政教育经费保障机制的建设和完善是当前高校思政工作需要解决的重要问题。经费与研究生思政教育效果具有直接的影响。大多数高校对于研究生思政教育经费都是作为教学经费中的一部分，来保障教学活动开展，但是却缺乏相应的思政教育经费保障机制。这就造成了思政教育经费得不到有效的落实和使用，常常遭到挪用，影响到研究生思政教育活动的质量提高和思政教育效果。在实际教学中，在经费分配时，研究生思政教育费用的分配不够合理等问题无法得到有效解决。用于研究生思政教育的经费也没有得到有效管控，造成研究生思政教育工作难以开展。

（四）研究生思政教育的师资队伍建设不到位

目前，大部分高校的研究生思政教育管理工作主要实行导师负责制，辅以全校性的统一的思政教育。导师在专业领域可能有较大成就，但却很难系统性掌握思想政治教育工作的规律。我国2006年颁布了《普通高等学校辅导员队伍建设规定》（教育部令第43号），明确辅导员的主要职责之一是进行思政教育。这导致导师认为，思政教育是辅导员的职责。虽然后来国家又出台了一些文件，如2020年出台的《关于加快新时代研究生教育改革发展的意见》明确导师要发挥言传身教的作用，使得高校重新审视了导师在研究生思想政治教育中的作用。很多专业教师存在思政教育是导师和辅导员的责任的观念。而导师普遍存在重研究生科研能力培养，忽视思政教育或在指导研究生过程中不知道如何开展思政教育的现象。大部分高校的研究生思政教育教师与本科阶段雷同，在开展研究生思政教育时，没有考虑研究生与本科生的差异，针对研究生个性化教育的思政专任教师人员配置不足。在研究生思政教育中发挥着重要作用的研究生辅导员队伍并未随在校研究生规模的扩大而按相应比例增加，辅导员的人数不足，且缺乏培训机制，导致辅导员与研究生之间存在沟通不畅、辅导员思想跟不上时代要求等问题。

三、加强研究生思政教育的途径

（一）在培养方案和教学大纲中健全思政教育内容

高校要在研究生的培养方案当中对研究生思政教育进行统筹安排，如规定思政教育的目标、课时、考核形式等，对专业课程如何结合思政教育的内容融合进行规定，从而推进课程思政的育人。具体到课程的教学大纲时，思政教学的内容要在以马克思主义为指导的基础上，考虑研究生所处人生思想状况和生活环境的实际情况，运用科学的教学方法，结合当今时代发展变化过程中的一些难点、热点问题，了解学生在思想上的困惑，在课程教学过程中给予令研究生信服的答案。设定培养方案和教学内容时，针对研究生学习层次的复杂性，改革当前“照本宣科”和“照葫芦画瓢”的旧方法，选择性借鉴，系统性优化，结合国家当前社会发展的大环境，增添具有新颖性和热点性的内容和课程。对于每门课程的教学大纲，教师应明确梳理出思政元素，找出思政与课程内容的结合点，规定考核时如何体现思政教育的教学效果。教学大纲的设计要以理想信念、爱国主义、学术道德和奋斗精神等思政教育元素为核心，推动思政教育元素有机融入教学大纲当中。

（二）改革研究生思政教育的教学和评价方法

研究生思政教育的开展要提高研究生对思政课程的兴趣，改革教学方法。高校要注重专业知识和学生个人兴趣的结合，结合专业、学科特点，激发研究生对思政课的兴趣，提升研究生自身对思政教育的重视程度。教学内容要创造性地与社会现实问题、研究生所学专业及未来可能从事的职业紧密联系起来。相对而言研究生具有较为独立的思想和成熟的自主意识，而传统课堂的思政教育往往采取单向灌输式授课方式，难以实现较好的研究生思政教育效果。因此，在开展研究生思政教育时，教师应根据研究生群体所具备的特征，积极探索能引发学生兴趣的教学方式，增强思政教学的吸引力。研究生思政教育不能只局限于传统的课堂教学，而应根据实际教学需要和学生兴趣开展多形式的教学。首先，思政教学可以定期开展以“思政”为主题的专题案例讲座，讲座可以结合学生的专业所属行业面临的实际问题，通过专业知识和思政结合的方式来进行分析。其次，高校要根据学生的认知特点，积极开展思政实践教学。高校可根据研究生所学专业特点，组织对专业相关企业、监管部门进行参观学习和实践活动，结合当前专业面临的社会热点问题展开专题学习等方式开展多种形式的活动，将课堂与实践相结合，通过互动式的社会调查等实践活动，加深研究生对思政教学内容的理解和认知。高校应与关联企业和行业进行一定的交流，可以聘请行业内的人员作为校外辅导，提供研究生一定的校外实践的机遇，在实践中深化思政教育，让学生在职业体验当中发挥思政育人作用。高校在开展研究生思政教育时应借助社会实践，采用多种授课形式，注重课堂内外知识的内容贯通，推动理论与实践的融合跨越。教师要通过实践引导研究生将时事热点、专业课程内容与思政元素紧密结合，提高研究生运用理论和实践知识服务社会的能力，不断提升自身思想道德素质。在具体实践过程中，高校要实行思政教育与专业教育双向教育并行。思政教育与专业教育的并行融合有利于规避传统思政教育效率低下以及传统专业教育只教做事不教做人的短板，加强专业教育中思政教育的地位。双向教育并行中，高校要在实践活动层面上提供帮助，及时解决研究生在科研过程中产生的客观问题。鼓励研究生积极参与实践活动，在实践中紧密结合理论，每个实践活动均配备研究生辅导员、课程思政教师，及时关注研究生的思想状态与学习状态，切实提高研究生的思想政治觉悟。最后，高校应充分利用各类网络媒体平台和社交媒体平台为研究生开展思政教育提供丰富多样的信息与素材，探究以研究生为主体的研究生自主学习和教育模式，推动研究生思政教育理论与实践的自主发展与创新。教师可以以网络媒体平台、社交媒体平台为载体，选取典型意义的思政案例，推进学习党小组模式，按照小组编制进行学习，按时汇报学习内容与学习成果，通过线上线下协同开展思政教育的形式，定时进行引导。在具体教学当中，教师可以采用思政的案例教学、实践教学等互动方式，以研究生为主体，在研究生自主学习和教育的新模式下培养研究生的批判精神和创新能力。

在改革教学方法的同时，高校也要相应改革研究生思政教育效果的评价方法。研究生的思想政治教育应将重点放在教育过程中。因此，研究生思想政治教学效果的考核要逐渐摒弃以考试或者论文的考核形式，建立互动的动态过程考核体系。一方面，通过记录研究生在学习期间是否存在不良行为、日常生活表现等，对研究生的思想政治水平、学习态度进行调查分析，并将其与学位论文、专业课程考核的论文等结合起来进行综合分析，全面了解学生对思政教育内容的理解程度；另一方面，高校还应注重评价和考察研究生在思政教育过程中学习态度、参与程度、自我反思能力等方面，结合研究生在校期间的思想政治表现情况，为研究生未来职业发展提供建议。

（三）保障好研究生思政教育的经费投入

充足的经费是保障研究生思政教育工作顺利开展的重要条件。因此，高校要设立研究生思政教育的专项经费，专款专用，同时需要合理利用和严格管理专项资金。专项资金主要用于以下方面：一是资助教师深入开展研究生思政工作课题研究。根据研究生特点，组织教师开展专门的思政课题调研，总结研究生思政教育规律、特点，探索适合研究生教育教学的方式、方法，使研究生思政教育更好满足研究生需求。二是用于支持对研究生思政教育的教师和辅导员的业务能力培训，聘请思政专家就研究生思政教育的特点、规律、经验、方法等进行不定期培训，通过组织交流研讨，促进师生之间、辅导员与专业教师之间、专业教师与思政教师之间的交流，通过协同合作，不断提高研究生教师思政教育的能力及水平。三是用于开展研究生思政实践教育的活动。通过实践活动，将思政内容融入学生的生活当中，加深学生对思政内容的理解。

（四）优化研究生思政教育的师资队伍建设

导师在研究生思政教育中担当着“看护者”的角色。研究生思政教育的师资队伍应以导师为主体。研究生由于在长时间的学习过程中，与导师接触较多，导师在无形中会对研究生的价值取向和思想意识产生一定程度的影响。高校要将思政教育的考核纳入导师考核体系当中。导师要深入系统地学习思政相关内容，切实理解马克思主义基本原理和方法的精髓，运用马克思主义实践论指导学生的学术研究和日常生活，将专业素质培养与思想政治教育融合在一起，在研究生培养的各个方面均贯穿思政教育内容。导师在注重自身学习的同时，主要注重学生四个方面的思政教育：一是加强培养研究生的家国情怀和爱国主义精神教育；二是帮助研究生塑造正确的世界观、人生观及价值观。导师要及时了解学生的思想特点及动态，加强与学生的交流，构建平等、互信、互助的师生关系，帮助学生建立积极健康的价值体系，来正确对待学习、科研和日常生活；三是加强学术诚信教育，在自身严格恪守学术道德的基础上，培养学生诚信意识；四是要加强对学生未来可能从事的职业所属行业的职业道德教育。

除重视导师作用外，高校还要重视师资团队的作用，建设一支专业的研究生思政专任教师队伍和课程思政教师队伍。研究生的思想政治教育要担负研究生学术能力培养和意识形态教育的双重责任。高校要在原有思政专任教师队伍基础上加强研究生思政队伍专任教师队伍建设，采用多途径如调动、引进等改善现存思政教师队伍的问题，如年龄结构扁平、高端人才缺乏等，推动师资队伍结构的优化。此外，加大培训力度，对于非思政的专业课程教师，高校可通过灵活多样的形式组织培训，进行思想政治理论和教学内容相结合方面的培训，不断提升非思政的专业课程教师的专业素质和课堂教学水平，在课程教学时纳入相关思政元素，建立起一支研究生课程思政队伍。校内理论学习的过程中，专业教师应对思政教育与专业教育进行穿插式的覆盖，例如，从思政教育的视角分析专业知识究竟应为谁所用，有利于研究生在专业学习的同时加强思政教育，深化思政教育和专业知识的紧密结合。

除导师和专业教师队伍外，研究生的思政教育离不开一支具有良好的思想道德和专业素养的辅导员队伍。研究生辅导员同样是研究生思政教育的主力军。首先，高校要根据在校研究生规模按比例配置相应的研究生辅导员人数，扩大专职研究生辅导员队伍。在配置研究生辅导员时，高校要充分考虑研究生的思想行为特点，从年龄、性别、专业背景等方面优化研究生辅导员的结构，使研究生辅导员队伍与研究生便于交流，能在学业和思想上给予研究生指导。由于辅导员主要任务是对学生的日常生活、思想等方面内容进行指导和管理，为更好地使研究生思政教育与研究生的所学专业结合，将思政与专业的融合纳入研究生日常生活和学习当中，高校可以在校内选聘一些具有较好理论知识和思想政治素质符合要求的教师兼职从事研究生思政教育工作，与研究生辅导员协同合作，以补充研究生辅导员队伍数量的不足及研究生辅导员在理论专业知识方面的缺陷。其次，高校要加强对研究生辅导员的培训。研究生思政教育涉及纷繁复杂的多个方面，同时也要注意与研究生所学理论知识的结合，这就要求研究生辅导员的思政教育工作必须专业化和精细化。高校可通过定期或不定期的思政培训、思政教育课程竞赛等多种形式，鼓励研究生辅导员在实践当中探索思政教育的新形式、新模式等，将学生思想问题和实际问题结合起来，有针对性地展开思政教育工作，全面提升研究生辅导员的职业素养和开展思政教育的能力。最后，高校需要针对研究生辅导员制定相应的激励保障机制。对研究生辅导员的职务晋升、职称评定、评奖评优等方面制定相应的精神和物质激励制度，为研究生辅导员个人发展提供足够的平台，避免因为激励保障制度的缺乏而使研究生辅导员感觉只做事但看不到个人职业发展的希望，以维持研究生辅导员队伍的稳定。

参考文献

［1］殷昊翔．构建研究生实践育人体制机制探赜［J］．学校党建与思想教育，2021（16）：80－81.

［2］戴志国．“大思政”学生工作模式探索——以广东科学技术职业学院为例［J］．北京城市学院学报，2017（6）：119－122.

［3］徐凌子，赵振岭，高晓妹．研究生思想政治教育工作优化路径研究［J］．大学，2022（21）：94－97.

［4］胡培．大学生就业指导中思政教育的实现对策研究［J］．教育信息

化论坛，2019（10）：242－243.

［5］李文龙，范萍．研究生课程思政建设的三重维度［J］．教育信息化论坛，2022（2）：8－12.

［6］王宁．研究生“导学思政”建设的价值意蕴与实践路向［J］．高校辅导员学刊，2022（5）：26－32.

［7］刘嘉敏．新时代完善高校研究生思想政治教育工作的四重维度［J］．教育理论与实践，2021（3）：9－13.

［8］杜新宇，杨明海．研究生英语课程思政教育元素有机融入体系探究［J］．山东师范大学学报（社会科学版），2022（5）：101－111.

［9］丁娟娟．学生创新创业教育与思想政治教育协同途径探究［J］．普洱学院学报，2019（3）：97－98.

［10］周湘莲，李小军，郑丽丽．新时代研究生思想政治教育工作协同育人机制的构建［J］．湖南省社会主义学院学报，2021（3）：84－86.

［11］张碧菱，叶定剑．研究生思想行为特点及教育策略［J］．高校辅导员学刊，2021（4）：91－95.

［12］高利，束洪春．新时代研究生思想政治教育探析［J］．研究生教育，2020（3）：19－22.

基于市场需求的新常态背景下江苏保险人才培养研究

吉玉荣

一、中国经济新常态与江苏保险业发展

2013年12月，习近平总书记首次提出“新常态”，指出要理性对待中国经济由高速增长转向中高速增长的新常态发展。

随着中国经济增长速度下降，全国以及江苏保险业发展从数量型增长过渡到质量型增长。由表1可知，江苏原保险保费收入增速在2011年陷入近年低谷，仅有3.21%，而人身险保费更是陷入负增长，为-3.61%。从2012年开始，保险行业经历了行业整顿后，总保费增长速度开始慢慢回升，主要原因是人身险保费增长速度在回升，人身险保费增长速度跟总保费增长速度趋势完全一致。在2016年取得经济新常态以来保费增长最高值，而财产保险保费增长速度基本平稳。

表1　　2010—2020年江苏保费增长情况

年份	原保险保费收入（万元）	增长率（%）	财产险保费收入（万元）	增长率（%）	人身险保费收入（万元）	增长率（%）
2011	12000238.94	3.21	3799287.66	21.81	8200951.28	-3.61
2012	13012804.8	8.44	4409248.48	16.05	8603556.33	4.91
2013	14460778.02	11.13	5186081.39	17.62	9274696.63	7.80
2014	16837634.63	16.44	6062942.38	16.91	10774692.25	16.17
2015	19899158.14	18.18	6721934.09	10.87	13177224.05	22.30
2016	26902476.16	35.19	7334341.31	9.11	19568134.85	48.50
2017	34495139.37	28.22	8139964.05	10.98	26355175.32	34.68
2018	33172756.74	-3.83	8588125.11	5.51	24584631.63	-6.72
2019	37502069.5	13.05	9408845.2	9.56	28093224.31	14.27
2020	40150952.47	7.06	9933430.05	5.58	30217522.43	7.56

数据来源：根据江苏银保监局网站整理。

二、江苏保险业人才需求情况

根据江苏银保监局网站数据，截至 2020 年底，江苏省原保险保费收入 4015 亿元，共有保险公司 99 家，其中财产保险公司 42 家，人身险保险公司 57 家，其中绝大多数都是保险公司在江苏的分公司，因此各保险公司人才需求基本相同。下面分别选取中国人民财产保险股份有限公司南京分公司和中国人寿保险股份有限公司江苏分公司作为财产保险公司和人寿保险公司典型代表，来分析江苏保险业人才需求情况（见表 2 和表 3）。

表 2　中国人民财产保险股份有限公司南京分公司招聘信息

需求岗位	需求人数	要求专业
财务管理岗	1	会计、财务管理专业
农村保险服务岗	5	不限
车险查勘定损岗	15	车辆工程、汽车服务工程、保险理赔类相关专业
非车险案件处理岗	5	保险等相关专业
人伤跟踪岗	10	临床医学、法医学、医事法学、医疗保险、护理等医学法学类专业
软件开发岗	2	计算机相关专业
出单岗	2	财务、统计、经济管理等相关专业
销售助理岗	5	不限
展业岗	20	不限

资料来源：根据中国人民财产保险股份有限公司网站招聘信息整理。

中国人民财产保险股份有限公司是中国最大的财产保险公司，其招聘信息基本可以代表财产类保险公司需求情况，其中需求最大的是销售类岗位，包括展业岗和销售助理岗，共达到 25 人，要求都是本科以上学历；其次是理赔岗位，车险查勘定损岗、非车险案件处理岗、人伤跟踪岗其实都属于理赔岗位，分别负责车险、非车险、人身意外伤害等险种案件查勘、定损、理算，因此，多数都要求相关领域专业知识结构；其余岗位，如财务管理岗、软件开发岗、出单岗等，需求人数都相对较少。

表3　　中国人寿保险股份有限公司江苏分公司招聘信息

需求岗位	需求人数	专业要求
人力资源与行政管理类	6	人力资源管理、管理学、经济学、法学、中文等专业
财务管理类	2	会计学、财务管理、税务等专业
信息技术类	7	计算机、电子科学与技术、信息与通信工程、电子商务等专业
销售管理类	66	经济学、金融、保险、市场营销、工商管理、财务会计、管理学、法学、心理学等专业
业务管理类	8	医学、药学、保险、法律、财务、管理学、计算机等专业
客户服务类	5	经济、保险、法学、管理学、计算机等专业
法律与风险管理类	4	审计、风险管理、保险、法学、财务管理等专业

资料来源：根据中国人寿保险股份有限公司网站招聘信息整理。

中国人寿保险股份有限公司是中国最大的寿险公司，其招聘信息基本可以代表寿险类保险公司人才需求情况，其中需求最多的是销售管理类，在江苏地区共招聘66人，此岗位负责公司个险、团险、银保渠道销售人力发展、销售人员管理、市场拓展、销售支持、销售管理等相关工作；其次是业务管理类岗位，需求为8人，负责公司保单基础服务、渠道支持、短险核保、服务品质管理等相关工作；其余需求按人数多少依次是信息技术类、人力资源与行政管理类、客户服务类、法律与风险管理类、财务管理类，这些岗位需求人数相对较少。

由以上两家保险公司需求信息基本可以得出结论，作为保险公司在江苏的分公司，更强调一线业务开拓或者业务管理，因此在江苏招聘岗位多集中在这两个领域；此外，随着保险科技、互联网保险发展，保险公司也越来越加大信息技术类人才招聘力度，因而要求江苏高校要根据保险行业人才需求特点，在应用型人才和科技人才方面进行培养，从而形成对接。

三、江苏高校保险人才培养情况

保险教育包括正规学校学历教育和职业性继续教育，学历教育主要由高等院校来完成，职业性继续教育主要由保险公司来完成，而学校学历教育是基础，只有学校把保险人才培养出来被保险公司招聘才会发生继续教育，因而学校学历教育就很关键。

2020年江苏省原保险保费收入4015亿元，接近全国保费总额的十分之一，但是从江苏保险教育来看，似乎与江苏保险业发展还不相匹配。目前江苏高校开设保险专业公办院校主要有南京大学、江苏大学、南京财经大学、南京审计大学、南京信息工程大学等学校以及6所民办学院，分别是江苏大学京江学院、南京财经大学红山学院、南京审计大学金审学院、三江学院、南京医科大学康达学院、南京中医药大学翰林学院，其中前4所民办学校开设保险学专业，后两所学校开设的都是医疗保险方向。

一般保险学专业所开设课程大概有这样3类：一是通识教育课程，这类基本都是必修课程，主要包括形势与政策、思想道德修养与法律基础、马克思主义基本原理、毛泽东思想和中国特色社会主义理论体系概论、中国近现代史纲要、大学英语、微积分、概率论与数理统计、线性代数、大学计算机基础等课程；二是学科基础类课程，因保险学属于经济管理类课程，所以这类课程主要包括经济学和管理学基础课，主要包括政治经济学、微观经济学、宏观经济学、财政学、货币银行学、统计学、会计学、管理学、经济法、计量经济学、国际贸易；三是专业类课程，包括专业必修课和专业选修课，保险专业必修课主要包括保险学、保险精算学、人身保险学、财产保险学、保险会计等，专业选修课包括保险类选修课程或金融类选修课程。

四、江苏保险人才培养存在的问题

（一）江苏高校保险人才培养不足

从上面江苏高校所开设的保险学相关专业看，目前明确开办保险学专业的公办院校也就只有少数几所高校，招生学生人数较少，而且南京大学学生刚招进来都是进入实验班，学习到一定阶段后才选专业，学生真正选择保险专业学习人数较少。南京审计大学和南京财经大学保险学专业学生在进入学校后，都有一定机会转专业，经过转专业后，留在保险学专业学生一半都不到，而且保险学专业毕业学生有一部分会进入银行工作，培养的保险人才本来就少，优质学生还跑出保险行业就业，这样不利于保险行业发展。长此以往，不利于保险学专业发展，同时也会给未来高考学生以及家长这样一个印象，即金融学专业比保险学专业好，因此可能会形成一个保险人才培养恶性循环。

（二）校企合作不充分

现在高校与很多保险公司签订了合作协议，但是大多数都流于形式，保险公司与高校缺乏真正互动。原因可能是保险公司最大压力是业务，所以急需销售和展业方面人才，要求掌握一定销售能力和技巧，而刚毕业的大学生比较缺乏这些技能和本领。而且由于学校教学制度安排，学生一周五天基本每天都会排课，所以没有太多时间可以稳定实习，而保险公司一般需要连续稳定实习工作人员，对于学生这样不能稳定持续工作的情况，保险公司也没有耐心对学生进行培训。现在江苏高校本科生基本在新校区，离保险公司江苏省级分公司相对较远，再加上课时安排等方面问题，学生也没多少动力去保险公司实习。

（三）实践教学理论化

实践教学应该更多是实践性练习，但是现在因为教育体制考核压力，一方面，学校缺乏懂保险公司实际运作的老师，很多老师基本是从学校到学校，本科、硕士研究生、博士研究生毕业，然后直接到学校任教，理论水平很高，但是缺乏保险行业实际经验。而目前学校对教师考核主要是教学科研能力考核，年轻教师教学科研压力较重，还有家庭、住房、小孩等方面压力，因而年轻教师没有时间也没有动力去保险公司锻炼学习，学校也缺乏相应制度和政策鼓励教师去实务部门锻炼，长此以往，学校保险教育就很容易与实务脱节。另一方面，很多高校实践教学基本都是安排在学校理论课结束之后，也就是基本在大三下学期或大四上学期，学生都在忙着考研、找工作，也很难静下心来认真做好实践课学习，这样就会把实践教学流于形式。

五、江苏保险人才培养对策建议

（一）课程设置调整

一方面，扩大保险学课程开设范围。从保险公司需求可以看出，保险行业需求人才不仅是保险学专业学生，其他还包括法律、医学、机械、会计等专业学生。从实际入职员工专业看，保险学专业学生也只占很少一部分，实际招聘的人员包括很多其他专业学生，他们可能在高校根本就没学过保险学原理，缺乏保险学理论思维熏陶。因此，要力争更多经济管理类专业开设保险学课程。

保险以及风险管理理念越来越深入居民工作以及生活，随着中国经济发展、人民群众生活水平日益提高，越来越多的人开始关注保险。保险正是在解决温饱之后有富余财富才能进行的活动，随着人们收入和生活水平提高，越来越多人开始关心健康、关心所面临的风险，为更好地保障老年生活，避免因意外或疾病给自己带来的医疗费用困境，这就需要保险。保险除了保障功能外，还有理财投资功能。随着中国内地资本市场日益健康稳健发展，保险公司投资实力增强，投资渠道拓宽，保险公司投资收益率提高只是时间问题，这样保险产品投资收益率会提高，所以会有更多人去购买保险公司的投资类产品。怎样判断各公司投资产品的优劣，也需要居民有一定的保险意识和保险知识。

目前，中国汽车已经很普及，大家都要买汽车保险，但是购买汽车保险的车主并不全都真正懂车险相关责任，因而在购买车险产品时就会发生错乱，造成重复购买或某些发生概率大的风险反而没有投保。如果大家对保险产品以及汽车保险知识有更多了解，肯定会减少很多保险纠纷或保险失误。

另一方面，保险学专业要多开设一些专业外课程。保险公司需求更多是一些复合交叉型人才，比如保险 + 会计、保险 + 法律、保险 + 营销、保险 + 汽车或机械或医疗相关知识。保险学专业学生，保险专业理论课较多，保险学专业以外的相关课程很少，理工科方面课程更不可能学，这样保险学专业学生到保险公司去应聘有很多部门受限制无法进入，因此，最好能让保险学专业学生多学专业外但又与保险公司经营相关的课程，如法律。

（二）真正把校企合作落到实处

高校可以规划一些专业课程聘请保险公司有实际工作经验人员到高校来授课或者到学校来开展讲座，这些实务工作者可以把保险公司经营实务经验传授给学校学生，也可以与学校教师进行互动，联合开展项目合作，还可以提前物色优秀学生去保险公司实习或工作。在这方面，中国人寿南通分公司与南京审计大学合作项目就做得很好，中国人寿南通分公司每年暑假都会到南京审计大学来招聘暑期实习生，该项目已经持续多年，保险公司获得了人力资本，为正式招聘做好了准备，学校学生也收获了保险行业实践经验以及与社会相处的能力，实现保险公司与学校学生双方共赢。

此外，学校应该出台相关政策措施鼓励教师去保险公司锻炼，教师在学校有教学科研工作量考核，如果没有这方面相关工作量减免鼓励，教师没时间也没动力去保险公司锻炼。在这方面，南京审计大学审计署项目就做得很好，每年，审计署都会选拔一些优秀教师去审计署特派办挂职锻炼，一方面充实了审计署审计人员，另一方面，锻炼了学校教师审计实务经验，当然学校为挂职教师提供了相关政策保障。相关院校也可以对金融保险类专业教师实行类似鼓励政策措施。

（三）以社团活动为抓手做好实践教学

通过上述与保险公司的校企合作，根据保险公司人才需求情况，可以以学校保险类学生社团为抓手，在学校范围内开展保险公司经营全真模拟，进行相应产品设计、引进、销售、维护、理赔等一系列保险公司经营环节实际模拟，这样学生在走出校园时就基本已经熟悉保险公司经营环节，也会在实践中学会销售管理能力以及与人相处沟通等技能，必要时还可以请保险公司相关人员来对学生进行培训。

中国经济已经进入了调结构稳增长新常态发展阶段，中国保险业也已经进入从数量型增长到质量型增长阶段，其中对人才需求质量就提到一个更高阶段，需要保险公司和高校更紧密联系与合作，从而培养出适应保险发展需求的人才，促进保险业持续健康发展。

参考文献

[1] 李加明．以市场为导向的高校保险人才培养模式探析［J］．金融教育研究，2015（9）：73－77.

[2] 刘玮玮．基于市场需求的江苏地方院校保险专业人才培养定位研究［J］．金融教育研究，2013（10）：78－82.

[3] 方俊芝．应用型高校保险学专业人才培养模式［J］．时代金融，2020（36）：125－127.

[4] 孙祁祥．保险科技人才的培养迫在眉睫［J］．中国金融，2020（Z1）：168－171.

[5] 郑倩昀．从保险大国向保险强国转变过程中保险学本科人才培养模式探究［J］．金融理论与教学，2020（3）：106－108.

[6] 王海萍，崔瑛麟．产学研合作视角下的保险人才培养研究［J］．保险职业学院学报，2020，34（3）：91－96.

[7] 袁中美．探索科技创新驱动下的保险教育发展［J］．保险职业学院学报，2020，34（1）：91－96.

高校金融创新人才培养模式改革研究*

张成翠[①] 张 杰[②]

随着我国金融行业的逐步发展完善，金融领域的改革不断深化，金融行业市场化稳步推进，金融行业开始面临巨大的竞争。要想在市场化的改革中掌握主动权，毫无疑问高素质创新人才的培养给予金融行业创新发展巨大支持。尤其是随着社会的发展，金融行业发生了一系列的深刻变化，如金融科技的兴起、金融场景应用的推广等。这一系列变化对从事金融行业的人才也提出了新的要求。高校作为人才培养基地，要服务于社会，满足社会需求，培养适应金融行业需求的高素质创新人才。

一、金融行业对创新人才素质需求特点

（一）全面的知识储备的复合型人才

1. 拥有扎实的专业知识

在信息大爆炸的社会，高素质的创新人才不仅需要其他领域的知识，更需要本行业的专业知识积累；不仅从实践中获得，也要多学习理论、注意兼听、辨析，有自己的看法，更要跟踪和学习前沿理论。高校培养的未来可能从事金融行业的人才，需要掌握金融最新前沿理论，同时也要适应社会需求，成为复合型人才。复合型人才首先要掌握金融前沿理论。金融前沿理论预示着金融行业的最新变化和发展趋势，从事金融行业的人才需要对前沿理论加以辨析，有助于启发思维、拓展思路、创新思考。本行业内的专业知识是高素质创新人才在行业内创新的基石。

2. 擅长其他专业、领域的知识

金融行业的高素质创新人才不仅应该有本专业的知识，也要有其他专业的知识。例如，一个银行需要给某纺织企业贷款，如果银行内有了解一定纺

---

* 本文原载《集宁师范学院学报》2015 年第 1 期。

① 张成翠（1971— ），女，副教授，硕士，研究方向：商业银行经营与管理、高等教育改革。

② 张杰（1984— ），男，副研究员，硕士，研究方向：高校教育管理、财务与金融创新。

织行业知识的人，无疑会使此项工作进行更加顺利完美。其他行业的知识不仅会在工作中带来方便，更对创新有极大的帮助，学科知识的交叉融合往往会在某个时候组合，形成新的想法、新的思路。除掌握金融前沿理论来作为解决面临的实际金融问题的基础外，金融行业的从业人员还需要适应社会发展变化，学习一些理工科知识，如数理知识、计算机知识，成为具有扎实金融理论基础，同时具备理工科背景知识的复合型人才，这样才能解决在实际从事的金融业工作中面临的一些复杂问题。

3. 终身学习的意识

现代新信息技术每两年翻一番，这也要求金融行业的高素质人才不仅在校内，也要在走入社会后持续学习，树立终身学习的观念，在未来的竞争中保持自己的地位。只有树立终身学习的观念，才能与时俱进，作为创新人才，更要走在时代的前沿，创新才不会过时甚至老旧。金融行业的发展变化非常迅速。以商业银行为例，传统的靠赚取存贷利息差的传统业务的利润空间越来越小。商业银行为在激烈的竞争中维持自身利润的可持续增长，不断开发创新出新业务。这些新业务知识均要求金融行业的从业人员不断加强学习。除业务知识外，由于社会发展变化导致商业银行的经营模式也产生了变化，商业银行越来越注重客户的细分，个性化产品的开发。这就要求商业银行从业人员在掌握金融专业知识的同时，在开发推广产品的过程中，还需要掌握客户特点、营销技巧等。客户需求是在不断变化的，也就要金融从业人员不断学习，及时把握最新需求变化。

4. 开阔的视野，拥有全球意识

现代社会，各种信息的便捷交流使得市场变化不仅受到当地小环境的变化影响，还受到国际大环境的影响，如国际石油价格的变化通常也会引起国内石油价格的变化，这就要求各行业尤其是金融行业的高素质创新人才具有全球化的眼光，能从大局入手看小局，站得高才能看得远。金融行业的人只有真正想为社会作出一点贡献，心中并不全是为盈利而经营的想法，才能站在更高的位置和具有更长远的目光。在经济发展全球一体化的趋势下，国内或国际上单个事件可能会给金融行业带来巨大损失，甚至引发金融企业的财务危机，进而产生蝴蝶效应，导致区域性、系统性金融危机。因此，金融行业的高素质创新人才也应当具备高度的社会责任感，通观全球的眼光，才能及时防范风险，减少单位和投资者的损失，作出有利于整个行业发展的创新与贡献。

(二) 发散性思维，富有创造力

1. 善于思考、独立思考、尚疑敢问

作为高素质创新人才，应当勤于思考、善于思考、学会独立思考，用新的方式思考旧的问题。还要有敢于质疑的品质，敢于挑战传统和权威。创新人才应当是善于提出疑问的，只有在经过思考后，提出问题，才会有解决问题的办法。金融行业在进入21世纪以后有了更多的变化和可能性，一些以前的经验很可能起不到什么作用或起反作用，在面对时刻都在变化的情况时，只有创新才是解决之道。金融行业的创新人才应该善于独立思考，有敢于质疑的信心。

2. 更高阶思维和合理推理

高阶思维需要有较高层次的认知能力，主要由信息整合能力、新知识构建能力、逻辑思维能力、指头思维能力、创造性思维、评价反思能力等内容构成。作为高素质的人才，应当比一般人更加具有高阶思维和对事物的合理推理能力，但是这种思维与推理对于大多数人来说并非天生就有，所以需要锻炼，也就要求金融行业的人才不断学习。只有具有更加高阶的思维，创新也才会更高阶。

3. 拥有丰富的想象力，勇于突破现状

“想象力是创新的翅膀。‘想象力比知识更重要，因为知识是有限的，而想象力概括着世界上的一切并推动着进步，想象才是知识进化的源泉’。”中央民族大学郭广生校长曾说过，创新是建立在知识的基础上的，但想象力才能使知识腾飞，迸发出新的光彩，创新人才想要创新，就要有丰富的想象力，放开自己的思想桎梏，尽情思考、想象。除此之外，还要及时记录自己的灵感，灵感往往一闪而逝，也许一时的灵感将会成为某个创新的关键。金融创新人才需要在深入掌握行业发展变化基础上，学会记录灵感。

4. 善于接受失败、敢于冒险

创新是一种探索新路的行为，这种行为往往伴随着许多困难甚至风险，每一次成功的创新背后都会有无数次的失败，创新人才是敢于冒险、敢于接受失败的人。学者 Woody Allen 说：如果你不是经常失败，就说明你没有努力去创新。金融行业的创新人才更要有接受失败、敢于冒险的精神，有良好的心理素质，会为自己做心理工作，这样才能在金融领域这个有更大机会、更多风险的地方获得成功。金融行业不断创新过程中，很多产品或服务的开发需要不断的调整和测试，并根据市场需求变化不断完善，在全部过程当中，可能需要面临较多的挫折和失败。只有愿意承担可能失败的风险的创新人才，才能不断实现创新，适应社会不断发展变化的需要。如果缺乏创新人才，金融企业墨守成规，难以不断开发出新的利润增长点，导致无法适应社会的需要，在竞争当中难以生存。

（三）良好的社会沟通技能

人类是社会性动物，人总是离不开社会这个大环境，通常情况下，良好的社交能力和融洽的人际关系总会为事业的成功加不少分。现在，随着越来越细的社会分工，人们之间的相互依存关系也越来越紧密，社交和沟通技能将显得更为重要。

金融行业是一个比其他行业更加重视人脉的地方，也许在物理化学等领域，有良好的实验条件、有聪明的脑袋，人际关系即使有欠缺对于创新影响并不怎么大；但在金融行业，创新需要在人群中实践，需要"走出去"，需要人来实行。无论是产品开发过程中的团队合作，还是客户需求的掌握，抑或是金融场景的推广等，相关人员都需要具备良好的沟通技能，才能使得业务的各个环节更加顺畅地进行。因此，金融行业的高素质创新人才必须要有良好的社交和沟通技能，这样才能在创新的路上得到更多的支持，更少的阻力，也才能取得更好的效果。

（四）团队合作能力

在美国人提出的"21 世纪素养"中，团队合作占了重要的地位。高端的创新人才更加需要强调协作精神，不同学科的交叉、不同思想的碰撞，总会有更美丽绚烂的火花。统计表明，2000—2006 年诺贝尔奖获得者中，"双胞胎、三胞胎"占了大多数，由此可知，团队合作、集思广益，对于创新十分重要。金融行业的创新人才更加需要团队的力量、沟通的力量，尤其是现代社会，创新是集体行为而非个人行为，只有注重团队合作，才会有更大的成果。

现代社会，创新是一个重要的主题，创新人才更是各行各业急需的。在《全球化背景下创新人才及其教育》中有一个公式：创新人才 = 创新的态度 + 基础的学术技能 + 伦理观 + 社会基本技能。金融行业的高素质创新人才要勤于思考，有敢于冒险、不怕失败的精神，有脚踏实地、实事求是的品质，有良好的社会交往能力和人际关系，才能为金融行业的创新作出更多、更好的贡献。

二、金融行业高素质创新人才培养模式改革

（一）构建金融实验室培养金融实践创新人才

高校学生进入金融市场需要较长时间的适应才能与实际接轨，为了学生可以尽早适应金融市场，真正成为金融市场的后备人才，提高学生的实践能力势在必行。利用现代信息技术，尤其网络技术，构建金融实验室为学生营造良好的实际操作环境，为金融行业培养高素质的创新人才成为可行的办法。

1. 金融实验室的构建有利于提升学生学习专业知识的兴趣

如今高校在学生入校初期大多本着淡化专业夯实基础的原则，不会为学生开设专业课程，长时间不接触本专业课程学生对该专业的兴趣会渐渐减弱，当专业课程开设之时学生难免对自己学习的专业提不起兴趣。金融实验室的建立为学生营造了一个开放的自主学习空间，刚步入大学的学生可以走进实验室初步了解本专业涉及的内容，提升对本专业的学习兴趣，为日后学习专业知识打下基础。金融实验室通过对金融企业的业务环节的模拟，使学生能提前掌握业务的基本操作，提前进入未来需要从事的职业的场景当中，为以后正式工作后的创新打下良好的基础。

2. 金融实验室的构建有利于提高学生的实践能力

学生通过在金融实验室里具体的操作可以把书本上的理论知识运用到实际中来，在实际的操作中检验书本的理论知识，同时发现理论和实际之间的差异，这对于学生以后步入金融行业，从事相关工作具有极大的帮助。例如一些财经类高校的金融实验室、保险实验室，使学生了解到保险业务相关流程，提早熟悉相关业务，初步了解工作内容。

3. 金融实验室的构建有利于提高学生自主学习和创新能力

有了金融实验室这个平台，学生不光可以在上课时间了解实际的工作环境，也可以利用空闲时间在这个开放的金融实验室里进行模拟操作。在实践中进行自主的学习，如在模拟股市交易系统中，学生可以通过实盘操作，了解股票。

（二）努力营造高素质创新人才的校园文化

当今创新人才的培养仍然是我国高校培养人才的一个薄弱环节，“创新人才培养”的口号已经喊了多年，中央“构建创新型国家”的目标也已提出多年，高校作为培养人才的基地，多年来在创新人才的培养方面不断努力，但收效甚微。从我国高校创新人才的培养可以发现，高素质创新人才的培养缺

乏一个良性的生存土壤，即校园文化。文化对人的影响具有持久、深远、潜移默化的特点，因而营造良好的校园文化，培养高素质创新人才具有不容忽视的作用。

1. 良好的校园文化能够促进学生身体素质的提高

各种形式的校园文化中有不少体育类活动，学生在学校除了学习文化知识，也需要锻炼体魄，做学问、搞研究。没有一个强健的体魄难以有大成就，当代社会对于人才的要求不仅要有扎实的专业能力，也要有健康的身体。学生在参加体育类校园活动的过程中，既锻炼了身体，提高了学生与人交流沟通的能力，又培养了团队合作精神。金融行业作为高压力、高强度行业，高校金融专业的学生如果没有良好的身体条件，以后难以在金融行业工作。

2. 校园文化对课堂教学具有补充作用

各种各样丰富多彩的校园活动是校园文化的载体，高校中各种形式的校园活动，如学术报告会、专题讲座、学术研讨会等都是传播前沿金融发现和研究成果的渠道，传统的“填鸭式”教学已越来越不适应当代学生的学习习惯。通过形式多样的校园活动，学生在互动交流中不断提高个人素质，高品质的校园文化开拓了学生的视野，拓展了学生的专业知识，丰富了学生校园生活，同时也为学生的创新能力奠定了基础。专业的课堂教学与优质校园文化相结合是高校的目标，是培育高素质金融创新人才的良好途径。

（三）培养学生的钻研精神

高素质创新人才的培养必须以科学的教育方式为前提。放弃传统的只传授课本知识的教学模式，更多地鼓励学生自己创造、实践、模拟金融交易才是应有的教学方式。金融理论的数理模型，就需要工作人员对数理知识有较高层次的认知与掌握，否则他们就无法明白许多金融理论，更不可能开发出新型金融工具。金融的高科技化使得传统的金融交易方式被系统化、信息化、电子化的交易方式代替，这就对工作人员的计算机水平有了一定要求。因此，金融学就与心理学、社会学、法学、英语、数学、计算机等课程有了紧密的联系。所以，大学必须设置齐全的学科，并且根据社会的需求不断进行调整与增减。上课模式必须从老师的“全堂讲”变为学生的“积极讨论”。老师应该更多地联系国际案例与现实生活中的金融事件，提出问题，让学生自由讨论、提出自己的看法。研究型大学应该采用案例教学法，培养学生的金融思维方法，激发学生的求知欲望。研究型大学应该将金融模拟交易过程引入课堂，纸上谈兵是最不科学的教育方法。为培养学生分析问题和解决问题的能力，教师可以吸收学生参与到科研项目的研究当中，有助于提高他们对知识的应用能力，锻炼他们的动手操作能力。高校可以通过为学生设置一些项目，给予一定的经费和其他资源的支持，鼓励学生深入未来可能从事的行业及行业相关监管机构调研，将课堂理论知识与实际问题相结合，培养学生的创新思维，鼓励学生思考问题，这样才可以培养出高素质、高水平的创新金融人才。

（四）开展校企合作，培养具有实务操作的学生

要让学生符合标准，一个重要的方法就是校企合作。金融学本身就需要学生不断的动手操作，参加业务模拟的过程。金融行业需要高素质的创新人才，可是仅凭学校的力量是不够的，只有企业切实地根据自己的需要，为人才的培养制定目标，才能培养出跟上国际形势的金融人才。校企合作的方法是“双师”型师资队伍的建设，“双师”是来自两个不同地方的老师。一位在平时的教学过程中授予理论知识；另一位，就是来自合作企业的工作人员进行授课，他们可以根据现在的国际金融形势，结合本单位对金融人才的要求，进行定向教学、培训。通过两位老师的联合教学，使学生掌握理论知识和实践操作，对理论学习当中面临的一些困惑通过实践来解答，实践当中面临的难题通过理论学习来思考，就可以真正地培养出高素质人才，使他们具有高水平、高素质，可以适应变化的金融规则，并且能够在国际竞争中为企业赢得竞争优势。同时，他们的创新思维又可以创造出更为便捷的金融工具，方便人们的生活。通过企业与高校的合作教育，可以强化学校的实践教学环节，提升学生的专业技能，提高学生的创新能力与实际操作能力。所以，学校应加强与企业的合作，不断改进合作模式，真正达到双赢的局面。

高素质创新人才是支持金融行业不断向前发展的资本，培养出金融高素质创新人才不仅是高校的社会责任，更是检验一个高校人才培养模式是否符合人才培养规律的重要标准。金融行业类高校要充分发挥为社会服务功能，为培养金融行业的新一代人才，支撑我国金融领域的改革创新提供智力支持。

参考文献

[1] 彭武. 创新人才的几个素养 [J]. 经理人内参，2008 (21)：40.

[2] 郭广生. 创新人才培养的内涵、特征、类型及因素 [J]. 中国高等教育，2011 (5)：12 - 15.

[3] 张惠宁. 经济全球化背景下的我国教育创新与人才培养 [J]. 中共

银川市委党校学报，2003（3）：45 – 46.

［4］刘伟．创新人才的心理特征探析［J］．文教资料，2006（16）：2 – 3.

［5］卢宏明．试论创新人才的素质特征［J］．科技进步与对策，2000（10）：106 – 107.

［6］高春梅．论知识经济时代人力资本的管理、开发和利用［J］．经济问题，2001（4）：15 – 17.

［7］于晋萍．论人力资源与可持续发展［J］．经济师，2002（6）：261 – 262.

［8］杜莉，王倩．以研究型大学的优势资源培养金融创新人才［J］．中国高等教育，2008（5）：39 – 40.

［9］谭华．高校金融学专业人才实践培养方案制定新思路——以嘉兴学院为例［C］．第五届教育教学改革与管理工程学术年会文集，2012.

“大创”组织管理存在问题及动态评价模式构建研究*

姜淑慧① 李 昆② 张 杰③

当今世界正处于新一轮的科技革命和产业革命。新形势正在推动经济步入四个“新常态”，即结构优化升级成为常态；要素和投资驱动向创新驱动转变成为常态；各种不确定风险显现化成为常态；宏观调控理念和思路创新成为常态。新经济形态引发了企业对创新型人才的需求及创新型人才培养模式变革的诉求，创新型人才培养成为新时代高等教育的首要任务。

为解决创新型人才供给与社会需求间的矛盾，《国家中长期教育改革和发展规划纲要（2010—2020年）》强调，高等教育要支持学生参与科学研究、强化实践教学环节、加强就业创业教育。为促进创新创业教育落地生根，教育部在“十二五”期间推出大学生创新创业训练计划（以下简称“大创”）。经过多年发展，“大创”培养了大量优秀创新创业人才、涌现了大批优秀项目成果、形成了丰富的实践教学模式，构建了契合教改前沿、服务社会发展需要的创新型人才培养体系。

但是，“大创”的组织工作不断凸显出各种问题。例如，指导教师科研需求与学生选题供应需求不匹配，引发项目运行质量问题；缺乏内控有效评价机制，引发项目目标偏离问题；组织管理盲目性，导致人、财、物、信息等大量资源浪费等问题。然而，通过研究“大创”的成功案例发现：“大创”的

* 基金项目：江苏省教育科学规划重点课题“高校双碳管理专业建设的路径及对策研究”（项目编号：B/2022/01/105）；教育部产学合作协同育人项目“金融实验室教学案例开发研究”（220402148223943）；南京审计大学投资学一流专业：学生创新实践能力提升路径研究（2021JG122）；南京审计大学高教研究课题以教促评：基于多维数据的高校人才培养质量评价研究（2022JG019）。

① 姜淑慧，山东青岛人，生于1986年3月，助理研究员，硕士研究生，南京审计大学金融学院教务办主任，主要研究实践教学与智能教育。

② 李昆，江苏仪征人，生于1970年10月，教授，管理工程博士，企业管理博士后，南京审计大学工商管理学院院长，研究生导师，企业管理学科带头人，主要研究决策树管理。

③ 张杰，湖南湘潭人，生于1984年6月，副研究员，南京审计大学金融学院，主要研究高校教育管理。

选题应源于社会发展需求及痛点、师生双向需求；“大创”的运行应该引入评价机制，激发教师指导的主观能动性。因此，“大创”的组织模式亟须改革，以提升人才培养效果。

一、当前的“大创”组织存在典型问题及原因分析

目前，高校组织“大创”项目包括四个阶段：项目申报、项目立项、项目运行和项目结项，业务涉及项目申报、评审、立项、实施、中期检查、验收等（见图1）。具体流程：在项目立项阶段，教务部门发布项目申报条件、项目申报数量等相关文件规定，学院组织学生申报、指导教师指导、大创评审专家评审，发布立项名单；在项目运行阶段，指导教师指导学生推进项目实施，学院组织大创评审专家开展中期检查、检查结果反馈学生；在项目结项阶段，学院组织大创评审专家验收，结果分为“结项”“延期”“不结项”。对于结项课题，指导教师可以参与各种类型的评奖。由此可见，通过梳理业务流程，可以发现当前“大创”组织存在的典型问题和形成的原因。

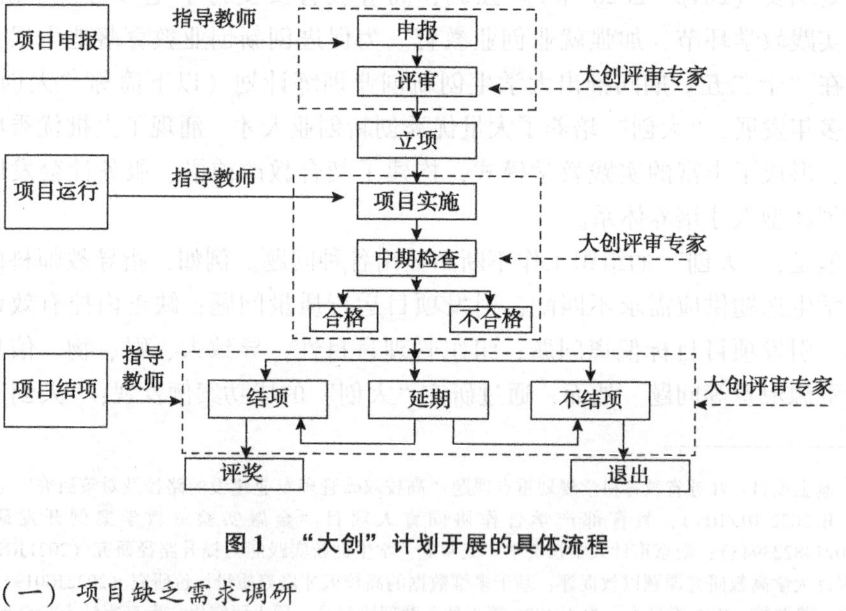

图1　“大创”计划开展的具体流程

（一）项目缺乏需求调研

“大创”项目围绕社会经济发展需要开展项目需求调研。但是，当前“大创”项目立项是根据大创评审专家评审、结合学院分配名额确定立项名单，学校和学院并没有明确立项范围、项目实施方向、项目结题社会服务贡献等。项目立项之前，因为缺乏需求调研，如缺乏社会发展需求、经济发展需求、

教育发展需求等需求调研，致使项目社会价值和科技转换价值缺失；缺乏学校发展需求、教师专业发展需求和学生发展需求等多方参与主体需求调研，导致无法有效推进项目目标的实现。总之，缺乏项目需求调研容易导致项目产生具有偶然性、项目运作具有盲目性、结项贡献具有未知性，不利于“大创”三层目标的实现，即第一层是了解创新创业；第二层是成为具有创新创业品质、精神和能力的人；第三层是成为经营企业的创新创业家。

（二）项目生成机制不科学

目前，“大创”项目主要是以“教师指导、学生自主管理”的方式运行，开展分阶段逐步推进的学生科技创新活动。项目生成的具体方式：学生自主参与项目、自主选题、自主选择指导教师。由于本科生相对人数较多、专业教师相对较少，导致教师的指导时间和精力不足；指导教师“自主”参与原则导致指导教师指导项目开展的主观能动性不强等原因，导致了“大创”项目生成的主流机制：学生做好预选题或选题方向、选择指导教师、与指导教师反复沟通、确定选题等。该种项目生成机制选题并非源于“师生”双向需求（教师科研需求和学生供给选题需求），导致师生沟通成本上升、互动难度增加、研究深度缺乏等；选题主要源于学生思考，但学生由于受专业、知识、实践、能力等方面限制，选题在科学性、合理性、可行性等方面都大打折扣。总之，该种项目生成机制未将教师的专业发展需求与学生的发展需求有机结合，不利于教学相长。

（三）评价模式不合理

目前，针对“大创”项目评价方法单一、评价标准模糊、缺少量化指标、评价结果带有主观片面性等问题，开展对“大创”（实践教学）质量监控、建立“大创”（实践教学）质量评价体系已成为各高校的重要任务。当前“大创”评价主要是中期检查和结项验收两种方式，中期检查作为过程性评价，大创评审专家通过检查项目推进情况（及格或不及格），指出学生在项目实施过程中存在的问题，针对性提出指导意见，督促项目正常运行。结项验收阶段，“大创”评审专家根据学校的结项要求（主要是论文或调研报告），给出结项、延期、不结项等结果。由此可见，该种模式参与评价的主体是“大创评审专家”和“学生”，忽略了指导教师的角色贡献能力；学校结项要求笼统、具体，导致验收只关注“结果”匹配，忽略了学生在项目实施中“创新创业能力”形成过程和效果；学生和指导教师协同机制缺失，阻碍教与学互评闭环评价的生成。总之，当前评价方式相对单一、中期检查流于形式、结项验收注重结果，忽略了项目运行中的各种主体、过程、结果等原因。

“大创”的目的是通过项目实践训练，强化学生的创新创业能力，创新改革人才培养模式。为实现这一目的，指导教师要积极参与项目诊断指导，引导学生自主参与项目实践训练。因此，指导教师在项目运行过程中起着至关重要的作用。结合“大创”实施目的可以发现，项目缺乏需求调研、项目生成机制不科学、评价模式不合理三类问题，看似独立，但彼此之间存在着内部逻辑关系，即凸显的是教师指导（激发教师积极主动参与学生“大创诊断”的责任）与学生学习（激发学生自主发展的学习责任）之间“分担责任”激励机制缺失的问题。因此，如何从评价机制上激励师生双方尤其是指导教师的角色责任，促使双方主动良性互动、主动开展需求调研、主动了解双向需求，实现“以评促教”“教学相长”，才是解决问题的关键。

二、“大创”组织模式优化的研究思路、理论基础和相关贡献

（一）研究思路

文章基于以上典型问题及其原因分析，找到“师生角色责任激励机制缺失”本质原因，以“共同体”理论为价值引导，从“共同精神追求”“价值理念认同”等引导师生凝心聚力；以 CIPP 为理论指导，从背景评价、输入评价、过程评价、结果评价四个要素进行借鉴；以系统分析理论为方法指导，从整体性、结构性、层次性、相关性、环境性五个维度进行借鉴，形成“作用评价—过程评价—结果评价”三位一体评价模式，促使项目需求沟通、项目来源双向性、项目评价方式三者之间的良性互动的形成，具体如图 2 所示。

（二）相关文献理论基础

1. 共同体理论

共同体理论认为，共同体是基于互动、协作关系的任何组成形式，突出成员对组织共同精神追求、价值理念的认同感和归属感。共同体理论可以从精神追求的层面，帮助师生形成统一的价值理念，为完成共同的教与学目标齐心协力。在共同体中，指导教师作为项目推进的引导者，需要主动关注学生专业和未来发展需求，参与学生项目指导与咨询；学生作为项目实施的主体，在发挥自我效能的同时，也要多方面考虑教师的教与学需求；学校教务部门作为组织协调者，可以出台或鼓励师生形成类似于“双向互动、协同合作”方案或实践模式，在师生积极有效沟通互动中形成资源共享和共生。

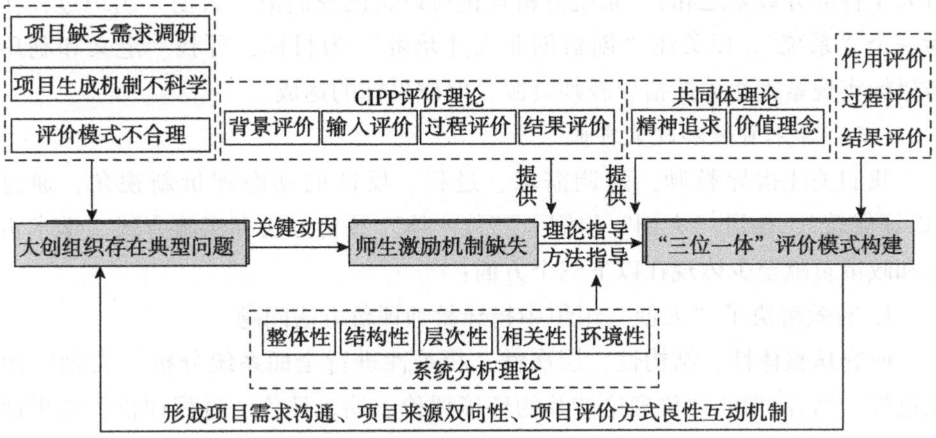

图2　研究思路

2. CIPP 评价理论

1967 年，美国学者丹尼尔·勒罗伊·斯塔弗尔比姆提出了 CIPP 评价，它能够满足教育改革活动评价及教育教学效果评价的需要，在高等教育各项实践活动中借鉴 CIPP 评价模式有着积极的意义。其中，背景评价旨在分析育人环境、明确教育需求，是对教育环境的影响进行评价；输入评价是对达到目标所需的资源、条件等进行评价，使实施方案切实可行；过程评价主要考查教师与学生的表现以及教师在方案实施过程中是否进行了连续的监督、检查和反馈，是否对方案进行了持续的修正和改进；结果评价是对方案实施结果、成效及影响的评价，并以此确定目标是否继续、修改或完善。CIPP 评价是当前教育领域应用较为广泛、普遍受到认可的评价理论，其典型特点是摒弃了以关注"结果"为特征的静态传统评价理论，属于更加关注需求性、过程性、反馈性的动态评价理论。

3. 系统分析理论

系统分析是以系统论为基础，分析问题具有"整体性""结构性""层次性""相关性""环境性"的特点。在教育领域，利用功能进行分析是系统分析的重要应用，即在了解活动对象需求（环境性，体现在环境对目标主体的影响）的前提下，寻找和定义资源（相关性，体现在资源与目标需求之间的关联），利用所拥有的资源（结构性，体现在不同资源组合选择），实现需求、方案和资源的系统化（层次性，体现在需求、方案、资源层次顺序组合），以此实现对项目活动效果的有效预估（整体性，体现在从整体因素评价效果是否大于各部分效果之和）。系统分析理论可以帮助我们把“大创”组织过程作为一个“系统”，以关注“创新创业人才培养”为目标，寻找、定义和利用与目标实现紧密相关的指导教师资源，促成目标的达成。

（三）学术贡献和政策贡献

我们关注指导教师，强调需求、过程、反馈的动态评价新视角，通过“以评促教”，探讨“大创”组织“三位一体”评价方法和实施方式。学术贡献和政策贡献至少体现在以下三个方面：

1. 有效解决了“大创”组织中指导教师评价方法问题

研究从整体性、结构性、层次性、相关性进行全面系统分析“大创”组织过程，结合CIPP评价理论涉及的环境评价、输入评价、过程评价、结果评价的内涵，构建“作用评价—过程评价—结果评价”三位一体的评价模式，从评价方式、评价内容、评价指标等输出评价结果，更客观、合理，解决了长期以来“大创”组织中指导教师评价缺失的难题。

2. 有效解决“大创”组织运行的动力问题

当前，“大创”组织运行遇到的困惑是如何提升项目申报质量？如何保障项目有效推进？如何产出优秀成果？我们从贯穿整个项目过程的关键因素——指导教师的能动性出发，激发指导教师的积极性，加强教师对项目指导的责任感，并帮助指导教师更理性地思考“大创”实行的教育价值和社会意义，实现从无意识、盲目性指导走向需求性、双向性指导，为“大创”组织运行提供动力保障。

3. 尝试提出一种新的方法和模式

“作用评价—过程评价—结果评价”三位一体评价模式的构建，贡献不只是在于“大创”组织过程中对指导教师进行评价激励，更重要的是尝试提出一种新的方法和模式，从角色（责任）参与的作用、教与学的过程以及结果等全过程、多维度、多主体参与的角度建立新的更客观的指标评价机制，既可以为教师评价提供理论指导和方法实践参考，也可以为教师专业化发展提供政策依据。

三、“作用评价—过程评价—结果评价”三位一体优化模式构建

为了保障顺利开展创新创业活动，有效合理的组织管理模式是必不可少的。在二级管理模式下，教务部门作为“综合协调”的角色负责项目的安排和组织工作，学院则作为“主体管理”的角色负责项目有条不紊地推进。因

此，学院在“大创”开展过程中发挥着举足轻重的作用，如何在“大创”组织管理的关键阶段融入有效评价机制，通过“以评促教”切实保障“大创”的现实成效，实现大学生创新创业能力培养的目的，这是“大创”工作运行的关键和核心之处。借鉴 CIPP 评价理论和系统分析理论，经过研究，针对指导教师形成了“作用评价—过程评价—结果评价”三位一体的评价模式（见图 3），即“大创”在传统“结果评价”为主的管理模式基础上，针对指导教师增加全方位、多主体、闭环式的“作用评价”和“过程评价”。

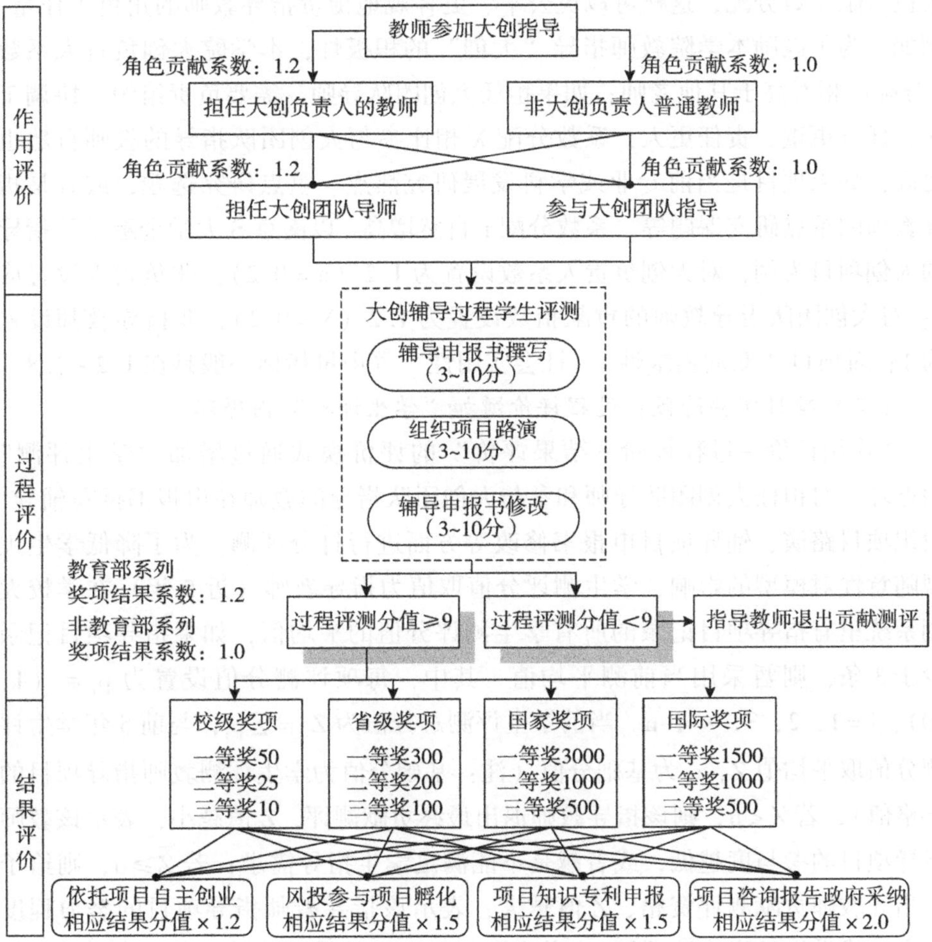

图 3　“作用评价—过程评价—结果评价”三位一体评价方法

（一）项目立项阶段：作用评价引入“角色贡献”系数

在项目立项阶段，“作用评价—过程评价—结果评价”三位一体的评价模式引入学院角色贡献和指导教师角色贡献。其中，学院角色贡献 $a \in (0, 1]$（默认贡献基数为 1，大创工作负责人的角色贡献指数 $=1+a$），用于鼓励学院教师参与本学院学生大创项目指导；项目指导角色贡献 $\lambda \in (0, 1]$ 和项目的“双向需求性”、社会实用性等的衡量指数 $r \in (0, 1]$（默认贡献基数为 1，大创团队指导教师的贡献指数 $=1+\lambda+r$），对参加大创的指导教师进行角色贡献系数分配，这样可以更公平、更客观地衡量指导教师的角色工作量。例如，为了鼓励本学院教师指导“大创”的积极性，本学院大创负责人系数 a 分配可相对高于其他老师；如果担任大创团队导师，需要负责组织、协调工作，任务更重、责任更大，系数分配 λ 相比参与大创团队指导的教师自然也更高；如果项目是当前专业或学科发展研究热点、重点研究选题，或者是指导教师的重点研究课题等，系数分配 r 自然增高。以南京 S 大学金融学院指导的大创项目为例，对大创负责人系数设置为 1.2（$a=0.2$），非负责人设置成 1；对大创团队指导教师的贡献指数设置为 1.2（$\lambda=0.2$），非指导教师设置为 1；对项目“双向需求性”“社会实用性”等衡量指标一般是在 1.2～1.8。

（二）项目实施阶段：过程评价增加“学生评测”内循环

“作用评价—过程评价—结果评价”的评价模式通过增加“学生评测”内循环，对担任大创团队导师和参与大创团队指导的教师在申报书撰写辅导、组织项目路演、辅导项目申报书修改等方面进行打分评测。为了降低学生主观随意性对模型的影响，学生测评分值取值为指导教师（近 5 年）在学校大创系统里有指导项目记录的所有学生测评分值的平均值，如果指导项目记录少于 3 条，则暂采用当前测平均值。其中，每项评测分值设置为 $p_i \in (1, 10)$，$i=1, 2, 3, \cdots, n$。当前学生评测总分值为 $Z=\sum p_i$，与前 5 年学生评测分值取平均值 $\overline{Z}$，u 为基础分值（注：基础分值为学生评测教师指导项目的合格值），若 $\overline{Z}<u$，则该指导教师退出最终贡献测评，$\overline{Z}$ 值越小，表示该教师指导项目的参与度越低，或者越是不能满足学生指导需求；若 $\overline{Z} \geq u$，则给予该指导教师贡献测评资格，$\overline{Z}$ 值越大，表示该指导教师指导项目的努力程度越高，或学生越喜欢该项目。“学生评测”的目的是通过学生参与指导教师打分，建立指导教师退出或更改机制，帮助学生重新选取更适合的项目或指导教师的机会。以南京 S 大学金融学院指导的大创项目为例，学生测评的基础分值 $u=18$ 分（参照百分制的 60 分），如果教师指导学生已经超过 5 年，直

接系统调出所有学生测评分值的平均值 $\overline{Z}$，如果教师指导记录少于 3 条，则直接采取当前测评平均值 $\overline{Z}$，如果 $\overline{Z}$ 低于18 分，教师直接退出项目指导。

（三）项目结项：结果评价关注学生创新创业能力“系数”

在项目结项阶段，关注学生项目获奖，根据校奖（S_1）、省奖（S_2）、国奖（S_3）、国际奖（S_4）等由高到低不同获奖层次，分别赋予一等奖、二等奖、三等奖不同的分值，各类奖项一、二、三等奖分值分别为：S_{i1}，S_{i2}，…，S_{ij}，i=1，2，3，4；j=1，2，3，且增加系列奖结果系数 ß，由学校根据自身发展实际，确定系列奖奖项系数。例如，以南京 S 非重点普通大学为例，其“大创”项目现实目标定位为做大参赛项目基数、争取省厅级获奖更为现实，则适度加大省厅级奖项的分值，将系数提升到 1.3，相应的一、二、三等奖奖项分值提升为800 分、600 分和300 分；以南京 Y 全国重点大学为例，其“大创”项目目标定格为国际一流高校水准，自然需要将国际奖奖项结果系数予以提高，系数提升到 1.5，相应的一、二、三等奖奖项分值也提升为1800 分、1500 分和1000 分。同时，也关注学生创新创业等能力的培养，权重设置为 μ_i，i=1，2，3，4，…，$\mu_i \in [1, 2]$，默认值为 1。例如，以南京 S 大学金融学院为例，如果依托项目自主创业则系数 $\mu_1=1.2$、风投参与项目孵化系数 $\mu_2=1.2$、项目知识专利申报系数 $\mu_3=1.2$、项目咨询报告政府采纳系数 $\mu_4=1.6$ 等。

（四）结果测算：评测结果以“分值形式”显性呈现

经过上述三步优化和计算方式，“作用评价—过程评价—结果评价”三位一体的评价模式能够根据作用评价中的系数设置、过程评价中的学生评测得分，以及结果评价中的学生创新创业能力分值，以“数值”的形式呈现指导教师在“大创”整个推进中的贡献度，所获得的评价更客观、更合理。因此，“大创”指导教师的最终贡献评测值具体计算方式为：$(1+a) \cdot (1+\lambda+r) \cdot ß \cdot \mu_i \cdot (S_{ij}+\overline{Z})$。其中，$\overline{Z}$ 要求不小于 u。例如，如果一流高校某学院非大创负责人教师甲（贡献指数 $1+a=1$，其中 a 设置为 0）作为第一导师重点课题指导学生项目（贡献指数为 $1+\lambda+r=1.2$，其中 λ 设置为 0.2，经双向性、需求性论证后 r 设置为 0.2），在申报书修改后提交比赛之前，学生对其指导测评分数为 15 分［$\overline{Z}=15$ 分，其中 $p_i \in (3, 10)$，u=9］，教育部认定比赛项目获得省级（ß 设置为 1.2，一流高校省部级项目系数相对设置较低）二等奖（$S_{22}=200$），且项目咨询报告政府采纳，那么该教师甲大创指导贡献测评分值 $=1.0 \times 1.4 \times 1 \times 2.0 \times (215+200)=1162$ 分；如果该学校学院大创负责人乙（贡献指数 $1+a=1.2$，其中 a 设置为 0.2）作为参与指导教师（贡献指数为 $1+\lambda+r=1$，其中 λ 设置为 0，经双向性、需求性论证后 r 设置为 0）指导比赛项目，在申报书修改提交后，同学测评其分数为 4 分［$Z=4$ 分，其中 $p_i \in (3, 10)$，$u=9$ 分］，虽然最后非教育部认定（学校认可比赛）获得国家级三等奖，但因为 $\overline{Z}<u$，那么该教师乙大创指导贡献测评分值 =0 分。

四、研究结论及需要进一步探讨的问题

（一）研究结论

1. “大创”组织的优化能够提升人才培养质量

“大创”组织优化的起点是基于解决“大创”当前发展的现实阻碍。因此，评价模式目标选定从一开始便融合了社会发展、学校发展等相关需求调研以及教师和学生发展等项目生成双向需求研究等多方面综合考虑，让选题更加合理、更加接地气、更利于社会转换；借鉴统筹学决策树方法，分析并确定指导教师参与大创项目的关键节点和重要过程，可以根据学校实际发展需要予以赋值，促进教师产能往学校需求、学生发展需求倾斜；“作用评价”“过程评价”“结果评价”三个维度将评价贯穿项目指导的始终，涉及指导教师的角色责任评价、指导过程评价、学生评测内循环、评价结果输出等，使评价成为改进工作、“大创”质量提升的工具，从而更利于人才培养质量的提升。

2. “大创”组织优化需要规章制度保障

虽然在“作用评价—过程评价—结果评价”三位一体评价模式中针对“项目调研需求不足”“项目生成机制不科学”两个典型问题通过设置系数 r 进行了控制，但本质上讲，该系数权值的给出并没有统一客观标准对照参考，专家只能根据个人主观印象及平时的审阅经验赋值。因此，如果想要从根本上解决问题，学校需要从顶层设计的角度，制定需求调研和师生双向需求的相关制度，或者每年提供重点选题库、重点指导教师科研库等，鼓励学生参与选题。与此同时，配套完备的“大创”指导教师专业发展方案，从项目实施开始到结束，定期进行培训、引导、鼓励，如果条件允许，对按时结题且验收优秀的项目如需要继续研究，可以申请追加资金支持保障，以此解决“大创”项目运行过程中遇到的各项问题。

3. “大创”组织优化需要信息技术支撑

虽然多数高校均已使用大学生创新创业训练计划管理系统（以下简称

“大创”管理系统）进行“大创”项目从申报到验收到成果各阶段各类人员管理。但是，受早期 Web 2.0 技术限制，“大创”管理系统只能简单实现信息搜集、汇总等功能，目前无法实现“作用评价—过程评价—结果评价”三位一体评价模式。Web3.0 时代，只能借助云计算（利用大规模数据中心和超级计算机集群建立起庞大的运算系统，使用户能够通过互联网获取所需的各种软件及服务，无须再为每台微机购买独立的操作系统和各种软件等）、人工智能、关联数据和语义网络以及 SEO 的支持等技术，建立指导教师信息库、学生信息库、项目选题信息库、多元主体评价库等，通过多元评价端口，完成对指导教师的评价工作，同时，还可以提供智能选题、智能指导教师推荐、智能项目监督等多种优质增值服务。

（二）需要进一步探索的问题

1. 评价模式对指导教师自身能力要求较高

“作用评价—过程评价—结果评价”三位一体评价模式本质是“教师引领”的实践教学评价，它尝试通过评价和激励“指导教师”的方式，回归和促进教师在“大创”项目中的引领作用，进而对指导教师的“大创”实践教学能力、“大创”政策解读以及项目全过程管理规划水平，甚至教师自身的知识交叉与创新能力提出更高的要求，这无疑对当前重科研、重理论、轻实践与创新的师资能力结构特征提出了严峻挑战。因此，在使用此评价模式时，学校教务部门有必要定期组织指导教师参与业务培训，帮助指导教师形成相关能力素养。为此，为了管控“误人子弟”的制度与道德风险，“大创”指导教师实践与创新素养的提升、评价、培训以及选拔机制应尽早构建，未来可以结合相关情境特征，运用国内外高校的经典创新实践教学案例进行深入探索。

2. 评价模式对评价信息源的信度要求较高

“作用评价—过程评价—结果评价”三位一体评价模式的评价过程中引入了“学生评测”指导教师，增加了不合格或不合适则退出的规则，既是学生对指导教师行为的一种有效监督，也是学生寻找匹配最佳指导教师的一种优良方式，以此促成师生协同互动优良机制的形成。但是，该评测过程本质上属于指标赋权法，指标赋权法存在随意性较大、指标评价过程缺乏透明度、再现性低等缺陷，不利于后续相关研究的验证。显然，学生的个人态度很重要，学生对指导教师评价一定要客观、真实地反映指导与被指导情况。如果学生在评测指导教师时，能够综合考虑指导教师在项目推进过程中分析问题、解决问题、思路启发等客观情况，测评会形成师生互动的一个良性循环；相反，如果学生因指导教师对项目要求严格、观点不一致或其他私人情绪化的情感，不客观参与评测甚至拒绝评测，容易激化矛盾。因此，未来研究可尝试在评价模式中引入院评、大创评审专家评等多方协同评价机制，也可考虑采用客观数据因子得分系数方法来提升三位一体评价模式的评测指标赋权信度。

参考文献

[1] 邹建良．探索大学生创新创业教育途径［J］．中国高等教育，2015（5）：56－58.

[2] 苑帅民，许曈，万青．基于“大创”项目的新工科创新型人才培养［J］．科学管理研究，2018（3）：95－97.

[3] 沈丝楚，许明星，张迅捷，等．大学生“双创”项目成功者的决策偏好探索［J］．苏州大学学报（教育科学版），2021（1）：98－107.

[4] 张伟民，杨宇航，靳家豪，等．机器人实践教学体系综合探索与实践［J］．中国电化教育，2022（7）：115－119.

[5] 顾铁凤，贾月梅，武瑛，等．基于创新型人才培养的高校学生考核评价体系构建——以工科专业为例［J］．教育理论与实践，2017（24）：9－11.

[6] 周瑞花．在教育教学管理中如何培养学生的创新能力［J］．中国教育学刊，2022（7）：104.

[7] 李正元，陈嘉诚．高等教育高质量发展视角下大学教学评价制度的改革进路［J］．兰州大学学报（社会科学版），2022（6）：118－127.

[8] 穆葆慧，孙佳明．基于CIPP模式的高校“青马工程”育人能力评价指标体系研究［J］．学校党建与思想教育，2021（6）：59－61.

[9] 肖化移，卢越．基于系统分析法的职业教育教学规律探析［J］．中国职业技术教育，2021（26）：52－56，96.

[10] 黄红梅．“大创”环境下高校信息素养培养模式优化研究［J］．图书馆建设，2019（3）：142－147.

[11] 王争录，张博．元宇宙赋能信息素养教育：高质量信息素养教育实践［J］．图书馆，2022（10）：51－56.

[12] 徐宗玲．大学生创新创业实践基地建设的路径［J］．中国高校科

技，2018（7）：79 –80.

［13］郑谦，汪伟忠，赵伟峰，等．应用型高校实践教学质量评价指标体系研究［J］．高教探索，2016（12）：36 –40.

本科生就业能力培养路径研究

——基于 OBE 理论

李　杰　王丽丹

高校毕业生总量逐年递增及社会经济结构变化导致高校毕业生就业存在一定压力。大学生就业能力提升是解决高校毕业生就业问题的基本遵循。高校毕业生就业能力不仅指顺利找到工作的能力，它同时涵盖职业发展能力和在工作中解决问题的能力。OBE 理念主张以学生为中心，通过反向设计原则，从就业能力三方面为突破口，从源头逐层构建提升就业能力路径，以达到提升毕业生就业能力的目的。

一、OBE 理念概述

（一）内涵

OBE（Outcomes - based Education）通常被翻译为成果产出教育，美国教育家 Spady 于 1981 年首次提出便引起教育界轰动，学者们一致认为此理念改变了传统教育范式。OBE 理念主张教学围绕学生最终能力需求和实际获得而开展，注重教育的实践性和教育结果的实用性，此举打破了传统教学模式，属于一种“倒推”理念。OBE 理念强调从宏观结果视角出发，反向设计到微观课程设计、教学方式、理论运用等角度，注重实践结果的获得性。最开始在美国和澳大利亚的教育行业迅猛发展，引入我国后也引起了广泛关注，对教育界造成了一定冲击，让广大教育者不断对现有教育模式和教育理念进行审视并思索如果在中国教育现实环境背景下开展创新变革，从而基于本国国情构建中国特色的基于 OBE 理念的教育教学新模式。

（二）特点

1. 以学生为中心

传统教学模式一般是以教师为中心、以教材和课堂为中心，往往忽视了受教育的主体——学生的需求和体验。在传统教学中，为了保持知识体系的完整性、课程进度的连贯性以及课堂教学效果，教师通常关注于知识的讲解和灌输，而对于学生主体获得知识的效果和输入的效率没有相应关注。在OBE理念中，注重以学生为中心，它强调以下四个问题：一是通过整个教学过程想让学生获得的学习成果是什么，二是为什么在这个教学过程中学生应该取得这些学习成果，三是提供什么样的支持或途径可以有效地帮助学生取得要求的学习成果，四是通过什么样的方法来知道学生已经取得了要求的学习成果。同时，以学生为中心还要考虑到学生个体差异性，以学生为本，以学生为中心，因材施教。

2. 以成果为导向

以成果为导向是OBE理念的核心指向。结合当前国内发展形势，客观剖析当前社会发展阶段所需要人才具备的能力和促进社会发展的知识性储备，学校应做何种努力完成“立德树人”的根本任务从而为社会输出人才，再反向推导到教育教学过程中。在此过程中，高校充当学生和社会的联络机制，既要面向社会联系就业单位清晰获取各方所需要的职业技能，又要结合学校的培养特色和学生主体的特点进行教育规划、资源配置、课程设置、教学设计以及教学评估等工作。在具体操作过程中，要清楚聚焦最终输出成果，尊重学生个体差异，设定既定目标，最终进行反向设计以协助学生顺利完成所需学习成果输出，将学生培养为社会需要、高价值感的人才。

3. 保证持续更新

OBE理念中，以成果为导向是一个不断持续更新的过程。从哲学角度来看，时间在不断推移引起社会不断发展，组成社会的各种要素也在变化。不断更新OBE教育理念的实施原则是社会发展过程中“成果端”在不断变化的必然要求。只有从根本上更新并完善课程体系和教学策略以及实习实践，才是整个系统不断优化的体现，才能保持整个系统处于良性循环之中。除此之外，还要注意学生主体的发展特点，不同时期的学生差异化较大，所有涉及的更新内容也要将主体特质更新考虑在内。在不同时期保证掌握输出成果、实施原则和学生主体的关注，是保证持续更新的具体操作机制。

（三）基于OBE理念构建就业能力培养路径的意义

通常，学生培养方案中对学生就业能力培养目标尚未做明确要求和规定，学生毕业后按照正常流程找到工作就业。对于学生就业方面的统计也往往局限在宽泛的就业率指标上。从需求端来看，随着社会进步、科技迅猛发展，诸多行业岗位对于人才能力的需求也越来越精准，那么供给端，即人才培养的摇篮——高校就要不断适应社会需求，提供更符合发展需要的人才。在学生就业能力培养中引入 OBE 理念，结合高素质人才需求从而设定培养目标和标准，进而通过设计构建就业能力培养课程体系、设计教学活动、连接相匹配实习单位、就业后进行评估等途径提高学生就业能力。OBE 理念的引入是本科生就业能力提升的新变革，对提高学生就业综合能力具有重要意义。

二、本科生就业情况的客观剖析

从《2022 年中国大学生就业报告》来看，在本科生数量递增的现实情况下，本科学历逐渐成为各招聘单位的最低标准。同时，各招聘单位招聘岗位对应聘者素质和能力整体要求也逐渐趋高，加之高校对毕业生就业能力培养不足够重视，导致本科生就业出现很多问题。

（一）就业难度大

首先，从就业市场供需两侧来看，随着产业化结构升级、科技革命带来的技术发展，各就业岗位对于就业人员的需求数量减少，能力要求增加。2022 年，我国应届毕业生达 1076 万人，相较于 2021 年增长了 18.4%，毕业生数量的增加给就业竞争带来更大压力。供需失衡导致就业难度增加。其次，随着经济发展，学生家庭生活条件相对更优渥，使毕业生对于工作的薪资、环境和工作地点等方面存在较高期望，他们不再迫切需要一份工作养家糊口，而是在挑选和犹豫，出现“慢就业”“啃老不就业”“频繁跳槽”等现象。最后，从毕业生自身来看，因为一直以学生的身份处在学习的状态，尽管在毕业前或多或少参加一些实习工作，但因为实习中涉及的核心工作比较少，所以毕业生自身缺乏相关工作经验也导致就业难度增加。

（二）就业专业匹配度低

首先，从毕业生自身角度来看，因为在走进大学校园之前，很多人对所学专业了解甚少，对未来发展方向认知较弱，导致在大学学习生活中浑浑噩噩，未能摸清自身优势与劣势，在简历投递过程中往往也是采取“广撒网”的方式，因此就业岗位与所学专业相关度较低。其次，从学校角度来看，传统职业生涯规划和就业创业指导侧重理论知识传授，在重理论轻实训的观念下，学生对于知识的理解往往浮于表面，很难挖掘自身潜能，在此基础上，结合所学专业提升自身就业能力效果更令人堪忧。最后，企业招聘过程中对于应聘者的专业限制也越来越宽泛，尤其是一些行政、综合事务类的岗位。并且在应聘过程中，对于毕业生的能力考察也欠缺，未有成熟系统的考核体系。以上三方面是导致学生所学专业和所从事的行业匹配度略低的主要原因。

（三）就业能力培养欠缺

国际劳工组织指出，就业能力是指个体为获得工作、在工作中取得发展，并应对各种变化的能力。一方面，学校对学生就业能力培养的重视程度不够，很多高校都将就业能力局限理解为能找到工作的能力，所以仅仅依赖于就业指导中心等就业部门统筹协调管理。实际上，学生就业能力培养是全员参与的过程，不仅包含促进学生就业，还要保证学生就业后在岗位上适应变化并得到良好发展。另一方面，就业能力培养过程中的培养内容较为单一。高校基本通过职业生涯规划和就业指导课程对学生进行就业指导，局限于理论知识灌输，忽略了专业实习、社会实践和调查研究等落脚于企事业单位的实习实训。而往往这部分内容对学生未来踏进工作岗位、融入社会至关重要。

三、基于 OBE 理念构建本科生就业能力培养路径

（一）确定招聘单位对就业能力的需求

OBE 理念中，产出成果是终点，也是通过反向设计构建本科生就业能力培养模型的起点。就业能力涉及找到工作的能力、工作后的发展能力以及在工作中解决问题的能力，是一个综合性指标。在此阶段，可以分别以用人单位和往届已就业毕业生为突破口。在用人单位方面，各方需集中力量通过专家座谈会、学术研讨会等方式综合总结和归纳出本行业、本领域所需要的人才应具备的技能。在往届已工作的学生方面，可以通过设计调查问卷、访谈等形式提炼出在工作岗位上需要具备的能力。在此基础之上，综合考量学校、用人单位、学生、教师和学生家长的要求和期望精准提炼就业能力指标。

（二）根据能力需求指标构建课程体系

产出结果指标即就业能力指标是一种能力结果总结，此综合能力指标需要通过系统化课程教学实现。课程培养体系是就业能力指标的映射，是就业能力指标培养的支撑，每一门课程都需要对能力指标的达成具有明显贡献度。因此，如何构建优化合理的课程培养体系对于综合指标的达成至关重要。

首先，理论课程设置方面，传统的就业课程体系设置一般是大学前两年设置职业生涯规划类课程，后两年设置就业指导课程，甚至部分高校是将两者统一为大学生职业生涯和就业指导一门课中，学校教学往往流于形式，教师也缺乏专业性，学生本身不够重视，导致教学效果甚微。根据 OBE 理念，应在入学伊始就开展未来就业规划的入门课程，引起学生重视。同时将就业能力指标在学生、教师、家长中推广形成家校合力，在校园内部营造全员育

人的氛围。其次，除了理论课程，实践课程也至关重要。目前高校也要求学生要有实习经历修满相应的学分方可毕业，但是大部分学生完成此学分过程非常敷衍，往往是找一家企业盖个章草草了事，这严重影响了校园和企业接轨的可能性。学校在实践课程设置方面应采取主动态度，积极与就业单位沟通，构建整编制实习制度，同时做好实习考核，为学生毕业实习学分做生动诠释。

（三）根据学生特点确定教学策略

传统灌输式教学模式无法满足 OBE 理念下教学要求。OBE 理念强调在教学过程中学生具体收获了哪些知识和能力，强调教学后的输出而不是教学过程中的输入。现在高校中的学生群体主要构成都是“00 后”，他们具有鲜明的个性特征。OBE 理念下要求教师要明确掌握学生群体的特征，因材施教，个性化教学，满足不同学生群体的需要。在就业指导方面，除了基础理论知识外，教师在开课之前可以通过问卷调查、学生座谈会等方式了解学生群里最关心的行业信息、技能需求、未来发展等主题，在授课过程中针对性准备教学内容，为同学们提供不同的了解机会。在就业实践方面，实习实训本身与未来就业有很强的相关性，在实习前要深入学生群体，了解各专业学生群体的择业倾向，以便于学校与相关企业联系促成整编制的实习方案。

（四）根据就业产出结果进行评估反馈

OBE 理念的评估反馈主要集中在产出成果上，学生就业成果主要集中在学生找到工作、在工作后发展和工作中解决问题的能力。找到工作的评估可以用就业率指标进行衡量。目前高校就业率方面也存在一定问题，往往临近毕业开始催促同学们签合约填报系统，后果是单纯为了提升就业率忽视就业质量问题。部分学生为了完成就业任务选择随便签一家单位然后继续考公务员等。所以在用就业率衡量就业产出结果时高校需要在各学院报告就业时强调确保就业率的真实有效性，从而能够达到对就业产出结果的准确评估。工作的发展情况需要结合毕业生自身和工作单位两者进行综合测评。从毕业生角度来看，毕业后他们就成了校友，要维系校友和学校的紧密联系，以三年为限定期更新校友信息，从总体报酬、晋升次数客观指标衡量毕业生职业发展情况。最后，在解决问题能力方面，可以通过两种途径获得评估反馈结果。一是通过设计调查问卷的形式发送给已就业毕业生，在一年后填写并分析问卷结果；二是通过与企业座谈的方式，从企业端直接获得对就业毕业生的客观评价。通过获取以上三个指标得到客观评估反馈，从而更新课程体系和教学策略，使就业能力培养不断适应社会发展需要。

（五）建立获取精准就业信息途径

常言道，“巧妇难为无米之炊”，要想毕业生能够达到良好就业状态必须为其提供精准获取就业信息的渠道。首先，各省就业指导中心应该建立专门就业招聘发布渠道，将省内各高校对应专业的招聘进行分区管理，便于找工作的同学有针对性地获取就业信息。其次，各招聘单位需配合省招生办认真完成招聘信息发布，双重保障就业信息的精准和获得性。最后，需要进行闭环反馈，即毕业生在浏览招聘信息时，如发现有分区错误的就业信息需及时反馈给省招生办，得到反馈信息后省招生办及时更正，以达到就业信息有效传递。

参考文献

[1] 郭毓东，刘运材，张益静．基于OBE理念的专业学位研究生培养的几点思考［J］．质量与市场，2020（14）．

[2] 金鑫，田凌晖，程诗婷，等．研究型大学提升来华留学研究生培养质量的路径探究——基于成果导向教育视角（OBE）的实证分析［J］．学位与研究生教育，2021（2）．

[3] 刘威岩，展鹤．OBE理念下如何培养和提升大学生就业能力［J］．中国管理信息化，2021，24（8）．

[4] 孔治国，于淼．OBE理念下大学生就业能力培养体系研究［J］．黑河学院学报，2020，11（1）．

[5] 阮红芳，张俊．基于OBE理念的大学生就业能力培养方式研究［J］．浙江科技学院学报，2022，23（2）．

基于能力培养目标的本科生专业社团指导实践与思考

——以南京审计大学证券投资俱乐部为例

臧　展　王家华

2018年以来教育部以课程教学为抓手，通过正式发文的方式向全国高校发出号召要求淘汰“水课”、打造“金课”，合理提升学业挑战度、增加课程难度、拓展课程深度，切实提高课程教学质量。什么是“金课”？可以归结为“两性一度”：高阶性、创新性和挑战度。其一，高阶性，就是知识、能力、素质有机融合，培养学生解决复杂问题的综合能力和高级思维。对本科生毕业认证的一个关键要求，就是毕业生解决复杂问题的综合能力和高级思维，没有标准答案，更多的是能力和思维的训练。其二，创新性。创新性体现在三个方面：一是课程内容有前沿性和时代性；二是教学形式体现先进性和互动性，不是满堂灌，不是我讲你听；三是学习结果具有探究性和个性化，不是简单告诉你什么是对的，什么是错的，而是培养学生去探究，能够把学生的个性特点发挥出来。其三，挑战度是指课程要有一定难度。

根据教育部系列文件精神要求，南京审计大学修订了最新的《2021版本科人才培养方案》。我们发现金融学院5个本科专业都强调要培养学生“富有创新精神和实践能力”“跟踪金融投资学术前沿，具有适应发展能力以及终身学习的能力”“具有系统性认识和综合性判断能力，良好的组织协调能力和解决复杂问题的能力”“具有批判性思维、实践与创新、自主学习的能力”，这些无疑已经成为现代大学教育尤其是文科类专业教育的普遍的培养目标。要实现这些目标需要我们以学生为中心，积极改进教学方式，按照“两性一度”的标准使得课堂更加高效有活力，打造出南审金融学院的“金课”。以上这些能力培养目标的实现需要第一课堂的大胆改革创新，但同样也需要课外第二课堂积极作为，相辅相成，共同促进。近年来南京审计大学证券投资俱乐部（以下简称证投）作为学校的五星级专业社团在学生能力培养、个性化成长方面发挥着独特的积极作用。

南审证投自1999年成立以来，至今已走过24个年头，现已成为学校两大五星级专业社团之一。南审证投本着引导学生树立正确投资理念、提升投资能力的宗旨组织、创办了一系列重要活动、赛事，在校内外产生了广泛的影响。南审证投曾荣获"全国高校十大明星社团""江苏省十佳学生社团"等称号，蝉联2015—2017年江苏省"百团大战"科创经管类一等奖等骄人业绩。在新的高等教育环境下，本文试图基于能力培养目标角度对本科生专业社团指导实践进行较全面的总结和思考。

一、证投在学生能力培养方面的回顾与总结

我们两位专业指导老师从证投成立的第一天起就确立了俱乐部"俱乐"的本性，充分发挥会员的主观能动性，让会员们能够在快乐活动中提高认识，增长才干，锻炼本领。作为指导老师主要在活动策划、学术指导、经费争取等方面给予必要的指导、点拨，其余一概放手让学生们自己去完成。多年以来，南审证投每届会员稳定在250名左右，在全校150多个社团中名列前茅，已经形成了系列品牌赛事、品牌活动，形成了南审证投的品牌文化，从证投走出去的毕业生大多活跃在金融市场的各个领域，他们都难忘在南审证投的那份经历，怀念和证投一起成长的点点滴滴。

品牌赛事 1999年，证投成立之初，正赶上中国股票市场刚经历完一个狂热的牛市行情，证投的活动就是从模拟股市大赛开始。大赛极大地调动起同学们的热情和兴趣，鼓励他们在课余深入学习证券投资知识、关注国家政治经济，探究证券市场问题。刚开始的模拟股市大赛没有现在的模拟交易软件，还都是手工填单、下单、撮合、计算，这些都由同学们自发分工完成，充分展示了同学们的创造能力。机缘巧合，首次活动就吸引了江苏电视台城市频道为期一个月的跟踪报道，在省内产生了一定的影响。在此之后的每学年，股市模拟大赛都如期举办，每次都能吸引三五百名不同年级的同学踊跃参加，如今已经形成了证投的品牌赛事。由此衍生出去，还专门为激发大家学习兴趣的证券市场知识竞赛，也受到了同学们的热烈欢迎。

除了举办证投自己的模拟股市大赛、证券市场知识竞赛外，证投每年还积极鼓励会员们参加著名券商机构举办的在线模拟股市大赛、知识竞赛。东方财富杯金融挑战赛、中金所杯大学生金融及衍生品知识竞赛等。这些品牌赛事的组织，极大地锻炼了俱乐部同学们的策划能力、组织能力和创新能力，为南审这样一所财经高校的校园活动抹上一笔绚丽的色彩。

品牌活动　随着中国资本市场改革的深化，俱乐部同学已经不满足于每学年组织的各类赛事，他们迫切需要专业老师提供专题讲座，帮助他们正确认识证券市场各种现象、问题，鼓励大家思考改革进程中的问题。近年来，证投创办的中国证券市场春季报告会、秋季报告会也逐渐成为品牌活动，深受同学欢迎。

品牌文化　南审证投作为一个学生专业社团伴随着一届又一届学生的成长，逐渐形成了自身独特而积极向上的组织文化。2014 年，证投十五周年大型庆祝活动之际，俱乐部精心组织了口号、LOGO 的遴选活动，最终确定"选择证投、选择成长"作为组织宣传口号，由 K 线图设计演化而来的红白相间的 LOGO。在此基础上开发了系列文化衫、帆布拎包、水杯等周边，极大地增强了同学们的凝聚力、向心力和集体荣誉感。大学四年之后，同学们带走的不仅仅是一份纪念品，更是一份骄傲和自豪。

二、来自已毕业会员同学的调查问卷分析

为了深入了解俱乐部同学们对证投的认知程度，证投对会员的帮助提升程度，以便更好地总结、改进与完善俱乐部的工作，我们设计了 11 个问题的调查问卷（附后）。2023 年 2 月 11 ~ 12 日通过在线方式发放，该问卷面向已毕业的证投会员，采用无记名方式答卷，共收回有效问卷 58 份，现分布在国内 12 个省、自治区、直辖市。男生占比 62.07%，女生占比 37.93%。入学年份涵盖了 1998—2018 年的 20 个年份，其中以 2008 年入学年份最多；毕业时的专业包括金融学、投资学、信用管理、会计学、审计学等 11 个专业，其中以金融学、投资学和信用管理三个专业最多。这些都说明这次调查总样本数虽然不高，但是分布较广泛，具有相当的代表性和可信度。下面进行专项分析。

（一）从会员加入证投的年限看，大多数会员对证投的认可度较高

一年以内的仅为 18.97%，而三年、四年的累计高达 60.36%，我们认为这说明大多数会员对证投的认可度较高，中间退出的比例很低（见图 1）。

（二）从加入证投的初心分析，绝大部分同学思想纯正

这是一个多选题，从图 2 可见高达 89.66% 的同学是出于"对证券市场的兴趣"而来，58.62% 的同学选择了"锻炼才干"，41.38% 的同学选择了"结交朋友"。这些都说明证投的小伙伴们初心纯正。

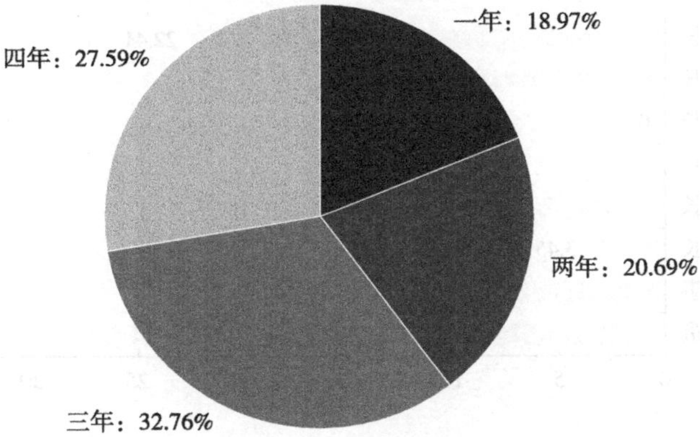

图 1　加入证投的年限

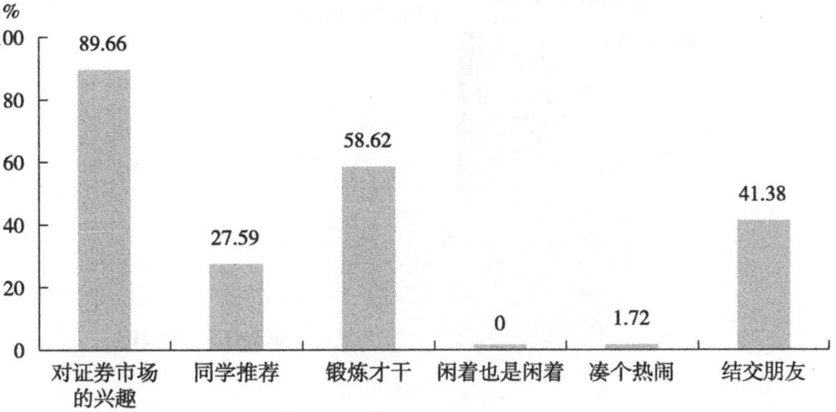

图 2　加入证投的初心

（三）在证投期间担任过的最高职务

该项调查中普通会员占 32.76%，担任副部长以上职务的合计 53.45%，既反映了此次调查的参与者广泛性，也反映了曾经担任过重要职务的同学参与积极性更高（见图 3）。

（四）加入证投期间的收获如何

此项调查结果显示高达 86.21% 的同学在证投期间很有收获，说明了大家对证投工作的总体肯定（见图 4）。

（五）毕业后从事的工作性质

这项调查显示有 82.76% 的同学毕业后从事金融机构工作，这一方面说明同学们就业去向与所学专业高度契合，另一方面说明金融机构较强的吸引力（见图 5）。

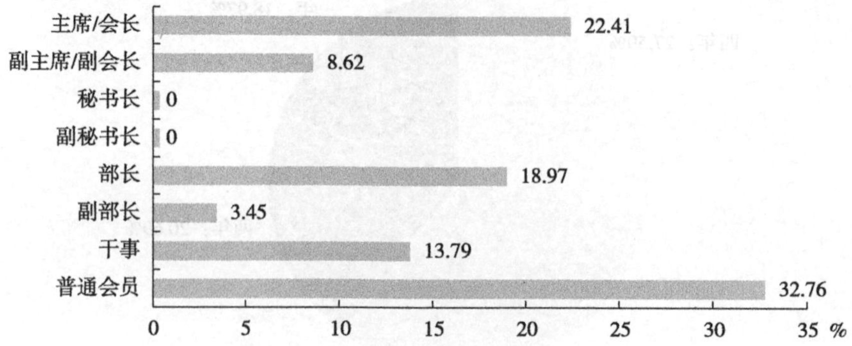

图 3　在证投期间担任过的最高职务

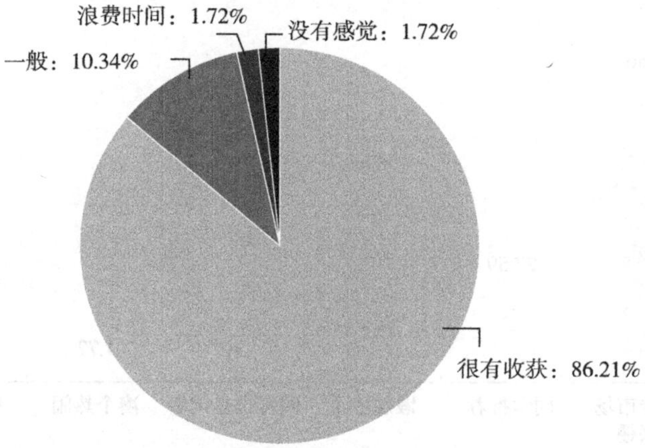

图 4　加入证投期间的收获

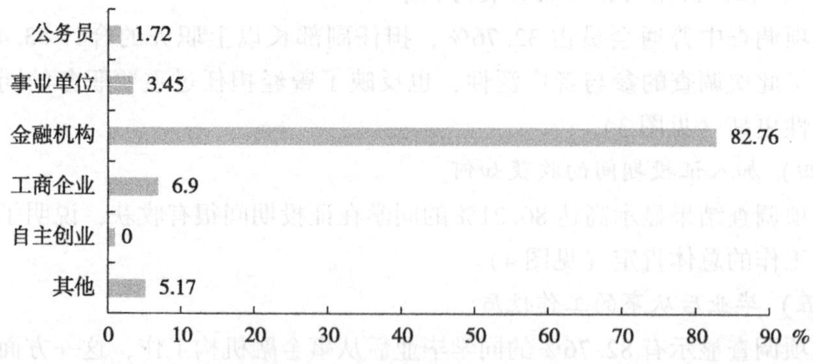

图 5　毕业后从事的工作性质

（六）证投的经历对毕业后的工作帮助大吗

这项调查显示有 55. 17% 的同学认为证投的经历对毕业后的工作帮助很大，37. 93% 的同学认为有一些帮助（见图 6）。这也验证了第 4 题的结论，同学们对证投的评价整体较高。

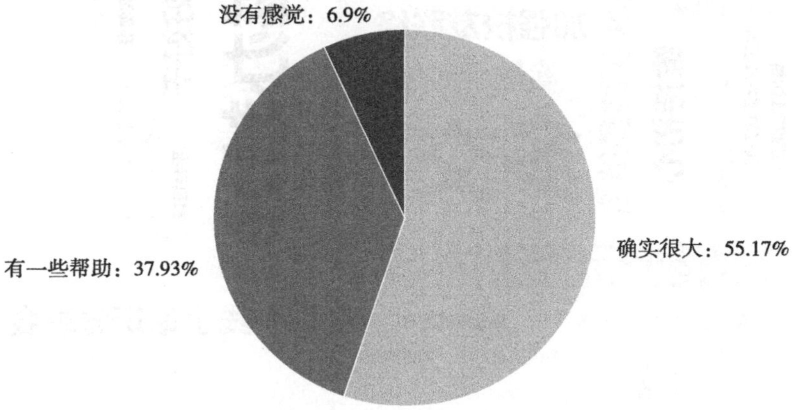

图 6　证投的经历对毕业后的工作帮助

（七）如果有帮助，主要在哪些方面

这项调查显示在认为有帮助的同学中，高达 70. 37% 的同学一致认为参加证投"激发了自己对证券市场的兴趣""活动中增长了自己的才干""结交到志同道合的朋友"，而"提升了自己的学习能力"也有 61. 11% 的比例，进一步说明了证投的活动得到了大家的普遍认可（见图 7）。

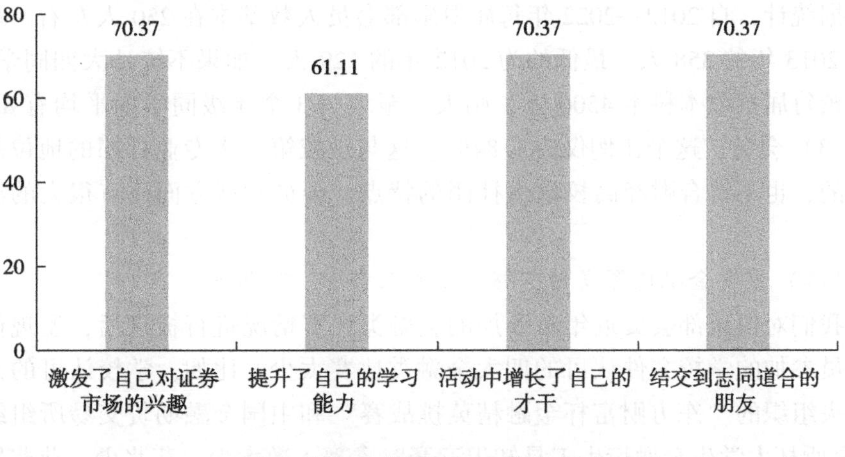

图 7　证投的帮助体现在哪些方面

（八）对证投今后的工作有哪些建议和意见

同学们提了很多有价值的建议，强调要加强交流和分享、加强实践提升专业能力等（见图8）。这些对证投今后的工作重点指明了方向。

图8　对证投今后工作的建议和意见

三、总结和思考

回顾证投24年走过的历史，成绩是显著的，对同学们的成长、历练和今后的职业生涯也是受益匪浅。光荣属于过去，站在学校高质量发展的今天，现在的俱乐部社团工作需要我们进行理性和认真的思考。

（一）俱乐部会员队伍还需发展壮大

据统计，自2012—2022年每届俱乐部会员人数基本在250人左右，最高的为2013年的358人，最低的为2012年的129人。如果不统计大四同学中，以全校每届招收本科生4500人，则大一至大三3个年级同学中平均有83名（250/3）会员，这个比例仅为1.84%。这与学校第一大专业社团的地位是不相称的，也不符合财经高校学生社团的特点，会员发展方面还有很大的潜力可挖。

（二）重要金融比赛发动不够、参赛人数少、获奖少

我们对俱乐部会员近年来参加的金融类比赛情况进行梳理后，发现俱乐部会员参加的学校文件认可的四大金融类比赛太少。比如，学校认可的共青团中央组织的“东方财富杯金融精英挑战赛”和中国金融期货交易所组织的“中金所杯大学生金融衍生工具知识竞赛”参赛人数太少，获奖少，获奖层次

低。这两大赛事在全国高校影响广泛，专业性较强，具有典型的高阶性和挑战度，可以起到以赛促学的目的，激发大家钻研金融问题的积极性。遗憾的是，初步统计出来的俱乐部会员参加的比赛大多是“沙盘模拟经营大赛”“市场调查与分析大赛”“电子商务创新、创意及创业挑战赛”等管理类比赛，这与证投的初衷相去甚远，急需加以纠正。

（三）俱乐部组织架构要进一步优化，要充分体现证券投资社团的专业性

近十年来，学校学生工作推行书院制改革，实施书院、学院的双院联动机制。在改革探索过程中不可避免地出现了双院之间沟通协调不畅的问题，导致俱乐部指导老师对证投工作指导的动力不足，主要表现在对俱乐部领导层换届选举指导不够，出现一定程度的放任自流。连续几届俱乐部主要负责的同学都不是由金融类专业的同学担任，而是由会计、审计等专业的同学担任。客观上也打击了金融类专业的同学加入证投的积极性。这就很容易使得开展的工作缺乏足够的专业性，对组织的读书活动、讲座的选题遴选、组织参加重要比赛的重要性等方面认识不足。比如，上面提到的学校团委认可的两大金融类比赛宣传发动不够，参赛积极性不高，获奖少、层次低。

（四）双院联动过程中要通过工作量、奖励等来调动指导老师积极性，赋予指导老师充分的指导权

在书院制改革探索中，社团指导老师普遍存在积极性不高的问题。具体地讲，学生的考核在书院，老师的考核在学院，中间如何激发老师对社团的专业指导缺乏有效机制，最后可能变成良心工程，效果不尽如人意。结合到证投来讲，社团的换届选举如此重要的事项指导老师事前不了解人选，更谈不上发挥专业眼光来挑选人选了，仅仅是学生自主改选换届后接受一下通报而已。这样的状况也急需加以纠正，一方面要明确规定社团指导老师的工作量和奖励标准；另一方面要充分赋予指导老师指导权限，实实在在指导好具体的比赛、活动，而不仅是出个场，应个景，走个过场。

证投曾经有过无比辉煌的过去，同学和老师都获得过全国大奖，大家能收获快乐、收获成长，是许多同学永远的骄傲。这些都可简单地可归因于一句话“因为热爱，所以热爱”。当下，我们需要以深刻理解“两性一度”的金课标准，对照金融类专业能力培养目标，清醒地认识到环境的变化和社团自身的不足，积极加以改进，齐心协力，争取百尺竿头，更进一步。

参考文献

[1] 吴岩. 建设中国“金课”[J]. 中国大学教育，2018. 12.

［2］南京审计大学金融学院人才培养方案（2021版）.
［3］关于狠抓新时代全国高等学校本科教育工作会议精神落实的通知，教高函〔2018〕8号.
［4］关于加快建设高水平本科教育全面提高人才培养能力的意见，教高〔2018〕2号.
［5］关于高等学校加快“双一流”建设的指导意见，教研〔2018〕5号.

附：调查问卷

调查问卷

各位亲爱的会员校友，首先感谢您在校期间为证券投资俱乐部作出了重要贡献！今年将迎来校庆40周年，为总结校证券投资俱乐部成立24年来的各项工作，更好地开展今后的工作，特制定此调查问卷，感谢您能如实完成。

1. 您的性别

2. 您的入学年份

3. 您毕业时的专业

4. 您加入证券投资俱乐部的年限

1年，2年，3年，4年

5. 您加入证券投资俱乐部的原因（可多选）

对证券市场的兴趣；同学推荐；锻炼才干；闲着也是闲着；凑个热闹；结交朋友

6. 您加入证券投资俱乐部担任过何职务（选最高）？

主席/会长；副主席/副会长；秘书长；副秘书长；部长；副部长；干事；普通会员

7. 您觉得当初加入证券投资俱乐部期间收获如何？

很有收获；一般；浪费时间；没有感觉

8. 您毕业后从事工作性质

公务员；事业单位；金融机构；工商企业；自主创业；其他

9. 您觉得当初加入证券投资俱乐部的历练对您毕业后的工作帮助大吗？

确实很大；有一些帮助；没有感觉

10. 如果有帮助，您觉得主要在哪些方面（可多选）

激发了自己对证券市场的兴趣；提升了自己的学习能力；活动中增长了自己的才干；结交到志同道合的朋友

11. 您对证券投资俱乐部今后的工作有哪些意见和建议？

欢迎将此问卷转发给您知道的会员校友。再次感谢您的参与！

南京审计大学证券投资俱乐部

2023 年 2 月 10 日